LA

DIVINE COMÉDIE

L'ENFER

OUVRAGES
DE
LOUIS RATISBONNE

La Divine Comédie de Dante, traduite en vers, tercet par tercet, avec le texte en regard. Ouvrage couronné par l'Académie française. (Prix Montyon et grand prix Bordin) :
L'ENFER, quatrième édition. . . . . . . 1 vol. gr. in-18.
LE PURGATOIRE, nouvelle édition . . . 1 vol. gr. in-18.
LE PARADIS, nouvelle édition. . . . . 1 vol. gr. in-18.

La Comédie enfantine. Ouvrage couronné par l'Académie française (9e édition) format in-8° (illustré), et gr. in-18.

s Figures jeunes (poésies), 1 vol. in-8°.

Au printemps de la vie (poésies), 1 vol, in-32 (Epuisé.)

Les Petits Hommes, 1 vol. in-4°.

Impressions littéraires, 1 vol. gr. in-18.

Morts et Vivants (Nouvelles impressions littéraires). 1 vol. gr. in-18.

Auteurs et Livres, 1 vol. gr. in-18.

Héro et Léandre, drame antique en un acte et en vers, représenté au Théâtre-Français, 2e édition, 1 vol. gr. in-18.

CHATILLON-SUR-SEINE. — IMPRIMERIE E. CORNILLAC

LA
DIVINE COMÉDIE

DE DANTE

TRADUITE EN VERS, TERCET PAR TERCET

AVEC LE TEXTE EN REGARD

PAR

LOUIS RATISBONNE

Ouvrage couronné par l'Académie française

L'ENFER

QUATRIÈME ÉDITION, REVUE ET AMÉLIORÉE

> Vagliami 'l lungo studio e 'l grande amore
> Che m' han fatto cercar lo tuo volume.
> ENFER, chant I.

PARIS

MICHEL LÉVY FRÈRES, ÉDITEURS

RUE VIVIENNE, 2 BIS, ET BOULEVARD DES ITALIENS, 15

A LA LIBRAIRIE NOUVELLE

1870

Tous droits réservés

PRÉFACE

DE LA PREMIÈRE ÉDITION

Traduttore traditore, traduire, c'est trahir, disent les Italiens ; et le mot est menaçant pour les traducteurs du Dante, qui plonge les traîtres au plus profond de son Enfer. Aussi n'est-ce pas sans de vives appréhensions que j'ai essayé de redire dans notre langue la parole de l'Homère italien, de celui qu'Alfieri invoquait sous le nom de *gran padre Alighieri.* Ce qui m'a sollicité, ce qui m'a attaché à une entreprise sans doute au-dessus de mes forces, c'est qu'en France, pour ceux qui n'entendent pas l'italien, le Dante n'est guère connu que par des traductions en prose. M. Antony Deschamps, il est vrai, a traduit en vers des chants ou des fragments de chants choisis çà et là dans la *Divine Comédie ;* mais aucune des trois parties dont se compose cette grande épopée n'y est restituée dans son intégrité. Ce procédé d'éparpillement est nuisible, surtout quand il s'agit du Dante, dont l'originalité est si fortement accusée dans la trame serrée et continue de sa fiction, dans son développement si logiquement gradué. Cette traduction a donné pourtant du Dante une idée plus exacte que par une autre en prose. C'est que si toutes les traductions sont de belles ou de laides infidèles, celles que l'on fait d'un poëte en prose sont à coup sûr les plus perfides. Elles sont fidèles à la *littéralité* du modèle, infidèles, si je puis m'exprimer ainsi, à sa littérature. La musique des paroles est retranchée avec le mètre, en même temps que les tours, les hardiesses, les images du poëte s'allanguissent au milieu des pruderies de la prose, surtout dans notre phrase française qui marche un peu comme le recteur et sa suite, et qui n'a pas retrouvé depuis Amyot cette vive et courte allure que regrettait Fénelon. Je dois reconnaître que j'ai contre moi deux grandes autorités. M. Villemain s'est déclaré plus favorable à la prose, même pour rendre les poëtes, parce que toute reproduction en vers aurait le tort, suivant lui, d'être plus ou moins « une nouvelle création, » et M. de Lamennais prépare, dit-on, une traduction en prose de la *Divine Comédie*. La prose de M. de Lamennais fait des miracles, et je dois m'attendre à un démenti qui frappera d'ailleurs un des plus vifs admirateurs de son beau génie. Pour ma part, en traduisant Dante en vers, je voudrais, du moins, avoir réussi, contre la haute autorité de M. Villemain, à être un fidèle imitateur. J'ai essayé de traduire en tercets, suivant le texte, et tercet par tercet, presque vers par vers, l'*Enfer* tout entier, cette première et plus admirable partie de la trilogie du Dante. Dans ces conditions, sous la discipline rigoureuse de notre prosodie, avec notre poétique un peu guindée, je n'aurai pu rendre pourtant que de loin ce langage énergiquement familier et simplement riche, ce parler concis et contenu, parfois expansif et rempli de grâces naïves, souvent aussi empruntant aux écoles du temps leur manière subtile et scolastique. Je ne me berce pas d'ailleurs d'illusions, et je sais jusqu'à quel point on peut réussir dans une œuvre de ce genre. Je sais que les vrais, les meilleurs traducteurs d'un poëte sont les artistes, les peintres et les sculpteurs. Ils incarnent son idéal. Dante en a eu de sublimes. Giotto, le Pérugin, Michel-Ange, Raphaël, voilà ses vrais interprètes. Et de nos jours, faut-il taire la gloire des vivants ? — Quand le pinceau spiritualiste d'Ary Scheffer reproduisait la figure chaste et passionnée de Françoise de Rimini, le peintre ne donnait-il pas de ce rêve du poëte la seule traduction qu'on puisse citer après le modèle ?

Tout a été dit sur Dante ; mais qu'il me soit permis de rappeler en quelques traits cette grande et expressive physionomie. Dante, né à Florence en l'année 1265, était de l'ancienne famille des Alighieri. Orphelin dès l'enfance, il s'absorba de bonne heure dans l'étude des lettres et des sciences, sous la direction de Brunetto Latini, l'un des savants les plus célèbres du temps. C'est au seuil de l'adolescence qu'il aima la fille de Folco Portinari, cette Béatrix morte à la fleur de l'âge, embaumée dans l'immortalité de son amant. Sous la transfiguration platonicienne qu'elle a reçue de lui, elle est devenue l'ange de la théologie. Aujourd'hui, cet emblème qui rappelle le spiritualisme symbolique d'un autre âge nous laisse froids ; mais tous ceux qui contempleront dans le Dante la poétique figure de Béatrix, comme lui verront encore le ciel dans ses regards.

Dante chercha le tumulte des camps, peut-être il cherchait la mort. Il combattit aux premiers rangs à la bataille de Campaldino. Il était alors avec les guelfes ; c'était le parti auquel appartenait sa famille ; mais il est permis de supposer qu'alors déjà, dans cette longue et terrible lutte du sacerdoce et de l'Empire, son cœur allait à l'empereur, au parti gibelin auquel il consacra depuis toute sa vie. Témoin de la simonie et des excès de la cour de Rome, au milieu de ces factions qui déchiraient l'Italie sous des gouvernements hétérogènes et disparates, républiques capricieuses et petits tyrans, les pires de tous, assistant à cette décadence au milieu des souvenirs de l'empire romain et de ses ruines à jamais éloquentes, il se berça de la résurrection de l'Italie fortement reconstituée même sous un César d'Allemagne ; il rêva sans doute cette unité, espérance incessamment reculée, vain mirage qui a enflammé et trompé tant de grands courages depuis Dante. Mais voici dans quelles circonstances le poëte fut jeté dans le parti des gibelins. Il avait été nommé un des prieurs de Florence ; il avait trente-quatre ans quand il fut revêtu de cette suprême magistrature. La faction guelfe des Noirs et la faction gibeline des Blancs déchiraient alors Florence. Le conseil de la république décida l'exil des principaux chefs des deux partis. Dante était du conseil ; pourtant il fut accusé d'intelligence avec les Blancs. Bientôt les Noirs, qui tenaient pour le pape, revinrent avec le secours de Charles de Valois appelé, dit-on, secrètement par le pontife dans le moment même où il députait Dante vers lui pour négocier la réconciliation et la paix. Dante fut exilé, vit ses biens confisqués, sa maison rasée, et lui-même on le condamnait à être brûlé « *jusqu'à ce que mort s'ensuive,* » si jamais il reparaissait sur le territoire de Florence. C'est alors que commencent cette vie errante, et les tristesses poignantes de l'exil, et « l'escalier d'autrui si dur à monter, » et « le pain amer de l'étranger, » et « les yeux changés en *désirs de larmes,* » et quand on lui propose de lui rouvrir sous conditions les portes de sa patrie, où sa gloire était déjà rentrée comme un reproche, alors cette lettre si éloquente et si noble où l'exilé écrivait : « Donnez-moi une voie qui ne soit pas contraire à l'honneur pour rentrer à Florence. S'il n'en est pas de semblable, jamais je n'entrerai à Florence. Partout je pourrai jouir du ciel et de la lumière et contempler les vérités sublimes et ravissantes qui éclatent sous le soleil. » On dit communément que Dante appela *contre* Florence Henri de Luxembourg ; on fausse ainsi le vrai caractère du Dante, qui ne fut pas un Coriolan. Henri de Luxembourg était alors pour lui le César légitime, et Florence un des fleurons légitimes de sa couronne impériale. Ce n'est point dans les armes et dans le sang que Dante chercha sa vengeance ; elle est tout entière dans son poëme : c'est là qu'il a exhalé ses fiers ressentiments et son âme bouillonnante comme les fleuves de l'enfer qu'il a décrits. Combien sa fiction était faite pour remuer et posséder les hommes de son temps! Le siècle était croyant, préoccupé de la vie future, des peines et des récompenses éternelles, des visions de ses moines, de la fin du monde toujours annoncée comme prochaine. Eh bien! il s'empare de ces croyances et de ces superstitions : il a eu aussi son extase, sa vision ; il est descendu dans les royaumes éternels, il a assisté au supplice et au châtiment de ses ennemis, et il revient les dire à la terre. Il a vu les mauvais papes plongés dans les fosses brûlantes de l'*Enfer*, et l'aigle impériale rayonnant au Paradis. Profondément catholique, malgré sa haine contre la domination temporelle des papes, il met en enfer tous les péchés mortels ; amis et ennemis sont confondus dans le châtiment (et la fiction orthodoxe en devient plus vraisemblable), mais on reconnaît les uns et les autres à la manière dont le poëte s'attendrit ou s'indigne, leur parle ou les fait parler. A tous il a conservé leur inaltérable personnalité. Ces ombres pleurent, parlent, prient, soupirent, blasphèment, se souviennent, souvenir souvent plus amer que les douleurs du châtiment et qui corrompt même les joies du ciel. Le poëte parle quelque part de ces hommes indifférents et égoïstes« qui sont morts même pendant leur vie. » Les personnages qu'il a représentés vivent même dans la mort. C'est par là que ce poëme, en quelque sorte en dehors de l'humanité, est profondément humain et reste à jamais saisissant, malgré les allusions contemporaines perdues en foule, malgré cette foi naïve perdue aussi, par qui ces fictions qui nous intéressent faisaient trembler les hommes du moyen âge.

On sait que la langue italienne sortit comme une Minerve tout armée du cerveau du Dante. La passion politique ne semble pas étrangère à ce prodige. On peut croire qu'il dédaigna d'employer la langue latine, alors en usage, et qui était la langue de ses ennemis. Mais où trouver le langage à la fois noble et populaire, digne d'exprimer la conception du poëte et qui pût être entendu de tous ? Des idiomes divers, d'innombrables patois se divisaient l'Italie. Dante, empruntant aux uns et aux autres, puisant même dans le dialecte provençal, dota l'Italie à la fois d'une langue et d'un chef-d'œuvre.

Ce grand poëte, qui avait si bien mérité de sa patrie, mourut, comme il avait vécu, dans l'exil. Il expira à Ravenne, en 1321, à l'âge de cinquante-six ans. Cette Florence, qu'il a évoquée si souvent dans son poëme avec des emportements qui sentent plus l'amour que la haine, reçut sa dernière plainte dans une épitaphe composée par lui-même, et terminée par ces deux vers d'une mélancolique amertume :

« Hic claudor Dantes patriis extorris ab oris
« Quem parvi genuit Florentia mater amoris. »

« Ici je repose, moi Dante le proscrit, né de Florence, une mère marâtre ! »

La mémoire du poëte fut du moins magnifiquement vengée des infortunes de sa vie. Son corps redemandé avec instance, des funérailles splendides, son livre lu et commenté publiquement dans toute l'Italie, et la première de ces lectures faite par Boccace dans une église; l'institution des chaires du Dante consacrées à l'explication de cette épopée, qui reçut le nom de *divine*, et qu'il avait appelée naïvement *comédie*, parce que le dénoûment est heureux, l'action se terminant au paradis : tout cela a dû contenter l'ombre du poëte amoureux de la gloire. Toutefois je ne sais jusqu'à quel point il doit être satisfait de ses commentateurs. Ce poëme, en quelque sorte encyclopédique, qui réfléchit la politique comme la théologie et la science du temps, où le symbole surcharge la fiction, appelait certainement l'étude. Mais il plie aujourd'hui sous le poids des explications, des commentaires, des hypothèses. Ce luxe d'érudition a nui au poëte plus que les difficultés de son texte et quelques subtilités scolastiques. On s'en détourne avec une sorte de frayeur, on laisse la *Divine Comédie* dans sa majesté incontestée mais solitaire. On peut attribuer, en partie, à cette couche épaisse de commentaires, l'oubli où tomba au XVIIe siècle le plus grand monument littéraire du moyen âge, oubli si profond que Boileau n'en parle même pas, et le dédain du siècle de Voltaire qui en parle si légèrement.

De nos jours des travaux faits dans un tout autre esprit, où l'érudition se dérobe au lieu de s'étaler, ont remis Dante en lumière. Pourtant son œuvre n'est pas encore connue comme elle devrait l'être, même du public lettré qui dort un peu sur l'oreiller de cette saine critique et donne au Dante une admiration trop paresseuse. Que de gens encore qui sont heureux de pouvoir citer l'inscription fatale de la porte de l'enfer ou l'épisode de Françoise de Rimini ou celui d'Ugolin, et croient avoir payé ainsi à Dante un complet tribut ! Ne vaudrait-il pas mieux aller puiser à la source même de cette poésie le droit de l'admirer, et le moyen de l'admirer mieux ? Aussi, me bornant dans ce travail à des arguments concis et à des notes indispensables, j'ai laissé la parole à Dante, car c'est lui, c'est son texte immortel que le lecteur consultera, plus que la faible copie que j'ai osé imprimer en regard.

Décembre 1852.

PRÉFACE

DE LA DEUXIÈME ÉDITION

Dans la préface de la première édition de cet ouvrage, nous accusions le public en France et le public lettré lui-même d'une admiration trop indolente pour le poëte de la *Divine Comédie*, fort célébré, mais peu connu. Aujourd'hui cette accusation ne serait plus tout à fait justifiée.

Depuis quelques années il s'est fait autour du nom et de l'œuvre de Dante un mouvement marqué d'opinion et de curiosité. On ne se borne plus à l'admirer, on veut le lire et on le lit tout entier. Peut-être on nous rendra ce témoignage, on nous laissera revendiquer comme un titre d'honneur de n'avoir pas été pour rien dans cette sorte de renaissance en France du plus grand poëte de l'Italie et du moyen âge et d'un des plus grands poëtes de tous les temps.

La date de notre traduction, la faveur qu'elle a rencontrée auprès de la critique et du public et qui nous force à une nouvelle édition de la première partie, l'*Enfer*, épuisée depuis longtemps avant que nous ayons eu le temps d'achever la dernière, ces circonstances seront, je l'espère, l'excuse de notre prétention dans le cas où elle ne serait pas acceptée.

Au surplus, le succès qui a accueilli notre effort ne nous a pas aveuglé sur notre faiblesse et n'a été pour nous qu'un encouragement à mieux faire. Ceux qui ont bien voulu nous suivre en *Purgatoire* ont pu voir que nous nous y sommes, comme il le fallait, corrigé de beaucoup de fautes, et l'on reconnaîtra dans cette nouvelle édition de l'*Enfer* combien nous nous sommes efforcé d'améliorer notre premier travail et de le rendre moins indigne de la faveur publique.

Parmi les jugements dont notre labeur s'est honoré, qu'on nous permette de recueillir ici et de consigner comme notre plus cher souvenir en même temps que notre meilleure recommandation, le suffrage spontané d'un poëte illustre et l'opinion d'un critique éminent, organe de l'Académie française : de Lamartine et de M. Villemain.

Dans un de ses *Entretiens littéraires*, parlant de Dante et après avoir critiqué le mot à mot en prose française écrit par Lamennais sur les vers italiens, vocabulaire plutôt que traduction, auquel ce grand écrivain, parent de Dante, usa sans succès l'ardeur de ses derniers jours, Lamartine s'exprime ainsi sur notre traduction :

« Un autre jeune traducteur de la *Divine Comédie* tente en ce moment une œuvre mille fois plus difficile, et, chose plus étonnante encore, il y réussit.

PRÉFACE DE LA DEUXIÈME ÉDITION XIII

» Nous voulons parler de la traduction de la *Divine Comédie* en vers français, par M. Louis Ratisbonne.

» Malgré le prodigieux effort de talent et de langue nécessaire pour traduire un poëte en vers, M. Louis Ratisbonne n'a pas seulement rendu le sens, il a rendu la forme, la couleur, l'accent, le son. Il a communiqué au mètre français la vibration du mètre toscan ; il a transformé, à force d'art, la période poétique française en tercets du Dante. Ce chef-d'œuvre de vigueur et d'adresse dans le jeune écrivain est tout à la fois un chef-d'œuvre d'intelligence dans son modèle.

» M. Louis Ratisbonne rappelle la traduction, jusqu'ici inimitable, des *Géorgiques* de Virgile par l'abbé Delille ; mais le Dante, poëte abrupte, étrange, sauvage et mystique tout ensemble, est mille fois plus inaccessible à la traduction que Virgile. La lumière se réfléchit mieux que les ténèbres dans le miroir de l'esprit humain comme dans le miroir de l'Océan. Le vers de M. Ratisbonne roule, avec un bruit latin, dans la langue française, les blocs, les rochers et jusqu'au limon de ce torrent de l'Apennin toscan qu'on entend bruire dans les vers du Dante. »

Voici maintenant les lignes qui nous concernent dans le rapport lu en séance publique à l'Académie française par M. Villemain (1854) :

« L'Académie, Messieurs, a fixé son attention sur un effort de langage et de goût, que nous appellerions impossible, si l'auteur n'avait pas assez souvent réussi. Un jeune écrivain, d'un esprit étendu, d'une littérature variée, mais que rien jusqu'à ce jour ne désignait poëte, a entrepris de traduire en vers français les naïfs et sublimes tercets du Dante, et ce style si naturel et si fort, si antique et si neuf, né ce semble, du même coup que la langue italienne, dont il est resté à la fois la racine et le faîte. M. Louis Ratisbonne n'a osé encore cette épreuve que sur l'*Enfer*; et il vient d'achever ce terrible portique de l'épopée dantesque.

» Buffon, dans le dernier siècle, louait beaucoup un brillant esprit du temps d'avoir tenté cette œuvre en prose. Il appelait la traduction de l'*Enfer* par Rivarol une suite de créations. Ce jugement ne serait pas confirmé de nos jours; et on ne doit y voir que le premier et grand effet de surprise, dont quelques beautés du poëte, transparentes sous le coloris souvent fardé de l'interprète, frappaient notre goût classique. Le tort de Rivarol était presque toujours la paraphrase et l'élégance, au lieu de l'énergique vérité. Seulement, il n'avait pas éteint tout à fait ce rayon du poëte qui brillait comme la lumière du jour, s'échappant par quelques fentes de nuages, enflamme et embellit les vapeurs mêmes qui la couvrent. L'art du nouveau traducteur est tout différent; il ne cache, il n'intercepte rien; il cherche à voir et à montrer le Dante tel qu'il est, par son ciel, sa langue naissante, son âme altière, son génie sans scrupule et sans voile. Seulement, nos yeux sont-ils assez préparés à cette vision de gloire? Et l'interprète lui-même est-il assez maître de sa main et assez sûr de ses contours pour en approprier les teintes aux grands effets qu'il veut rendre ! Nous ne le croyons pas. Autrement de quels hommages ne faudrait-il pas le saluer? Quelle couronne ne faudrait-il pas lui offrir?

» Tel qu'il est cependant, des juges délicats, des maîtres en poésie, autant qu'il nous en reste, ont applaudi à l'art parfois très-heureux du fidèle traducteur.

» Une de leurs remarques, entre autres, c'est qu'il ne faut pas chercher cet art seulement à quelques endroits célèbres, lieux communs de toutes les mémoires, la porte d'Enfer, Françoise de Rimini, Ugolin. De même que le Dante, injustement loué quand il ne l'est que par parties, est presque en tout admirable, et, dans ses vastes récits, vous arrête au détour le plus inattendu par de merveilleuses surprises d'énergie, de grandeur ou de grâce, ainsi le nouvel interprète a souvent jeté, et, pour ainsi dire, caché dans les moindres replis de son œuvre immense, un vers heureux et simple, un reflet digne du poëte. Il a paru seulement que son travail d'imitation fidèle, que sa précision calquée sur un si grand modèle atteignait mieux à la force qu'à la grâce et à la douceur, ces autres puissances non moins visibles de l'Homère toscan. C'est un avis peut-être pour le traducteur, de redoubler à la fois de naturel et d'effort, de soin sévère et d'harmonie facile, s'il veut approcher maintenant les beautés mélodieuses et plus insaisissables des deux autres mondes poétiques, environnés par Dante d'une trop sereine et trop inaccessible lumière. Mais, disons-le, même avant de franchir ces derniers horizons du ciel poétique, quelle noble étude, quelle inspirante préoccupation pour un jeune écrivain que de s'être avancé jusque-là, d'avoir aimé le grand et le beau avec ce patient amour, et d'en avoir quelquefois fait passer la lueur lointaine dans ses vers ! [1] »

Assurément, l'approbation mêlée de réserves du critique, rapporteur de l'opinion de l'Académie, habile à donner et à retenir l'éloge, est ici plus près de la vérité que la louange beaucoup trop magnifique du poëte

---

[1] Depuis le premier jugement de M. Villemain, l'Académie française, qui avait honoré d'un prix Montyon la traduction de l'*Enfer*, a récompensé d'un prix nouveau, du prix Bordin, fondé pour un ouvrage éminent de haute littérature, la traduction en vers des chants du *Purgatoire* et du *Paradis*.

(*Note de l'éditeur, pour la troisième édition.*)

magnanime qui ne sait ouvrir la main que trop libéralement.

Oui, j'ai aimé le beau et je n'ai pu qu'en montrer la lueur lointaine dans mes vers. Ce n'est pas Dante (et qu'a-t-on besoin de le dire?) qu'il faut chercher dans cette traduction, à peine un pâle reflet venu de lui. En vain, dans la concentration obstinée de mon étude, il m'a semblé parfois que je le voyais passer en os et en chair vive et que j'allais pouvoir le saisir. Chimère de mon amour ! Heureux si j'avais réussi seulement à dessiner sa grande ombre sur le mur !

LOUIS RATISBONNE.

Février 1859.

L'ENFER

ARGUMENT DU CHANT Ier

Dante, égaré dans une forêt obscure, s'efforce, pour en sortir, de gravir une colline lumineuse. Une panthère, un lion, une louve, s'opposent tour à tour à son passage et lui font rebrousser chemin. Paraît Virgile, qui le persuade, pour échapper à ces périls, de visiter les royaumes éternels. Il offre de le conduire lui-même dans l'Enfer et dans le Purgatoire, et Béatrix lui montrera le Paradis.

INFERNO

CANTO PRIMO

Nel mezzo del cammin di nostra vita,
Mi ritrovai per una selva oscura
Che la diritta via era smarrita.

E quanto a dir qual' era, è cosa dura,
Questa selva selvaggia ed aspra, e forte,
Che nel pensier rinuova la paura;

Tanto è amara, che poco è più morte;
Ma per trattar del ben, ch' i' vi trovai,
Dirò dell' altre cose ch' i' v' ho scorte.

I' non so ben ridir com' i' v' entrai;
Tant' era pien di sonno in su quel punto,
Che la verace via abbandonai.

Ma po' ch' i' fui appiè d' un colle giunto,
Là ove terminava quella valle,
Che m' avea di paura il cuor compunto;

Guardai in alto, e vidi le sue spalle
Vestite già de' raggi del pianeta,
Che mena dritto altrui per ogni calle.

L'ENFER

CHANT PREMIER

C'était à la moitié du trajet de la vie;
Je me trouvais au fond d'un bois sans éclaircie,
Comme le droit chemin était perdu pour moi.

Ah! que la retracer est un pénible ouvrage,
Cette forêt épaisse, âpre à l'œil et sauvage,
Et dont le seul penser réveille mon effroi!

Tâche amère! la mort est plus cruelle à peine;
Mais puisque j'y trouvai le bien après la peine,
Je dirai tous les maux dont j'y fus attristé.

Je ne sais plus comment j'entrai dans ce bois sombre,
Tant pesait sur mes yeux le sommeil chargé d'ombre,
Lorsque du vrai chemin je m'étais écarté.

Mais comme j'atteignais le pied d'une colline,
Au point où la vallée obscure se termine,
Qui d'un si grand effroi m'avait poigné le cœur,

Je levai mes regards : sur son épaule altière
Le mont portait déjà le manteau de lumière
De l'astre qui partout guide le voyageur.

Allor fu la paura un poco queta,
Che nel lago del cuor m' era durata
La notte, ch' i' passai con tanta pieta.

E come quei, che con lena affannata
Uscito fuor del pelago alla riva,
Si volge all' acqua perigliosa, e guata;

Così l' animo mio, ch' ancor fuggiva,
Si volse indietro a rimirar lo passo,
Che non lasciò giammai persona viva.

Poi ch' ebbi riposato 'l corpo lasso,
Ripresi via per la piaggia diserta;
Sì che 'l piè fermo sempre era 'l più basso:

Ed ecco, quasi al cominciar dell' erta,
Una lonza leggiera e presta molto,
Che di pel maculato era coperta.

E non mi si partia dinanzi al volto,
Anzi 'mpediva tanto 'l mio cammino,
Ch' i' fui per ritornar più volte vôlto.

Temp' era dal principio del mattino;
E 'l sol montava in su con quelle stelle,
Ch' eran con lui, quando l' Amor divino

Mosse da prima quelle cose belle;
Sì ch' a bene sperar m' era cagione
Di quella fera la gaietta pelle;

L'ora del tempo, e la dolce stagione;
Ma non sì, che paura non mi desse
La vista, che m' apparve d' un leone.

Alors fut apaisée en mon âme inquiète,
Dans le lac agité de mon cœur, la tempête
Que cette affreuse nuit avait fait y gronder.

Et tel un malheureux échappé du naufrage,
Sorti tout haletant de la mer au rivage,
Se retourne en tremblant et reste à regarder ;

A peine de mes sens je recouvrais l'usage,
Je me tournais pour voir encore ce passage
D'où personne jamais n'est revenu vivant.

Après quelques instants d'un repos salutaire,
Je me pris à gravir la pente solitaire,
Le pied ferme en arrière et le corps en avant.

Voici que sur ma route à peine commencée
Une panthère accourt, svelte, agile, élancée ;
D'un pelage changeant son corps était couvert.

Et loin de s'effrayer devant l'humain visage,
Cet animal si bien me barrait le passage,
Que je fus près vingt fois de rentrer au désert.

Cependant c'était l'heure où le ciel perd ses voiles ;
Le soleil y montait escorté des étoiles
Dont le divin Amour se plut à l'entourer

Alors qu'il anima toutes ces belles choses ;
C'était l'aube du jour et la saison des roses,
Et tout, dedans mon cœur, me disait d'espérer.

Mais après la panthère à la robe éclatante,
Un obstacle nouveau me saisit d'épouvante :
J'avais vu tout à coup apparaître un lion.

Questi parea che contra me venesse
Con la test' alta, e con rabbiosa fame,
Sì che parea che l' aer ne temesse;

Ed una lupa, che di tutte brame
Sembiava carca, con la sua magrezza,
E molte genti fe' già viver grame.

Questa mi porse tanto di gravezza,
Con la paura, ch' uscia di sua vista,
Ch' i' perde' la speranza dell' altezza.

E quale è quei, che volentieri acquista,
E giugne 'l tempo che perder lo face,
Che 'n tutti, i suo' pensier piange, e s' attrista:

Tal mi fece la bestia senza pace,
Che venendomi 'ncontro a poco a poco,
Mi ripingeva là, dove 'l sol tace.

Mentre ch' i' rovinava in basso loco,
Dinanzi agli occhi mi si fu offerto
Chi per lungo silenzio parea fioco.

Quando i' vidi costui nel gran diserto,
Miserere di me gridai a lui,
Qual che tu sii, od ombra, od uomo certo.

Risposemi: Non uom; uomo già fui,
E li parenti miei furon Lombardi,
E Mantovani per patria amendui.

Nacqui *sub Julio*, ancorchè fosse tardi,
E vissi a Roma sotto 'l buono Agusto,
Al tempo degli Dei falsi e bugiardi.

Il paraissait venir sur moi tout plein de rage,
Tête levée, et l'air, comme par un orage,
Semblait trembler lui-même à cette vision.

Et puis c'est une louve affamée et qui semble
Porter sous sa maigreur tous les désirs ensemble.
Déjà de bien des gens elle fit le malheur.

Alors je fus frappé d'une torpeur mortelle;
La terreur que lançaient ses regards était telle
Que je perdis l'espoir d'atteindre la hauteur.

Et semblable à celui qui gagne et qui rayonne,
Et puis, vienne le temps où le gain l'abandonne,
Dans les pleurs il se noie et reste consterné;

Ainsi, voyant la bête aux approches funèbres
Me replonger aux lieux de muettes ténèbres,
Mon courage et ma foi m'avaient abandonné.

Déjà je retombais dans le val, quand s'avance
Quelqu'un qui paraissait dans un trop long silence
Avoir comme brisé les cordes de sa voix.

Dès que je l'aperçus : « Prends pitié de ma peine,
Qui que tu sois, criai-je, homme ou bien ombre vaine,
Dans ce désert immense où perdu tu me vois! »

— « Homme je ne le suis, car j'ai cessé de l'être, »
Répondit-il; « Mantoue autrefois m'a vu naître,
De parents mantouans et lombards comme moi.

Je naquis sous César, avant sa tyrannie,
Et Rome sous Auguste a vu couler ma vie
Dans le temps où régnaient les dieux faux et sans foi.

Poeta fui, e cantai di quel giusto
Figliuol d'Anchise, che venne da Troia,
Poichè 'l superbo Ilion fù combusto.

Ma tu, perchè ritorni a tanta noia?
Perchè non sali il dilettoso monte,
Ch' è principio e cagion di tutta gioia?

Oh se' tu quel Virgilio, e quella fonte,
Che spande di parlar sì largo fiume?
Risposi lui con vergognosa fronte:

Oh degli altri poeti onore, e lume,
Vagliami 'l lungo studio e 'l grande amore,
Che m' han fatto cercar lo tuo volume.

Tu se' lo mio maestro, e 'l mio autore:
Tu se' solo colui, da cu' io tolsi
Lo bello stile, che m' ha fatto onore.

Vedi la bestia, per cu' io mi volsi:
Aiutami da lei, famoso saggio,
Ch' ella mi fa tremar le vene e i polsi.

A te convien tener altro viaggio,
Rispose, poi che lagrimar mi vide,
Se vuoi campar d' esto luogo selvaggio;

Chè questa bestia, per la qual tu gride,
Non lascia altrui passar per la sua via,
Ma tanto lo 'mpedisce, che l' uccide:

Ed ha natura sì malvagia e ria,
Che mai non empie la bramosa voglia,
E dopo 'l pasto ha più fame che pria.

Poëte, j'ai chanté ce pieux fils d'Anchise,
Venu de Troie après que la ville fut prise
Et de ses fiers remparts vit s'écrouler l'honneur.

Mais toi, pourquoi rentrer dans ce lieu de détresse?
Pourquoi ne pas gravir la pente enchanteresse
Principe de tout bien, chemin de tout bonheur? »

« Tu serais, » répondis-je en inclinant la tête,
« Se peut-il? Tu serais Virgile, ce poëte
Qui répand l'harmonie à si larges torrents?

O toi, gloire et flambeau des chantres de la terre,
Compte-moi cet amour et cette étude austère
Qui m'ont tenu courbé sur tes vers si longtemps!

C'est toi mon maître, toi mon unique modèle;
C'est de toi que j'ai pris en disciple fidèle
Ce beau style puissant dont on m'a fait honneur.

Je fuis, tu le vois bien, cette bête sauvage.
Aide-moi, défends-moi contre elle, illustre sage!
Elle me fait trembler les veines et le cœur. »

— « Si tu prétends sortir de ce bois plein d'alarmes, »
Répondit-il, voyant que je versais des larmes,
« Dans un autre chemin il faut porter tes pas.

La bête qui te fait crier, quand sur sa voie
Quelqu'un vient à passer, est sûre de sa proie,
Et sans l'avoir tué ne l'abandonne pas.

Malfaisante et livrée aux fureurs homicides,
Rien n'assouvit jamais ses appétits avides;
Sa pâture l'affame au lieu de la nourrir.

Molti son gli animali, a cui s'ammoglia,
E più saranno ancora, infin che 'l veltro
Verrà, che la farà morir di doglia.

Questi la non ciberà terra, nè peltro,
Ma sapïenza, e amore, e virtute;
E sua nazion sarà tra Feltro e Feltro.

Di quell'umile Italia fia salute,
Per cui morìo la vergine Camilla,
Eurialo, e Turno, e Niso di ferute :

Questi caccerà per ogni villa,
Fin chè l'avrà rimessa nello 'nferno,
Là onde 'nvidia prima dipartilla.

Ond' io per lo tuo me' penso e discerno,
Che tu mi segui, ed io sarò tua guida,
E trarrotti di qui per luogo eterno,

Ov' udirai le disperate strida,
Vedrai gli antichi spiriti dolenti,
Che la seconda morte ciascun grida :

E poi vedrai color, che son contenti
Nel fuoco, perchè speran di venire,
Quando che sia, alle beate genti :

Alle qua' poi se tu vorrai salire,
Anima fia a ciò di me più degna :
Con lei ti lascierò nel mio partire.

Che quello 'mperador, che lassù regna,
Perch' i' fui ribellante alla sua legge,
Non vuol ch' 'n sua città per me si vegna.

A beaucoup d'animaux elle s'accouple immonde,
Et doit d'autres hymens souiller encor le monde ;
Mais le grand Chien [1] viendra qui la fera mourir.

Celui-là, dédaignant la terre et la richesse,
Se nourrira d'amour, de vertu, de sagesse.
Il recevra le jour entre Feltre et Feltro.

Il sera le sauveur de cette humble Italie
Pour laquelle ont versé leur sang, donné leur vie
La Camille, Turnus, Nisus, tant de héros !

Il poursuivra le monstre affreux de ville en ville,
Et le replongera dans l'Enfer son asile,
D'où l'a jeté l'Envie au milieu des mortels.

Or, si tu veux pour toi que mon penser décide,
Suis-moi ; pour te sauver, je serai, moi, ton guide.
Avec moi tu verras les séjours éternels ;

Ton oreille entendra les cris sans espérance,
Les vieux mânes dolents et qui dans leur souffrance
Appellent à grands cris une seconde mort ;

Et ces ombres qui sont dans le feu fortunées,
Espérant, tôt ou tard, en sortir pardonnées,
Et monter au bonheur après ce triste sort.

Vers le Ciel, leur espoir, je ne puis te conduire ;
Mais une âme viendra plus digne de t'instruire :
Elle te conduira quand je t'aurai quitté.

Car le maître qui trône au sein de l'Empyrée,
Comme sa sainte loi de moi fut ignorée,
Ne veut pas que par moi l'on vienne en sa cité.

In tutte parti impera, e quivi regge;
Quivi è la sua cittade, e l' alto seggio :
O felice colui, cui ivi elegge;

Ed io a lui : Poeta, i' ti richieggio
Per quello Iddio che tu non conoscesti,
Acciocch' i' fugga questo male, e peggio,

Che tu mi meni là dov' or dicesti,
Sì ch' i' vegga la porta di san Pietro,
E color che tu fai cotanto mesti.

Allor si mosse, ed io gli tenni dietro.

Roi du monde, là-haut est sa pompe royale,
Son sublime séjour, sa douce capitale.
Bienheureux les élus qui sont là dans ses bras ! »

Et moi je répondis : « Je t'adjure, ô poëte,
Pour fuir ces grands périls qui menacent ma tête,
Par ce Dieu tout-puissant que tu ne connus pas,

Conduis-moi dans ces lieux que tu dis ; que je voie
La porte de Saint-Pierre où commence la joie,
Et ces infortunés aux douleurs asservis ! »

Il marcha sans répondre, et moi, je le suivis [2].

NOTES DU CHANT Ier

[1] Suivant la plupart des commentateurs, ce chien, qui doit exterminer la louve, est Can Grande della Scala, seigneur de Vérone et bienfaiteur de Dante.

[2] On connaît le sens de cette mystérieuse et poétique allégorie. La forêt obscure où s'égare Dante est l'emblème du vice; la colline lumineuse qu'il essaie de gravir, l'image de la vertu. Les animaux sauvages qui lui barrent la route représentent les mauvaises passions : la panthère, qui paraît d'abord, c'est la volupté; le lion, c'est l'ambition; la louve, l'avarice. Enfin, ce voyage aux royaumes éternels que Virgile considère comme le chemin du salut, n'a d'autre sens que la nécessité où est l'homme qui veut vaincre ses passions de se fortifier par la contemplation de nos destinées après la mort, c'est-à-dire par les leçons de la philosophie, de cette philosophie théologique, catholique et orthodoxe avant tout, qui gouvernait les esprits au temps de Dante et qui se préoccupait singulièrement des peines et des récompenses futures.

Aussi, le voyage ne peut s'accomplir que sous les auspices de deux guides : de Virgile d'abord, de Béatrix ensuite; Virgile, le poète chéri de Dante, dont il fait le symbole de la science, de la sagesse humaine; Béatrix, la femme qu'il a aimée, qui figure la science des choses divines, l'emblème un peu sévère de la théologie.

ARGUMENT DU CHANT II

Dante s'arrête : il s'inquiète des difficultés et des périls du voyage entrepris. « Pour dissiper tes craintes, lui dit Virgile, apprends qu'on s'intéresse à toi dans le Ciel. Une vierge sainte, ange de sensibilité et de clémence, voyant ton égarement, t'a recommandé à Lucie; Lucie, à son tour, s'est adressée à Béatrix, qui elle-même est venue me trouver dans les Limbes pour me prier de courir à ton secours. Dante, rassuré, se remet en route avec plus d'ardeur sur les pas de son guide.

CANTO SECONDO

Lo giorno se n'andava, e l'aer bruno
Toglieva gli animai, che sono 'n terra
Dalle fatiche loro; et io sol' uno

M'apparecchiava a sostener la guerra
Sì del cammino, e sì della pietate,
Che ritrarrà la mente che non erra.

O Muse, o alto ingegno, or m'aiutate:
O mente, che scrivesti ciò ch' i' vidi,
Quì si parrà la tua nobilitate.

Io cominciai: Poeta, che mi guidi,
Guarda la mia virtù, s' ell' è possente,
Prima ch' all' alto passo tu mi fidi.

Tu dici, che di Silvio lo parente,
Corruttibile ancora, ad immortale
Secolo andò, e fu sensibilmente:

Però se l'avversario d' ogni male
Cortese fu pensando l' alto effetto
Ch' uscir dovea di lui, e 'l chi, e 'l quale,

CHANT SECOND

Le soleil déclinait, l'air se faisait plus sombre,
Et parmi les vivants lentement avec l'ombre
Le repos descendait; seul de tous les humains

Moi je ceignais mes reins et j'armais mon courage
Pour les émotions et les maux du voyage
Que font revivre ici mes souvenirs certains.

Muse, souffle divin, prêtez-moi vos miracles!
O mon esprit, et toi, qui redis ces spectacles,
C'est là qu'en son éclat paraîtra ta grandeur!

Je parlai le premier : « Poëte, mon cher guide,
Avant de m'engager dans l'abîme perfide,
Vois si tu n'as pas trop présumé de mon cœur!

Tu nous dis dans tes chants que le pieux Enée,
Quand la mort n'avait pas tranché sa destinée,
Descendit, corps charnel, dans l'immortalité.

Or, qu'il ait reçu, lui, cette faveur insigne,
Que l'ennemi du mal l'en ait estimé digne,
Prévoyant les grandeurs de sa postérité;

Non pare indegno ad uomo d' intelletto;
Ch' ei fù dell' alma Roma, e di suo 'mpero
Nell' empireo Ciel per padre eletto:

La quale, e 'l quale (a voler dir lo vero),
Fur stabiliti per lo loco santo
U' siede il successor del maggior Piero.

Per questa andata, onde gli dài tu vanto,
Intese cose che furon cagione
Di sua vittoria, e del papale ammanto.

Andovvi poi lo Vas d' elezïone,
Per recarne conforto a quella Fede
Ch' è principio alla via di salvazione.

Ma io, perchè venirvi? o chi 'l concede?
Io non Enea, io non Paolo sono:
Me degno a ciò, nè io, nè altri crede.

Perchè se del venire i' m'abbandono,
Temo che la venuta non sia folle,
Se' savio, e intendi me' ch' i' non ragiono.

E quale è quei che disvuol ciò che volle,
E per nuovi pensier cangia proposta,
Sì che del cominciar tutto si tolle;

Tal mi fec' io in quella oscura costa,
Perchè pensando, consumai la 'mpresa,
Che fu nel cominciar cotanto tosta,

Se io ho ben la tua parola intesa,
Rispose del magnanimo quell' ombra,
L'anima tua è da viltate offesa,

Notre raison l'admet sans beaucoup de surprise.
Dans les décrets du Ciel cet heureux fils d'Anchise
De Rome et de l'Empire était le fondateur :

Ville sainte à vrai dire, empire séculaire,
Fondés pour devenir plus tard le sanctuaire
Où de Pierre aujourd'hui siége le successeur.

Grâce à cette entreprise en tes vers honorée,
Le héros entrevit sa victoire assurée
Et le manteau futur du pontife chrétien.

Plus tard un saint apôtre accomplit ce voyage :
Il devait rapporter de son pèlerinage
Un confort pour la Foi, notre divin soutien.

Mais cette grâce, à moi, qui me l'aurait donnée ?
Je ne suis pas saint Paul, je ne suis pas Énée.
Qui croira ma vertu digne d'un si grand prix ?

Et comme eux si là-bas je vais sur ta parole,
N'aurai-je pas risqué tentative bien folle ?
Mieux que je n'ai parlé, sage, tu m'as compris. »

Comme un homme incertain qui s'avance et recule,
Voulait et ne veut plus, et, cédant au scrupule,
Rejette son projet ardemment embrassé ;

Ainsi je m'arrêtai sur cette pente obscure ;
Pensif, je devançais la fin de l'aventure,
Et regrettais déjà le chemin commencé.

— « Si je t'ai bien compris, homme pusillanime,
La peur, » me répondit cette ombre magnanime,
« La peur vient de souiller ton élan courageux :

La qual molte fiate l' uomo ingombra,
Sì che d' onrata impresa lo rivolve,
Come falso veder bestia, quand' ombra.

Da questa tema acciocchè tu ti solve,
Dirotti, perch' i' venni, e quel ch' io 'ntesi,
Nel primo punto, che di te mi dolve.

Io era tra color che son sospesi,
E donna mi chiamò beata e bella,
Tal che di comandare i' la richiesi.

Lucevan gli occhi suoi più che la stella:
E cominciommi a dir soave e piana,
Con angelica voce in sua favella:

O anima cortese Mantovana,
Di cui la fama ancor nel mondo dura,
Et durerà, quanto 'l moto lontana:

L' amico mio, e non della ventura,
Nella deserta piaggia è impedito
Sì nel cammin, che volto è per paura;

E temo, che non sia già sì smaritto,
Ch' io mi sia tardi al soccorso levata,
Per quel ch' io ho di lui, nel Cielo, udito.

Or muovi, e con la tua parola ornata,
E con ciò che ha mestieri al suo campare,
L' aiuta sì, ch' i' ne sia consolata.

Io son Beatrice, che ti faccio andare:
Vegno di loco, ove tornar disio:
Amor mi mosse, che mi fa parlare.

Des grandes actions chimérique barrière,
Ombre qui fait souvent tourner l'homme en arrière
Et l'arrête, semblable au cheval ombrageux.

Mais afin de chasser de ton cœur cette crainte,
Je te dirai pourquoi j'accourus à ta plainte
Et quelle voix d'abord sut m'émouvoir pour toi.

Aux limbes en suspens j'errais, lorsque m'appelle
Une sainte du Ciel bienheureuse et si belle
Que je la conjurai de me dicter sa loi.

Ses yeux resplendissaient mieux que l'étoile pure,
Et sa voix s'échappa douce comme un murmure,
Angélique, et parlant un langage du Ciel :

« O cygne de Mantoue, âme noble ! » dit-elle,
« Dont le monde a gardé la mémoire fidèle,
Et qui vivras autant que le monde mortel !

A l'ami de mon cœur la fortune est contraire.
Tandis qu'il gravissait la pente solitaire,
Devant mille périls, de terreur il a fui.

Il se perd, et j'ai peur, tant mon angoisse est vive,
Que ma protection ne se lève tardive ;
Ce qu'on m'a dit au Ciel m'a fait trembler pour lui.

Va donc, avec l'appui de ta noble parole,
Avec tout ce qui peut le sauver, va, cours, vole,
Pour assister cette âme et pour me consoler.

Je suis la Béatrix, moi, celle qui t'envoie ;
J'arrive d'un séjour où je rentre avec joie ;
C'est l'amour qui m'amène et qui me fait parler.

Quando sarò dinanzi al signor mio,
Di te mi loderò sovente a lui :
Tacette allora, e poi comincia' io :

O donna di virtù, sola per cui
L' umana spezie eccede ogni contento
Da quel Ciel ch' ha minori i cerchi sui ;

Tanto m' aggrada 'l tuo comandamento,
Che l' ubbidir, se già fosse, m' è tardi :
Più non t' è uopo aprirmi 'l tuo talento.

Ma dimmi la cagion, che non ti guardi
Dello scender quaggiuso in questo centro.
Dall' ampio loco, ove tornar tu ardi.

Da che tu vuoi saper cotanto addentro,
Dirotti brevemente, mi rispose,
Perch' i' non temo di venir qua entro.

Temer si dee di sole quelle cose,
Ch' hanno potenza di far altrui male :
Dell' altre no, chè non son paurose.

Io son fatta da Dio, sua mercè, tale,
Che la vostra miseria non mi tange,
Nè fiamma d' esto 'ncendio non m' assale.

Donna è gentil nel Ciel, che si compiange
Di questo 'mpedimento, ov' io ti mando,
Sì che duro giudicio lassù frange.

Questa chiese Lucia in suo dimando,
E disse : Ora abbisogna il tuo fedele
Di te, ed io a te lo raccomando.

De retour vers mon Dieu, moi qui suis de ses anges,
Souvent je lui dirai ton nom dans mes louanges. »
Alors elle se tut, et moi je repartis :

« O dame de vertu, par qui l'espèce humaine
Sur les êtres créés s'élève en souveraine
Dans le ciel de la lune aux cercles plus petits [1] !

Si doux est d'obéir lorsque ta voix commande,
Qu'on se trouve en retard, même avant la demande!
Va, tu n'as plus besoin de m'ouvrir tes désirs.

Mais dis-moi seulement comment tu peux sans crainte
Descendre jusqu'ici dans cette basse enceinte
De ce Ciel où déjà remontent tes soupirs? »

— « Eh bien, en peu de mots, puisqu'il faut te l'apprendre,
Dit-elle, tu sauras pourquoi j'ai pu descendre
Dans ces lieux ténébreux où j'entre sans frayeur.

Pour qui s'expose au mal, il est permis de craindre;
Mais lorsque nul danger ne pourrait nous atteindre,
Pourquoi s'embarrasser d'une vaine terreur?

Telle me fit de Dieu la faveur adorable,
Qu'à toutes vos douleurs je suis invulnérable.
Je marche parmi vous, insensible à ce feu.

Une vierge est au Ciel, clémente et qui s'alarme
Des maux où je t'envoie, et souvent d'une larme
Brise un décret sévère entre les mains de Dieu.

C'est elle qui d'abord vint supplier Lucie :
« Ton fidèle servant s'égare dans la vie, »
Dit-elle, « et je le fie à ton soin maternel. »

Lucia, nimica di ciascun crudele
Si mosse, e venne al loco, dov' i' era,
Che mi sedea con l' antica Rachele:

Disse: Beatrice, loda di Dio vera,
Chè non soccorri quei, che t' amò tanto,
Ch' uscìo per te della volgare schiera?

Non odi tu la piéta del suo pianto?
Non vedi tu la morte, che 'l combatte
Su la fiumana ove 'l mar non ha vanto?

Al mondo non fur mai persone ratte
A far lor pro, ed a fuggir lor danno,
Com' io, dopo cotai parole fatte,

Venni quaggiù dal mio beato scanno,
Fidandomi nel tuo parlare onesto,
Ch' onora te, e quei ch' udito l' hanno.

Poscia che m' ebbe ragionato questo,
Gli occhi lucenti, lagrimando, volse;
Perchè mi fece del venir più presto:

E venni a te così, com' ella volse;
Dinanzi a quella fiera ti levai,
Che del bel monte il corto andar ti tolse.

Dunque che è? Perchè, perchè ristai?
Perchè tanta viltà nel cuore allette?
Perchè ardire e franchezza non hai,

Poscia che tai tre donne benedette
Curan di te nella corte del cielo,
E 'l mio parlar tanto ben t' impromette?

Et Lucie à son tour par la pitié touchée
S'est levée et de moi bientôt s'est approchée
A la place où je trône à côté de Rachel ².

« O louange de Dieu, Béatrix ! » me dit-elle,
« Ne défendras-tu pas cet amant si fidèle
Qui se fit glorieux pour te sembler plus cher ?

Vois-tu pas son angoisse ? Es-tu sourde à ses plaintes ?
Il lutte, il se débat en proie à mille craintes
Sur des flots plus troublés que la plus sombre mer. »

« Jamais homme au bonheur n'a couru plus rapide ;
Nul au monde pour fuir d'une main homicide
N'a volé comme moi, ces mots à peine ouïs.

De mon trône de joie ici je suis venue
Me fiant à ta voix éloquente et connue,
Ton honneur, et l'honneur de ceux qu'elle a ravis ³. »

Tandis qu'elle achevait ce récit plein de charmes,
Elle tournait sur moi des yeux brillants de larmes
Comme pour me prier de hâter mon départ.

Je suis venu docile à cette voix divine ;
Une louve fermait à tes pas la colline :
Elle n'est plus, j'en ai délivré ton regard.

Qu'est-ce donc ? Et pourquoi demeurer immobile ?
Et nourrir plus longtemps une crainte trop vile ?
Pourquoi ne pas avoir le courage et l'ardeur,

Quand trois femmes, au Ciel où chacune est bénie,
Ont souci de ton sort et protègent ta vie,
Et quand ma voix à moi te promet le bonheur ? »

Quale i fioretti dal notturno gielo
Chinati e chiusi, poi che 'l sol gl' imbianca,
Si drizzan tutti aperti in loro stelo;

Tal mi fec' io di mia virtute stanca;
E tanto buono ardire al cor mi corse,
Ch' i' cominciai, come persona franca :

O pietosa colei che mi soccorse,
E tu cortese, ch' ubbidisti tosto
Alle vere parole che ti porse!

Tu m' hai con desiderio il cor disposto
Sì al venir con le parole tue,
Ch' i' son tornato nel primo proposto.

Or va, ch' un sol volere è d'amendue :
Tu duca, tu signore, e tu maestro.
Così li dissi; e poichè mosso fue,

Entrai per lo cammino alto e silvestro.

Sous le froid de la nuit comme une fleur se penche
Abattue et fermée, et, vienne l'aube blanche,
Se dresse sur sa tige et s'ouvre en souriant,

Ainsi je relevai le courage en mon âme ;
Je me sentis repris d'une vaillante flamme,
Et d'un ton résolu je dis en m'écriant :

« Toi qui m'as secouru, dans le Ciel sois bénie !
Et toi-même par qui sa voix fut obéie,
Qui si vite exauças sa douce volonté !

Déjà par le pouvoir de ta parole aimée
D'une nouvelle ardeur mon âme est enflammée ;
Je brûle d'accomplir le projet redouté.

Va, notre volonté désormais est la même :
Sois mon seigneur, mon guide et mon maître suprême. »
Je me tais ; — aussitôt il marche, et tous les deux

Nous entrons au chemin sauvage et tortueux.

NOTES DU CHANT II

¹ La lumière théologique élève l'homme au-dessus de tous les êtres de la création terrestre. Tel est le sens de cette invocation de Virgile à Béatrix.

² Rachel, l'épouse de Jacob, est le symbole de la Contemplation. Sa place est naturellement marquée dans le ciel à côté de Béatrix, la Théologie.

³ Ce chant, comme le premier, est allégorique : la clémence divine s'est attendrie pour Dante; elle a chargé *Lucie,* c'est-à-dire, d'après l'étymologie du mot, la Vérité, la Grâce illuminante, de l'éclairer. Mais cette illumination divine a besoin d'être préparée par la philosophie religieuse ou théologie, figurée sous les traits de Béatrix, et assistée elle-même dans cette œuvre de salut par l'éloquence humaine et par la science profane que représente l'illustre Virgile.

ARGUMENT DU CHANT III

Dante arrive avec Virgile à la porte de l'Enfer. Après en avoir lu l'inscription terrible, il entre. Dès les premiers pas, en quelque sorte dans les corridors de l'Enfer, dont les abîmes leur sont fermés comme le Ciel, il rencontre les âmes de ces hommes également incapables de bien et de mal, qui ont tenu leur existence neutre et lâche à l'écart de tous les partis, loin de tous les périls. Dans ce lieu de leur abjection, ils courent à la suite d'un étendard emporté dans un tourbillon. Des insectes les harcèlent, et les vers boivent à leurs pieds le sang qui coule des piqûres. — Dante arrive ensuite au bord de l'Achéron, où il trouve le nocher Caron et les âmes qui traversent le fleuve dans sa nacelle. Succombant à tant d'émotions, il tombe et s'endort.

CANTO TERZO

Per me si va nella città dolente :
Per me si va nell' eterno dolore :
Per me si va tra la perduta gente.

Giustizia mosse 'l mio alto fattore :
Fecemi la divina potestate,
La somma sapienza, e 'l primo amore.

Dinanzi a me non fur cose create,
Se non eterne, ed io eterno duro;
Lasciate ogni speranza, voi che 'ntrate.

Queste parole di colore oscuro
Vid' io scritte al sommo d' una porta :
Perch' io : Maestro, il senso lor m' è duro.

Ed egli a me, come persona accorta;
Qui si convien lasciare ogni sospetto :
Ogni viltà convien, che qui sia morta.

Noi sem venuti al luogo, ov' i' t' ho detto,
Che tu vedrai le genti dolorose,
Ch' hanno perduto 'l ben dello 'ntelletto,

CHANT TROISIÈME

« C'est par moi que l'on va dans la cité plaintive :
« C'est par moi qu'aux tourments éternels on arrive :
« C'est par moi qu'on arrive à l'infernal séjour.

« La Justice divine a voulu ma naissance;
« L'être me fut donné par la Toute-Puissance,
« La suprême Sagesse et le premier Amour.

« Rien ne fut avant moi que choses éternelles,
« Et moi-même à jamais je dois durer comme elles.
« Laissez toute espérance en entrant dans l'Enfer ! »

Au sommet d'une porte en sombres caractères
Je vis gravés ces mots chargés de noirs mystères :
« Maître, » fis-je, « le sens de ces mots est amer ! »

Mais lui d'une voix ferme : « Il n'est plus temps de craindre !
Tout lâche sentiment dans ton cœur doit s'éteindre;
Il faut tuer ici le soupçon et la peur.

Voici les régions, celles que je t'ai dites,
Où doivent tes regards voir les races maudites
Qui de l'intelligence ont perdu le bonheur. »

E poichè la sua mano alla mia pose,
Con lieto volto, ond' i' mi confortai,
Mi mise dentro alle secrete cose.

Quivi sospiri, pianti, ed alti guai
Risonavan per l' aer senza stelle,
Perch' io al cominciar ne lagrimai.

Diverse lingue, orribili favelle,
Parole di dolore, accenti d' ira,
Voci alte e fioche, e suon di man con elle

Facevano un tumulto, il qual s'aggira
Sempre 'n quell' aria senza tempo tinta,
Come la rena, quando 'l turbo spira.

Ed io, ch' avea d' error la testa cinta,
Dissi : Maestro, che è quel ch' i' odo?
E che gent' è, che par nel duol si vinta

Ed egli a me : Questo misero modo
Tengon l' anime triste di coloro,
Che visser senza infamia, e senza lodo.

Mischiate sono a quel cattivo coro
Degli Angeli, che non furon ribelli,
Nè fur fedeli a Dio, ma per sè foro.

Cacciârli i Ciel, per non esser men belli :
Nè lo profondo Inferno gli riceve,
Ch' alcuna gloria i rei avrebber d' elli.

Ed io : Maestro, che è tanto greve
A lor, che lamentar gli fa sì forte?
Rispose : Dicerolti molto breve.

A ces mots, il me prit par la main; son visage
Avait un air de paix qui me rendit courage :
Avec lui dans l'abîme il me fit pénétrer.

Là, soupirs et sanglots, cris perçants et funèbres
Résonnaient au milieu de profondes ténèbres :
Dans mon saisissement je me mis à pleurer.

Idiomes divers, effroyable langage,
Paroles de douleur et hurlements de rage,
Voix stridentes et voix sourdes, mains se heurtant;

Tout cela bruissait confusément dans l'ombre,
Tournoyant sans repos dans cet air toujours sombre,
Comme un sable emporté par le vent haletant.

Et moi, les yeux couverts d'un bandeau de vertige :
« Qu'est-ce donc que j'entends, ô maître, et quel est, » dis-je,
« Le peuple qu'à ce point la douleur a vaincu ? »

Mon maître répondit : « Ces maux sont le partage,
Le misérable sort des âmes sans courage,
De ceux qui sans opprobre et sans gloire ont vécu.

Ils sont mêlés au chœur de ces indignes anges
Qui ne luttèrent pas, égoïstes phalanges,
Ni pour ni contre Dieu, mais qui furent pour eux.

Le Ciel les a chassés de ses parvis sublimes,
Et le profond Enfer leur ferme ses abîmes,
Car près d'eux les maudits sembleraient glorieux. »

— « O maître, quel fardeau de maux insupportables
« Les force de pousser des cris si lamentables? »
Il répondit : « Je vais te le dire en deux mots :

Questi non hanno speranza di morte :
E la lor cieca vita è tanto bassa,
Che 'nvidïosi son d' ogni altra sorte.

Fama di loro il mondo esser non lassa :
Misericordia e giustizia gli sdegna.
Non ragioniam di lor, ma guarda, e passa.

Ed io, che riguardai, vidi una insegna,
Che girando correva tanto ratta,
Che d' ogni posa mi pareva indegna :

E dietro le venia sì lunga tratta
Di gente, ch' i' non avrei mai creduto,
Che morte tanta n' avesse disfatta.

Poscia ch' io v' ebbi alcun riconosciuto,
Guardai, e vidi l' ombra di colui,
Che fece, per viltate, il gran rifiuto.

Incontanente intesi, e certo fui,
Che quest' era la setta de' cattivi
A Dio spiacenti, ed a' nemici sui.

Questi sciaurati, che mai non fur vivi,
Erano ignudi, e stimolati molto
Da mosconi e da vespe, ch' eran ivi.

Elle rivagan lor di sangue il volto,
Che mischiato di lagrime, a' lor piedi
Da fastidiosi vermi era ricolto.

E poi ch' a riguardar oltre mi diedi,
Vidi gente alla riva d' un gran fiume :
Perch' i' dissi : Maestro, or mi concedi,

Ceux que tu vois n'ont pas la mort pour espérance ;
Et leur abjection, pire que la souffrance,
Fait qu'ils sont envieux des plus horribles maux.

Dans le monde leur nom n'a pas laissé de trace ;
Trop bas pour la Justice et trop bas pour la Grâce !
Va, ne parlons plus d'eux, mais regarde, et passons. »

Et moi qui regardai, je vis une bannière
Qui courait en tournant dans cet air sans lumière,
Agitant sans repos ses livides paillons,

Et derrière venaient les bandes malheureuses.
Et moi je m'étonnais, les voyant si nombreuses,
Que la Mort de ses mains en eût autant défait !

J'en reconnus plusieurs au milieu de la file.
Tout à coup dans les rangs j'aperçus l'ombre vile
De celui qu'un refus souilla plus qu'un forfait [1].

Je compris, et j'eus bien alors la certitude
Que j'avais sous les yeux la triste multitude
Qui déplaît au Seigneur comme à ses ennemis.

Ces lâches, toujours morts, même pendant leur vie,
Étaient nus ; ils fuyaient, car sur leur chair flétrie
D'avides moucherons, des guêpes s'étaient mis.

Un sang pauvre coulait et rayait leur visage,
Et tout mêlé de pleurs tombait, hideux breuvage,
A leurs pieds recueilli par des vers dégoûtants.

Je portai mes regards plus loin, et vis dans l'ombre,
Sur le bord d'un grand fleuve, une foule sans nombre.
« O maître, qu'est-ce encor que je vois, que j'entends ?

Ch' io sappia, quali sono, e qual costume,
Le fa parer di trapassar sì pronte,
Com' io discerno per lo fioco lume.

Ed egli a me: le cose ti fien conte,
Quando noi fermerem li nostri passi
Su la trista riviera d'Acheronte.

Allor con gli occhi vergognosi e bassi,
Temendo, no 'l mio dir gli fusse grave,
In fino al fiume di parlar mi trassi.

Ed ecco verso noi venir per nave
Un vecchio bianco per antico pelo.
Gridando: Guai a voi, anime prave!

Non isperate mai veder lo cielo:
I' vegno, per menarvi all' altra riva
Nelle tenebre eterne in caldo, e 'n gielo:

E tu, che se' costì, anima viva,
Partiti da cotesti, che son morti:
Ma poi ch' e' vide ch' i' non mi partiva,

Disse: per altre vie, per altri porti
Verrai a piaggia, non qui, per passare:
Più lieve legno convien, che ti porti.

E 'l duca a lui: Caron, non ti crucciare:
Vuolsi così colà, dove si puote
Ciò che si vuole, e più non dimandare.

Quinci fur quete le lanose gote
Al nocchier della livida palude,
Che 'ntorno agli occhi ave' di fiamme ruote.

Quelle est cette cohorte accourant hors d'haleine,
Que dans l'obscurité mon œil distingue à peine,
Et qui la presse ainsi de gagner l'autre bord?

— « Tu sauras tout cela; mais laisse-toi conduire, »
Me dit-il; « je prendrai le soin de t'en instruire
Quand nous arriverons au fleuve de la mort ². »

Je rougis craignant d'être importun au poëte;
Et, les regards baissés et la lèvre muette,
J'attendis d'arriver au fleuve des enfers.

Dans cet instant parut, monté sur une barque,
Un vieillard dont le front des ans portait la marque.
Il s'écriait : « Malheur à vous, esprits pervers!

N'espérez jamais voir le Ciel, car je vous mène
Dans la nuit éternelle, à la rive inhumaine,
Dans l'abîme toujours ou brûlant ou glacé.

Et toi qui viens ici dans ces lieux d'épouvante,
Va-t'en, éloigne-toi des morts, âme vivante! »
Voyant que d'obéir j'étais mal empressé :

« Tu veux, » ajouta-t-il, « toucher la sombre plage?
Prends un autre chemin qui te mène au rivage;
Il te faut un esquif plus léger que le mien. »

« Caron, ne t'émeus pas, » lui répondit mon guide.
« On l'a voulu là-haut, et quand le Ciel décide,
Le Ciel peut ce qu'il veut. Ainsi n'ajoute rien. »

Du nocher à ces mots la fureur fut calmée,
La rage s'éteignit sur sa joue enflammée,
Dans ses yeux qui roulaient en deux cercles ardents.

Ma quell' anime, ch' eran lasse e nude,
Cangiar colore, e dibattero i denti,
Ratto che 'nteser le parole crude.

Bestemmiavano Iddio, e i lor parenti,
L' umana spezie, il luogo, il tempo, e 'l seme
Di lor semenza, e di lor nascimenti.

Poi si ritrasser tutte quante insieme,
Forte piangendo, alla riva malvagia,
Ch' attende ciascun uom, che Dio non teme.

Caron dimonio, con occhi di bragia
Loro accennando, tutte le raccoglie:
Batte col remo, qualunque s' adagia.

Come d' Autunno si levan le foglie,
L' una appresso dell' altra, infin ch 'l ramo
Rende alla terra tutte le sue spoglie;

Similemente il mal seme d' Adamo:
Gittansi di quel lito ad una ad una,
Per cenni, com' augel per suo richiamo.

Così sen vanno su per l' onda bruna,
E avanti che sien di là discese,
Anche di qua nuova schiera s' aduna.

Figliuol mio, disse il maestro cortese,
Quelli, che muoion nell' ira di Dio,
Tutti convegnon quì d' ogni paese:

E pronti sono al trapassar del rio,
Chè la divina giustizia gli sprona.
Sì che la tema si volge in disio.

Mais ces morts dépouillés que la fatigue accable,
Entendant de Caron la voix impitoyable,
De changer de couleur et de grincer des dents.

Ils blasphémaient le Ciel, ils maudissaient la terre,
Le jour qui les vit naître et le sein de leur mère,
Leurs pays, leurs parents, leurs fils, tout l'univers;

Puis, remplissant les airs d'une clameur plaintive,
Ensemble se portaient sur la funeste rive,
Sur la rive maudite où vont tous les pervers.

Caron, avec des yeux que la colère enflamme,
Les pressait tour à tour et frappait de sa rame
Tous ceux qui paraissaient tarder trop à partir.

Comme, l'une après l'autre, au déclin de l'automne,
Les feuilles des rameaux tombent, pâle couronne,
Et retournent au sol qui va les engloutir;

Tels je voyais d'Adam les enfants sacriléges,
Ces oiseaux que Caron appelait dans ses piéges,
Un par un se jeter au vaisseau de la mort.

Ils franchissaient alors le ténébreux passage;
Mais à peine ils s'étaient éloignés du rivage,
Qu'une foule nouvelle attendait sur le bord.

« O mon fils, c'est ici, » me dit mon noble maître,
« Que viennent, quel que soit le lieu qui les vit naître,
Tous les coupables morts dans le courroux de Dieu.

Ils se hâtent d'aller par ce fleuve au supplice,
Pressés par l'éperon de la grande Justice
Qui change leur terreur en un désir de feu.

Quinci non passa mai anima buona :
E però se Caron di te si lagna,
Ben puoi saper omai, chè 'l suo dir suona.

Finito questo, la buia campagna
Tremò sì forte, che dello spavento
La mente di sudore ancor mi bagna.

La terra lagrimosa diede vento,
Che balenò una luce vermiglia,
La qual mi vinse ciascun sentimento :

E caddi, come l' uom, cui sonno piglia.

Jamais âme innocente en ces lieux ne s'embarque ;
Voilà pourquoi Caron te chassait de sa barque :
Tu comprends maintenant d'où venait sa fureur. »

Comme il disait ces mots, la lugubre vallée
D'un formidable choc est soudain ébranlée.
Souvenir qui me baigne encore de sueur !

Sur la terre des pleurs, déchaînant sa colère,
S'élève un vent terrible et que la foudre éclaire.
Et devant tant d'horreurs forcé de succomber,

Comme pris de sommeil, je me laissai tomber.

NOTES DU CHANT III

¹ Suivant beaucoup de commentateurs, il s'agit dans ce vers de Célestin V, qui se démit de la papauté ; suivant d'autres, de Dioclétien, qui abdiqua l'empire ; quelques-uns prétendent qu'il s'agit d'Esaü, qui céda son droit d'ainesse. D'après Lombardini, dont l'opinion me semble plus plausible, le poëte fait allusion à un sien concitoyen et contemporain, Torregiano de Cerchi, qui aurait refusé de se mettre à la tête des Florentins. Mais qu'importe ? C'est, en tout cas, un lâche qui a reculé devant un grand devoir. Le reste est une matière pour les érudits.

² L'Achéron.

ARGUMENT DU CHANT IV

Dante descend avec Virgile dans le premier cercle de l'Enfer, où sont les Limbes. Là sont renfermées, sans autre tourment qu'une sourde langueur, qu'un désir de bonheur sans espérance, les âmes de tous ceux qui n'ont pas reçu le baptême. C'est le séjour habité par Virgile. Les ombres des grands poëtes profanes, Homère en tête, viennent à sa rencontre. Dante partage les honneurs qu'on rend à son maître, et, mêlé à cette glorieuse troupe, il est conduit dans une enceinte particulière du Limbe où sont rassemblées à part les ombres des grands hommes. Il les contemple avec admiration. Virgile l'entraîne hors du Limbe.

CANTO QUARTO

Ruppemi l' alto sonno nella testa
Un greve tuono, sì ch' i' mi riscossi,
Come persona, che per forza è desta :

E l' occhio riposato intorno mossi,
Dritto levato, e fiso riguardai,
Per conoscer lo loco dov' io fossi.

Vero è, che 'n su la proda mi trovai
Della valle d'abisso dolorosa,
Che tuono accoglie d' infiniti guai.

Oscura, profond' era e nebulosa,
Tanto, che per ficcar lo viso al fondo,
I' non vi discernea veruna cosa.

Or discendiam quaggiù nel cieco mondo,
Incominciò 'l poeta tutto smorto :
I' sarò primo, e tu sarai secondo.

Ed io, che del color mi fui accorto,
Dissi : come verrò, se tu paventi,
Che suoli al mio dubbiare esser conforto?

CHANT QUATRIÈME

Un bruit qui ressemblait au fracas du tonnerre
Rompit mon lourd sommeil et rouvrit ma paupière,
Tout mon corps tressaillit à ce réveil soudain.

D'un bond, comme en sursaut, je me levai de terre :
Et cherchant de la nuit à sonder le mystère,
Mon œil de tous côtés se fixait incertain.

Je touchais à l'abîme où les ombres punies
Font tonner les échos de clameurs infinies.
J'étais au bord du gouffre : il était si profond,

Si chargé de vapeurs et d'épaisses ténèbres,
Que mes regards plongés dans ses cercles funèbres
S'y perdaient sans pouvoir en distinguer le fond.

Le poëte vers moi tourna son front plus pâle :
« Descendons maintenant dans la nuit infernale, »
Dit-il, « moi le premier, et toi derrière moi. »

J'avais vu la pâleur qui couvrait son visage ;
Je répondis : « Comment aurais-je ce courage ?
Toi-même, mon soutien, tu cèdes à l'effroi. »

Ed egli a me : L' angoscia delle genti,
Che son quaggiù, nel viso mi dipigne
Quella pietà, che tu per tema senti.

Andiam, chè la via lunga ne sospigne.
Così si mise, e così mi fe' 'ntrare
Nel primo cerchio che l' abisso cigne.

Quivi, secondo che per ascoltare,
Non avea pianto, ma che di sospiri,
Che l' aura eterna facevan tremare.

E ciò avvenia di duol senza martiri,
Ch' avean le turbe, ch' eran molte, e grandi,
D' infanti, e di femmine, e di viri.

Lo buon Maestro a me : Tu non dimandi
Che spiriti son questi, che tu vedi?
Or vo' che sappi, innanzi che più andi,

Ch' ei non peccaro; e s' egli hanno mercedi,
Non basta, perch' e' non ebber battesmo,
Ch' è porta della Fede che tu credi;

E se furon dinanzi al Cristianesmo,
Non adorâr debitamente Dio :
E di questi cotai son io medesmo.

Per tai difetti, e non per altro rio,
Semo perduti, e sol di tanto offesi,
Che sanza speme vivemo in disio.

Gran duol mi prese al cor, quando lo 'ntesi,
Perocchè gente di molto valore
Conobbi che 'n quel limbo eran sospesi.

— « Les angoisses de ceux qui sont là, dans ce gouffre,
Ont jeté sur mon front cette ombre ; mon cœur souffre,
Ce n'est pas de l'effroi, c'est la pitié des maux.

Allons, la route est longue ! » A ces mots, il s'avance ;
Je marchai sur ses pas, et, sans plus d'hésitance,
J'entrai dans le premier des cercles infernaux.

Là des sons étouffés, rumeur faible et plaintive,
Émurent tout d'abord mon oreille attentive.
L'air éternel semblait en frémir et vibrer ;

Vague bruissement de la foule des âmes ;
Car ici, par milliers, enfants, hommes et femmes,
Malheureux sans tourment, soupiraient sans pleurer.

« Eh bien, pourquoi ne pas demander à connaître
Quels sont ces esprits-là que tu vois, » dit mon maître ?
« Or donc, avant d'aller plus loin, écoute-moi :

Ils sont là sans péché, courbés sous l'anathème
Pour n'avoir pas reçu les eaux du saint baptême,
Pour n'avoir pas franchi les portes de la Foi.

Beaucoup sont morts avant le Christ ; le divin Maître
Ne fut pas adoré par eux comme il doit l'être.
Je suis un de ceux-là, j'eus le même malheur.

Et c'est pour expier ce péché d'ignorance
Que nous sommes perdus, et pour toute souffrance
Nous vivons sans espoir, altérés de bonheur. »

Grande douleur me prit au cœur à ce langage,
Car j'avais reconnu des hommes de courage
Et plus d'un noble esprit que l'arrêt dut frapper.

4.

Dimmi, Maestro mio, dimmi, Signore,
Comincia' io per voler esser certo
Di quella fede, che vince ogni errore:

Uscinne mai alcuno o per suo merto,
O per altrui, che poi fosse beato?
E quei, che 'ntese 'l mio parlar coverto,

Rispose: Io era nuovo in questo stato,
Quando ci vidi venire un possente
Con segno di vittoria incoronato.

Trasseci l' ombra del primo parente,
D' Abel suo figlio, e quella di Noè,
Di Moïsè legista, e ubbidiente

Abraam patriarca, e David re;
Israel con suo padre, e co' suoi nati,
E con Rachele, per cui tanto fe':

Ed altri molti, e fecegli beati:
E vo' che sappi, che dinanzi ad essi,
Spiriti umani non eran salvati.

Non lasciavam l' andar, perch' e' dicessi,
Ma passavam la selva tuttavia,
La selva dico di spiriti spessi.

Non era lungi ancor la nostra via
Di qua dal sommo, quand' i' vidi un foco,
Ch' emisperio di tenebre vincia.

Di lungi v' eravamo ancora un poco,
Ma non sì, ch' io non discernessi in parte,
Ch' orrevol gente possedea quel loco:

« Dis-moi, maître, dis-moi, seigneur, » lui demandai-je,
Curieux d'éclaircir un doute sacrilége
Sur cette Foi pourtant qui ne peut nous tromper ;

« Jamais par ses vertus ou par quelque puissance
Nul n'est sorti d'ici pour goûter l'espérance ? »
Et lui, qui comprenait mon parler détourné :

« J'étais nouveau venu dans ce Limbe où je reste ;
Un Puissant y parut dans sa gloire céleste ;
Du sceau de la victoire il était couronné [1].

Il arracha d'ici l'ombre du premier père,
Celle du doux Abel et d'Ève notre mère,
Noé sauvé des eaux et David le saint roi,

Le grand législateur du peuple juif, Moïse,
Le pieux Abraham et sa race promise,
Isaac et Rachel, tendre objet de sa foi.

Et bien d'autres par lui ravis à cette enceinte
Montèrent bienheureux vers la région sainte.
Ce furent les premiers sauvés par son secours. »

Ainsi parlait Virgile, et dans les sentiers sombres,
Dans l'épaisse forêt, dans cette forêt d'ombres,
Tandis qu'il me parlait nous avancions toujours.

Nous n'étions pas encore éloignés de l'entrée
Lorsque je vis de loin briller dans la contrée
Un feu qui de l'orbite éclairait la moitié.

Et comme j'avançais dans l'enceinte maudite,
J'entrevoyais déjà que les ombres d'élite
Habitaient ce séjour moins digne de pitié :

O tu, ch' onori ogni scïenza ed arte:
Questi chi son, c' hanno cotanta orranza
Che dal modo degli altri gli diparte?

E quegli a me: L' onrata nominanza,
Che di lor suona su nella tua vita,
Grazia acquista nel Ciel, che sì gli avanza.

Intanto voce fu per me udita:
Onorate l' altissimo poeta:
L' ombra sua torna, ch' era dipartita.

Poichè la voce fu restata e queta,
Vidi quattro grand' ombre a noi venire:
Sembianza avevan nè trista, nè lieta.

Lo buon maestro cominciò a dire:
Mira colui con quella spada in mano,
Che vien dinanzi a' tre, sì come sire.

Quegli è Omero poeta sovrano:
L' altro è Orazio satiro, che viene,
Ovidio è 'l terzo, e l' ultimo è Lucano.

Perocchè ciascun meco si conviene
Nel nome, che sonò la voce sola;
Fannomi onore, e di ciò fanno bene.

Così vidi adunar la bella scuola
Di quel Signor dell' altissimo canto,
Che sovra gli altri, com' aquila, vola.

Da ch' ebber ragionato 'nsieme alquanto,
Volsersi a me, con salutevol cenno:
E 'l mio maestro sorrise di tanto:

— « Flambeau de tous les arts, ces esprits, demandai-je,
Quels sont-ils? D'où leur vient, dis-moi, ce privilége
De vivre comme à part, au milieu des proscrits? »

Il répondit : « Leur nom que le monde révère,
Leur gloire qui là haut résonne sur la terre,
De la bonté du Ciel ont mérité ce prix. »

A ces mots, une voix retentit dans l'abîme :
« Honneur, rendez honneur au poëte sublime;
Il nous avait quittés, il revient parmi nous. »

La voix se tut; je vis, au devant de Virgile
Quatre esprits arriver d'un pas lent et tranquille;
Sans joie et sans tristesse, ils allaient, le front doux.

« Vois-les venir, » me dit mon bon maître, « et remarque
Celui qui le premier marche comme un monarque
Et paraît en avant une épée à la main.

C'est le poëte-roi, c'est le divin Homère,
Après lui vient Horace à l'éloquence amère,
Le troisième est Ovide, et le dernier, Lucain.

Tous ils ont mérité ce nom de grand poëte
Dont la voix tout à l'heure a couronné ma tête;
Et me rendant honneur, se font honneur égal. »

Je vis se rassembler ainsi la belle école
De ce maître des chants sublimes et qui vole
Au-dessus des plus grands comme un aigle royal.

Après s'être parlé quelque temps à voix basse,
Ils me firent tous quatre un salut plein de grâce;
Mon Maître à cet accueil répondit d'un souris.

E più d' onore ancora assai mi fenno;
Ch' ei sì mi fecer della lora schiera,
Sì ch' i' fui sesto, tra cotanto senno.

Così n' andammo infino alla lumiera,
Parlando cose, che 'l tacere è bello,
Sì com' era 'l parlar, colà dov' era.

Venimmo al piè d' un nobile castello,
Sette volte cerchiato d' alte mura,
Difeso 'ntorno d' un bel fiumicello.

Questo passammo, come terra dura:
Per sette porte intrai con questi savi:
Giugnemmo in prato di fresca verdura.

Genti v' eran, con occhi tardi e gravi,
Di grande autorità ne' lor sembianti:
Parlavan rado, con voci soavi.

Traemmoci così dall' un de' canti,
In luogo aperto, luminoso, ed alto,
Sì che veder si potén tutti quanti.

Colà diritto sopra 'l verde smalto
Mi fur mostrati gli spiriti magni,
Che di vederli, in me stesso, n' esalto.

I' vidi Elettra con molti compagni,
Tra' quai conobbi ed Ettore, ed Enea,
Cesare armato, con gli occhi grifagni.

Vidi Cammilla, e la Pentesilea
Dall' altra parte, e vidi 'l re Latino,
Che con Lavinia sua figlia sedea.

Dans leur docte cénacle, honneur bien plus insigne,
Ils voulurent m'admettre ; ainsi, le plus indigne,
Je marchai le sixième après ces grands esprits.

Nous causions cheminant vers la région claire;
Bel entretien qu'ici je crois meilleur de taire.
Mais qu'il était sublime au séjour de la mort!

Tout à coup apparut à ma vue étonnée
Une enceinte de murs sept fois environnée.
Un joli petit fleuve en défendait l'abord ².

Nous passâmes le fleuve à sec, et dans l'enceinte
Avec mes compagnons je pénétrai sans crainte.
Nous vînmes en un pré d'un vert et frais aspect.

Il était tout peuplé d'ombres majestueuses;
Leurs regards sérieux, leurs voix harmonieuses,
Leur parler contenu, commandaient le respect.

Nous montâmes ensemble une cime éclairée,
Et de cette hauteur dominant la contrée,
J'embrassai d'un coup d'œil la foule des esprits.

Je vis ces grands mortels que l'univers honore;
De cette vision mon cœur tressaille encore!
Ils erraient exilés parmi ces champs fleuris.

J'aperçus de héros Électre environnée ³;
Je reconnus Hector; je reconnus Énée,
César encore armé de ses regards perçants.

Ici Penthésilée, et la vierge Camille;
Ailleurs, je reconnus assis avec sa fille
Le bon roi Latinus courbé sous ses vieux ans.

Vidi quel Bruto che cacciò Tarquino;
Lucrezia, Julia, Marzia, e Corniglia,
E solo in parte vidi 'l Saladino.

Poi che innalzai un poco più le ciglia,
Vidi 'l Maestro di color che sanno,
Seder tra filosofica famiglia.

Tutti l'ammiran, tutti onor gli fanno.
Quivi vid' io e Socrate, e Platone,
Che innanzi agli altri più presso gli stanno.

Democrito, che il mondo a caso pone,
Diogenes, Anassagora, e Tale,
Empedocles, Eraclito e Zenone:

E vidi 'l buono accoglitor del quale,
Dioscoride dico; e vidi Orfeo,
Tullio, e Livio, e Seneca morale,

Euclide geometra, e Tolommeo,
Ippocrate, Avicenna, e Galieno,
Averrois, che 'l gran comento feo.

I' non posso ritrar di tutti appieno,
Perocchè sì mi caccia 'l lungo tema,
Che molte volte al fatto il dir vien meno.

La sesta compagnia in duo si scema:
Per altra via mi mena 'l savio duca
Fuor della queta nell' aura che trema ·

E vengo in parte, ove non è che luca.

Et Brutus qui chassa le fier Tarquin, Julie,
La noble Marcia, Lucrèce, Cornélie ;
A l'écart, Saladin, le soudan glorieux.

Aristote plus loin à mes yeux se présente,
Et des sages fameux la famille imposante
Rangés autour de lui comme des fils pieux.

Avec ravissement je voyais tous ces sages
Près de lui se pressant et l'entourant d'hommages.
A ses côtés Socrate et le divin Platon,

Celui qui fit du monde un hasard, Démocrite,
L'austère Diogène et le sombre Héraclite,
Thalès, Anaxagore, Empédocle, Zénon ;

Et ce naturaliste illustre, Dioscoride,
Orphée et Cicéron, le géomètre Euclide,
Et Sénèque le sage, et Live l'historien ;

Ce docte Égyptien qui décrivit la terre,
Averrhoès, l'auteur du vaste Commentaire,
Hippocrate de Cos, Avicenne, Galien !

Mais je ne puis citer la foule tout entière,
Le temps presse ; je traite une longue matière
Qui force à dire moins que la réalité.

Bientôt nos compagnons nous quittèrent ; Virgile
Me fit abandonner ce champ pur et tranquille
Pour me conduire encor dans un air agité,

Et je vins en des lieux morts à toute clarté.

NOTES DU CHANT IV

¹ Jésus-Christ descendit dans les Limbes après sa mort.

² Cette enceinte fortifiée figure la réputation immortelle des grands génies. Les sept murailles signifient les sept vertus, la Justice, la Force, la Tempérance, la Prudence, l'Intelligence, la Sagesse et la Science. Le ruisseau signifierait l'Éloquence. (Moutonnet de Clairfon.)

³ Électre, mère de Dardanus, d'où est sorti Énée, le fondateur de l'empire romain.

ARGUMENT DU CHANT V

Au seuil du second cercle, Dante trouve Minos qui juge toutes les âmes coupables. Il entre dans le cercle où sont punis les voluptueux. Ils sont emportés dans un éternel ouragan. Dante reconnaît Françoise de Rimini ; elle lui raconte son histoire. A ce récit, Dante, sous l'empire d'une émotion trop forte, tombe comme inanimé.

CANTO QUINTO

Così discesi del cerchio primaio
Giù nel secondo, che men luogo cinghia,
E tanto più dolor, che pugne a guaio.

Stavvi Minos orribilmente, e ringhia:
Esamina le colpe nell' entrata:
Giudica, e manda, secondo ch' avvinghia.

Dico, che quando l' anima mal nata
Li vien dinanzi, tutta si confessa:
E quel conoscitor delle peccata

Vede qual luogo d' Inferno è da essa:
Cignesi con la coda tante volte,
Quantunque gradi vuol, che giù sia messa.

Sempre dinanzi a lui ne stanno molte:
Vanno a vicenda ciascuna al giudizio:
Dicono, e odono, e poi son giù volte.

O tu, che vieni al doloroso ospizio,
Disse Minos a me, quando mi vide,
Lasciando l' atto di cotanto ufizio,

CHANT CINQUIÈME

Dans le deuxième cercle ainsi nous pénétrâmes ;
Il enserre un enfer plus étroit, où les âmes
Dans les pleurs et les cris souffrent plus dur tourment.

Le farouche Minos grince au seuil de cet antre ;
Par lui chaque pécheur jugé sitôt qu'il entre
Aux replis de sa queue a vu son châtiment.

A peine devant lui l'ombre infâme est venue,
Elle montre au démon son âme toute nue ;
Et cet inquisiteur de nos péchés mortels

Voit quel gouffre d'Enfer est digne de l'impie ;
Et sur ses flancs sa queue en cercles arrondie
Mesure au condamné les cercles éternels.

La foule devant lui toujours se renouvelle ;
Approchant tour à tour, chaque âme criminelle
Parle, entend son arrêt, puis tombe et disparaît.

— « O toi qui viens ici dans ce funeste asile, »
Dit Minos, me voyant entrer avec Virgile,
Et comme interrompant son office à regret,

Guarda com' entri, e di cui tu ti fide:
Non t' inganni l' ampiezza dell' entrare.
E 'l Duca mio a lui : Perchè pur gride?

Non impedir lo suo fatale andare :
Vuolsi così colà, dove si puote
Ciò che si vuole, e più non dimandare.

Ora incomincian le dolenti note
A farmisi sentire : or son venuto,
Là dove molto pianto mi percuote.

I' venni in luogo d' ogni luce muto,
Che mugghia, come fa mar per tempesta,
Se da contrari venti è combattuto.

La bufera infernal, che mai non resta,
Mena gli spirti con la sua rapina,
Voltando, e percotendo gli molesta.

Quando giungon davanti alla ruina,
Quivi le strida, il compianto, e 'l lamento;
Bestemmian quivi la virtù divina.

Intesi, ch' a così fatto tormento
Eran dannati i peccator carnali,
Che la ragion sommettono al talento.

E come gli stornei ne portan l' ali
Nel freddo tempo, a schiera larga e piena;
Così quel fiato gli spiriti mali

Dì quà, di là, di giù, di sù gli mena :
Nulla speranza gli conforta mai,
Non che di posa, ma di minor pena.

« Regarde bien à qui ton âme s'est livrée,
Et ne t'assure pas sur cette large entrée ! »
— « Pourquoi hurler ainsi ? Tes cris sont superflus,

Nous suivons un chemin prescrit, répond mon guide ;
« On l'a voulu là-haut ; et quand le Ciel décide,
Le Ciel peut ce qu'il veut. N'en demande pas plus. »

Dans cet instant j'ouïs des accents lamentables.
Nous étions arrivés dans les lieux redoutables ;
Déjà j'étais frappé par le bruit des sanglots.

Lieux muets de lumière, enceinte mugissante !
C'était comme une mer levée et frémissante
Quand des vents ennemis combattent sur ses flots.

Le souffle impétueux de l'éternel orage
Emportait les esprits comme au gré de sa rage,
Les roulant, les heurtant avec ses tourbillons.

S'ils venaient à toucher les parois de l'enceinte,
C'étaient des cris perçants de douleur ou de crainte,
Des blasphèmes au Ciel, des imprécations.

J'appris que ce tourment était fait pour les âmes,
Esclaves de la chair et des impures flammes,
Qui firent le devoir au caprice plier.

Comme on voit en hiver une bande serrée
De frêles étourneaux dans les airs égarée,
Tels ces pauvres esprits, d'un vol irrégulier,

Allaient, de ci, de là, promenés par l'orage.
Jamais aucun espoir pour reprendre courage ;
Nul repos, à leurs maux nul adoucissement.

E come i gru van cantando lor lai,
Facendo in aer di sè lunga riga,
Così vid' io venir, traendo guai,

Ombre portate dalla detta briga;
Perch' io dissi: Maestro, chi son quelle
Genti, che l' aer nero sì gastiga?

La prima di color, di cui novelle
Tu vuo' saper, mi disse quegli allotta,
Fu imperadrice di molte favelle.

A vizio di lussuria fu sì rotta,
Che libito fe' lecito in sua legge,
Per torre il biasmo, in che era condotta.

Ell' è Semiramis, di cui si legge,
Che succedette a Nino, e fu sua sposa:
Tenne la terra che 'l Soldan corregge.

L'altra è colei che s' ancise amorosa,
E ruppe fede al cener di Sicheo:
Poi è Cleopatras lussuriosa.

Elena vidi, per cui tanto reo
Tempo si volse; e vidi 'l grande Achille,
Che con amore al fine combatteo.

Vidi Paris, Tristano, e più di mille
Ombre mostrommi, e nominolle a dito,
Ch' amor di nostra vita dipartille.

Poscia ch' i' ebbi il mio dottore udito
Nomar le donne antiche, e i cavalieri,
Pietà mi vinse, e fui quasi smarrito.

Et tels des alcyons sillonnant les ténèbres
Volent en longue file avec des cris funèbres,
Tels j'en vis arriver gémissant sourdement,

Et de cet ouragan le jouet misérable.
— « Maître, fis-je, quelle est cette race coupable
Que fouette sans pitié le vent noir des enfers? »

— « Cette ombre devant toi que tu vois la première, »
Me répondit le maître, est une reine altière
Qui jadis commandait à des peuples divers.

La luxure effrénée a dévoré sa vie,
Elle crut échapper à son ignominie
En mettant dans sa loi : le plaisir est permis.

C'est la Sémiramis qui, dit-on, chose infâme!
Avait nourri Ninus et qui devint sa femme
Aux lieux que le Soudan à ses lois tient soumis.

L'autre est cette Didon d'un fol amour touchée
Qui mourut infidèle aux cendres de Sichée;
Après vient Cléopâtre au cœur luxurieux. »

Après elle, je vis Hélène dont les charmes
Ont amené dix ans de forfaits et de larmes,
Achille aussi vaincu par l'amour furieux.

Je vis Pâris, Tristan [1], bien d'autres, et Virgile
Me les montrait du doigt en les nommant par mille,
Tous par les feux d'amour avant l'âge expirés.

Lorsque j'eus entendu mon maître en son langage
Me nommer ces héros, ces dames du vieil âge,
La pitié confondit mes sens comme égarés.

I' cominciai: Poeta, volentieri
Parlerei a que' duo, che 'nsieme vanno,
E paion sì al vento esser leggieri.

Ed egli a me: Vedrai quando saranno
Più presso a noi; e tu allor gli prega
Per quell' amor, ch' ei mena; e quei verranno.

Sì tosto, come 'l vento a noi gli piega,
Mossi la voce: O anime affannate,
Venite a noi parlar, s' altri nol niega.

Quali colombe, dal disio chiamate,
Con l' ali aperte e ferme al dolce nido
Volan per l' aer dal voler portate:

Cotali uscir della schiera, ov' è Dido,
A noi venendo per l' aer maligno,
Sì forte fù affettuoso grido.

O animal grazïoso e benigno,
Che visitando vai per l' aer perso
Noi, che tignemmo 'l mondo di sanguigno,

Se fosse amico il Re dell' universo,
Noi pregheremmo lui per la tua pace,
Poich' hai pietà del nostro mal perverso.

Dì quel, ch' udire, e che parlar vi piace
Noi udiremo, e parleremo a vui,
Mentrechè 'l vento, come fa, si tace.

Siede la terra, dove nata fui,
Su la marina, dove 'l Po discende
Per aver pace co' seguaci sui.

— « Poëte, j'aimerais adresser la parole
A ces deux ombres-là, couple enlacé qui vole
Et qui semble flotter si léger sous le vent. »

— « Attends, » répondit-il, « qu'elles soient rapprochées;
Alors, par cet amour qui les tient attachées,
Tu les conjureras de venir un moment. »

Dès que vers nous le vent les eut comme inclinées,
Je m'écriai : « Venez, ombres infortunées,
Si rien ne le défend, oh! venez nous parler! »

Comme on voit deux ramiers, que le désir convie,
Tendre vers le doux nid l'aile ouverte, affermie,
Et, portés par l'amour, de par les airs voler.

Ainsi sortant des rangs où Didon se lamente,
Le couple vint à nous à travers la tourmente,
Si touchant fut mon cri, tant mon appel pressant.

— « O toi, » dit l'un, « aimable et bonne créature,
Qui viens nous visiter dans la contrée obscure,
Quand le monde est encor rouge de notre sang !

Si le Roi tout-puissant nous était moins contraire,
Nos vœux l'invoqueraient pour ta paix, ô mon frère,
Puisque ton cœur s'émeut au séjour malfaisant.

Tout ce qu'il vous plaira de dire ou bien d'entendre,
Nous pourrons l'écouter, nous pourrons vous l'apprendre,
Pendant que l'ouragan se tait comme à présent.

La terre où je naquis de la mer est voisine [2],
De la mer azurée où le Pô s'achemine
Pour y trouver la paix avec ses affluents.

Amor, ch' al cor gentil ratto s' apprende,
Prese costui della bella persona
Che mi fu tolta, e il modo ancor m' offende.

Amor, ch' a nullo amato amar perdona,
Mi prese del costui piacer sì forte,
Che, come vedi, ancor non m'abbandona.

Amor condusse noi ad una morte:
Caina attende chi 'n vita ci spense:
Queste parole da lor ci fur porte.

Da ch' io 'ntesi quell' anime offense,
Chinai 'l viso, e tanto 'l tenni basso,
Fin che 'l poeta mi disse: che pense?

Quando risposi, cominciai: Oh lasso!
Quanti dolci pensier, quanto disio
Menò costoro al doloroso passo!

Poi mi rivolsi a loro, e parlai io,
E cominciai: Francesca, i tuoi martiri
A lagrimar mi fanno tristo, e pio.

Ma dimmi: al tempo de' dolci sospiri,
A che, e come concedette amore,
Che conosceste i dubbiosi desiri?

Ed ella a me: Nessun maggior dolore,
Che ricordarsi del tempo felice
Nella miseria, e ciò sa 'l tuo dottore.

Ma s' a conoscer la prima radice
Del nostro amor tu hai cotanto affetto,
Farò come colui, che piange, e dice.

Amour dont un cœur noble a peine à se défendre
Fit chérir mes attraits, aujourd'hui vaine cendre.
Le coup qui les ravit saigne encore à mes flancs!

Amour qui nous contraint d'aimer quand on nous aime,
De son bonheur à lui si fort m'éprit moi-même,
Que cette ardeur toujours me brûle, tu le vois.

Amour à tous les deux nous a coûté la vie;
Mais la Caïne [3] attend celui qui l'a ravie. »
L'air nous porta ces mots de la plaintive voix.

Entendant ces douleurs, moi je penchai la tête,
Tenant les yeux baissés, tant qu'enfin le poëte :
« Or à quoi penses-tu? Pourquoi baisser les yeux? »

Lorsque je pus répondre : « Hélas, âmes blessées!
Quels enivrants désirs, quelles douces pensées
Ont dû les entraîner au terme douloureux! »

Puis vers eux me tournant : « Françoise, infortunée! »
M'écriai-je, « mon cœur a plaint ta destinée;
Le récit de tes maux me rend triste à pleurer.

Mais dis-moi, dans le temps des doux soupirs, pauvre âme!
Comment, à quoi l'amour vous révéla sa flamme,
Ces désirs qui d'abord n'osaient se déclarer? »

— « Il n'est pas de douleur plus grande et plus amère
Qu'un souvenir des temps heureux dans la misère!
Ton maître le sait bien, » me répondit la voix.

« Mais puisque tu parais si désireux d'entendre
Comment dans notre cœur fleurit cet amour tendre,
Je ferai comme qui pleure et parle à la fois.

Noi leggevamo un giorno per diletto,
Di Lancillotto, come Amor lo strinse :
Soli eravamo, e senza alcun sospetto.

Per più fiate gli occhi ci sospinse
Quella lettura, e scolorocci 'l viso :
Ma solo un punto fu quel che ci vinse.

Quando leggemmo, il disïato riso
Esser baciato da cotanto amante,
Questi, che mai da me non fia diviso,

La bocca mi bacciò tutto tremante :
Galeotto fu il libro, e chi lo scrisse :
Quel giorno più non vi leggemmo avante.

Mentre che l'uno spirto questo disse,
L'altro piangeva sì, che di pietade
I' venni men così com' io morisse,

E caddi, come corpo morto cade.

Ensemble nous lisions l'histoire enchanteresse
De Lancelot épris d'amour pour sa maîtresse.
Nous étions seuls alors, innocents et sans peur.

Maintes fois soulevant nos regards de la page,
Nous nous rencontrions et changions de visage.
Mais ce fut un seul mot qui vainquit notre cœur.

Arrivés au passage où l'amant de Ginèvre
Baise enfin le sourire envié sur sa lèvre.
Celui qu'on ne peut plus me ravir, tout tremblant,

Se suspend à ma bouche et d'un baiser m'enivre.
Le Galléhaut pour nous fut l'auteur et son livre [4] :
Et nous ne lûmes pas ce jour-là plus avant. »

Ainsi l'ombre parlait; l'autre avec violence
Pleurait en l'écoutant et gardait le silence.
Et moi je me sentis mourir de son transport,

Et tombai sur le sol comme tombe un corps mort.

NOTES DU CHANT V

¹ Tristan, neveu du roi Marc de Cornouailles. Il aima la reine Yseult, femme de ce prince, qui, les ayant surpris ensemble, se précipita sur Tristan et le frappa d'un coup mortel.

² Françoise de Rimini naquit à Ravenne. Elle était fille de Guido de Polenta. Elle aimait Paolo de Rimini ; ce fut son frère aîné Lanciotto, prince boiteux et difforme, qu'elle épousa. Un jour que les deux amants lisaient ensemble les aventures de Lancelot du Lac, le mari, entrant à l'improviste, les perça d'un même coup d'épée.

³ La Caïne, c'est-à-dire le cercle de Caïn (ch. XXXII).

⁴ Galléhaut avait favorisé les amours de Lancelot et de la reine Ginèvre.

ARGUMENT DU CHANT VI

Arrivée au troisième cercle, où sont punis les gourmands. Le monstre Cerbère est commis à leur garde ; il les assourdit de ses aboiements, les harcèle et les mord. En même temps sur les ombres pécheresses tombe une pluie éternelle mêlée de grêle et de neige. Dante rencontre parmi les damnés un Florentin fameux par sa gourmandise, et l'interroge sur l'issue des discordes intestines qui déchirent Florence.

CANTO SEXTO

Al tornar della mente, che si chiuse
Dinanzi alla pietà de' duo cognati,
Che di tristizia tutto mi confuse,

Nuovi tormenti, e nuovi tormentati
Mi veggio intorno, come ch' i' mi muova,
E come ch' i' mi volga, e ch' i' mi guati.

Io sono al terzo cerchio della piova
Eterna, maledetta, fredda, e greve.
Regola, e qualità mai non l' è nuova.

Grandine grossa, ed acqua tinta, e neve
Per l' aer tenebroso si riversa:
Pute la terra, che questo riceve.

Cerbero, fiera crudele, e diversa,
Con tre gole caninamente latra
Sovra la gente, che quivi è sommersa.

Gli occhi ha vermigli, e la barba unta, e atra,
E 'l ventre largo, e unghiate le mani:
Graffia gli spiriti, gli scuoia, ed isquatra.

CHANT SIXIÈME

Lorsque que j'eus recouvré mes sens et ma pensée
Que ces deux malheureux avaient bouleversée,
Et repris mes esprits confus et contristés,

Tout à l'entour de moi, par devant, par derrière,
Partout où je portais mes yeux dans la carrière,
C'étaient nouveaux tourments et nouveaux tourmentés.

Nous étions au milieu de la troisième orbite ;
La pluie y tombe à flots, froide, lourde, maudite,
Tombant toujours la même et pour l'éternité.

Une grêle serrée, une eau neigeuse et sale,
Traversent l'air obscur de l'enceinte infernale ;
Le sol qui les reçoit en est tout infecté.

Cerbère, la cruelle et monstrueuse bête,
Aboie, et l'aboiement sort de sa triple tête,
Contre les malheureux plongés dans cet Enfer.

L'œil en feu, la crinière immonde et tout sanglante,
Ayant peine à porter sa gorge pantelante,
Il va les déchirant de ses griffes de fer.

Urlar gli fa la pioggia, come cani :
Dell' un de' lati fanno all' altro schermo :
Volgonsi spesso miseri profani.

Quando ci scorse Cerbero il gran vermo,
Le bocche aperse, e mostrocci le sanne :
Non avea membro, che tenesse fermo.

E 'l duca mio distese le sue spanne,
Prese la terra, e con piene le pugna
La gittò dentro alle bramose canne.

Qual e' quel cane, ch' abbaiando agugna,
E si racqueta poichè 'l pasto morde,
Che solo a divorarlo intende, e pugna;

Cotai-si fecer quelle facce lorde
Dello demonio Cerbero, che 'ntrona
L'anime sì, ch' esser vorebber sorde.

Noi passavam su per l' ombre, ch' adona
La greve pioggia, e ponavam le piante
Sopra lor vanità, che par persona.

Elle giacean per terra tutte quante,
Fuor ch' una, ch' a seder si levò, ratto
Ch' ella ci vide passarsi davante.

O tu, che se' per questo 'nferno tratto,
Mi disse, riconoscimi, se sai :
Tu fosti prima, ch' io disfatto, fatto.

Ed io a lei : L'angoscia, che tu hai,
Forse te tira fuor della mia mente,
Sì, che non par, ch'i', ti vedessi mai.

Eux hurlent sous la pluie, et, pour toute allégeance,
Ils présentent un flanc, puis l'autre à la souffrance.
Les malheureux pécheurs bien souvent se tournaient !

Quand Cerbère nous vit entrer au sombre asile,
Il nous montra ses crocs menaçants, le reptile !
De rage et de fureur tous ses membres tremblaient.

Mais mon guide aussitôt, d'un mouvement rapide,
Se baisse, et remplissant ses mains de terre humide,
En jette une poignée au dragon affamé.

Tel un chien, si d'abord famélique il aboie,
Aussitôt qu'en ses crocs il a tenu sa proie,
Se tait et la dévore immobile et calmé ;

Ainsi fut apaisé le monstre abominable,
Et je n'entendis plus cette voix effroyable,
Qui glace tant les morts qu'ils voudraient être sourds.

Nous passions en foulant les ombres palpitantes,
Images des vivants et qu'on dirait vivantes ;
La pluie à flots pesants tombait, tombait toujours,

Et ces pauvres esprits restaient gisant par terre.
Un seul se souleva sur son lit de misère,
En nous voyant passer et devant lui venir.

— « O toi que l'on conduit dans cet Enfer terrible,
Reconnais-moi, » dit-il, « s'il est encor possible :
Même temps nous a vus, toi vivre et moi mourir. »

Moi je lui répondis : « Ton angoisse peut-être
Altère ton visage et te fait méconnaître ;
Je ne me souviens pas de t'avoir vu vivant.

Ma dimmi, chi tu se', che 'n sì dolente
Luogo se' messa, e a sì fatta pena
Che s' altra è maggior, nulla è si spiacente.

Ed egli a me: La tua città, ch' è piena
D' invidia sì, che già trabocca il sacco,
Seco mi tenne in la vita serena.

Voi, cittadini, mi chiamaste Ciacco:
Per la dannosa colpa della gola,
Come tu vedi, alla pioggia mi fiacco:

Ed io anima trista non son sola,
Chè tutte queste a simil pena stanno
Per simil colpa, e più non fe' parola.

Io gli risposi: Ciacco, il tuo affanno
Mi pesa sì, ch' a lagrimár m'invita:
Ma dimmi, se tu sai, a che verranno

Li cittadin della città partita;
S' alcun v' è giusto; e dimmi la cagione,
Perchè l' ha tanta discordia assalita.

Ed egli a me: dopo lunga tenzone,
Verranno al sangue, e la parte selvaggia
Caccerà l' altra con molta offensione.

Poi appresso convien che questa caggia
Infra tre soli, e che l' altra sormonti
Con la forza di tal, che testè piaggia.

Alto terrà lungo tempo le fronti,
Tenendo l' altra sotto gravi pesi,
Come che dici ò pianga, e che n'adonti.

Qui donc es-tu, pécheur? dis-nous quel fut ton vice?
Quel crime t'a jeté dans un pareil supplice?
S'il n'est le plus cruel, c'est le plus rebutant. »

Il me dit : « Dans la vie où fleurit l'espérance
J'habitais ton pays natal, cette Florence
Au sein gonflé d'envie et déjà consumé.

Vous me donniez le nom de Ciacco [1], nom infâme,
La vile gourmandise a dégradé mon âme;
Pour elle tu me vois sous la pluie abîmé.

Et je ne suis pas seul malheureux et coupable :
Pour semblable péché subit peine semblable
Chacun de ces damnés. » Il cessa de parler,

Et moi je répondis : « O Ciacco, ta détresse
Me fait venir aux yeux des larmes de tristesse.
Mais Florence? sais-tu, peux-tu me révéler

Quand elle finira cette guerre intestine?
De ces déchirements quelle est donc l'origine?
N'est-il pas un seul juste parmi ces insensés? »

Il répondit : « Après une longue querelle,
Ils en viendront au sang, à la lutte mortelle;
Par les enfants du bois [2] les Noirs seront chassés.

Mais après trois soleils, reprenant l'avantage,
Les proscrits chasseront la faction *sauvage*
Par tel qui maintenant louvoie entre les deux [3].

Longtemps ils lèveront leur tête triomphante;
Leur domination sera dure et pesante;
Leur haine sera sourde aux vaincus malheureux.

Giusti son duo, ma non vi sono intesi.
Superbia, invidia, e avarizia sono
Le tre faville, ch' hanno i cuori accesi.

Qui pose fine al lacrimabil suono.
Ed io a lui : ancor vo' che m' insegni,
E che di più parlar mi facci dono.

Farinata, e 'l Tegghiaio, che fur sì degni,
Jacopo Rusticucci, Arrigo, e 'l Mosca,
E gli altri ch' a ben far poser gl'ingegni,

Dimmi, ove sono, e fa ch' io gli conosca,
Che gran disio mi stringe di sapere,
Se 'l ciel gli addolcia, o lo 'nferno gli attosca.

E quegli : Ei son tra l' anime più nere :
Diverse colpe giù gli aggrava al fondo,
Se tanto scendi, gli potrai vedere.

Ma quando tu sarai nel dolce mondo,
Pregoti ch' alla mente altrui mi rechi :
Più non ti dico, e più non ti rispondo.

Gli diritti occhi torse allora in biechi :
Guardomm' un poco, e poi chinò la testa :
Cadde con essa a par degli altri ciechi.

E 'l duca disse a me : Più non si desta
Di qua dal suon dell' angelica tromba,
Quando verrà lor nimica podesta.

Ciascun ritroverà la trista tomba,
Ripiglierà sua carne, e sua figura,
Udirà quel, che in eterno rimbomba.

Deux justes [4] sont restés ; mais leurs voix sont perdues ;
L'Avarice et l'Envie ensemble confondues
Ont jeté dans les cœurs leurs brandons pour toujours. »

Ici l'ombre se tut. Je lui dis : « Ton langage
M'émeut, mais parle-moi, de grâce, davantage,
Et prolonge un moment ces instructifs discours.

Farinata, Mosca, Rusticucci, tant d'autres,
De douceur et de paix intelligents apôtres,
Arrigha, Tegghaio, ces hommes vertueux,

Où donc sont-ils? Dis-moi quelle est leur destinée?
Leur vie a-t-elle été punie ou pardonnée?
Souffrent-ils dans l'Enfer? Au Ciel sont-ils heureux? »

— « Ils ont porté le poids d'autres péchés damnables ;
Tu les verras parmi les âmes plus coupables,
Si tu descends plus bas dans cet Enfer maudit.

Mais quand tu reverras la lumière chérie,
Rappelle ma mémoire aux hommes, je t'en prie :
Ne m'interroge plus maintenant ; j'ai tout dit. »

Lors il tourna sur moi comme un regard suprême,
Puis inclinant son front courbé sous l'anathème,
Dans l'amas des esprits je le vis se plonger.

« Ils ne se lèveront d'ici, » dit le poëte,
Que lorsque sonnera la divine trompette,
Quand le puissant vengeur viendra pour les juger.

Chacun retrouvera sa triste sépulture,
Et reprenant sa chair et sa pâle figure,
Entendra ce qui doit à jamais retentir [5]. »

Si trapassammo per sozza mistura
Dell' ombre, e della pioggia, a passi lenti,
Toccando un poco la vita futura.

Perch' i' dissi : Maestro, esti tormenti
Cresceranno ei, dopo la gran sentenza,
O fien minori, o saran sì cocenti?

Ed egli a me : Ritorna a tua scienza,
Che vuol, quanto la cosa è più perfetta,
Più senta 'l bene, e cosi la doglienza.

Tuttochè questa gente maladetta
In vera perfezion giammai non vada,
Di là più che di quà, esser aspetta.

Noi aggirammo a tondo quella strada,
Parlando più assai, ch' i' non ridico :
Venimmo al punto, dove si digrada :

Quivi trovammo Pluto il gran nemico.

Ainsi nous traversions à pas lents cette fange,
Ces ombres, cette pluie, indicible mélange,
En devisant un peu de la vie à venir.

— « Maître, » disais-je, « après la sentence suprême,
Leur souffrance, dis-moi, sera-t-elle la même ?
Verront-ils s'adoucir ou croître leur malheur ?

Et lui : « Rappelle-toi la doctrine du Maître [6] :
De la perfection plus se rapproche un être,
Plus il doit ressentir la joie et la douleur.

Il est vrai que toujours à la race maudite
Cette perfection de l'être est interdite ;
Mais ils sont plus complets sous la chair et le sang. »

En conversant ainsi dans la sombre atmosphère,
Nous achevions le tour de la troisième sphère,
Et nous venions au point où la route descend ;

Là se tenait Plutus [7], l'ennemi tout-puissant.

NOTES DU CHANT VI

[1] *Ciacco* signifie en toscan, porc, pourceau.

[2] Les enfants du bois, le parti *sauvage*, comme dit le texte, c'est-à-dire le parti qui avait pour chef les Cerchi, famille de noblesse nouvelle venue depuis peu des bois de Val di Nievole. C'est le parti des Blancs, auquel appartenait Dante.

[3] Charles de Valois, frère de Philippe le Bel, roi de France, qui vint au secours des Noirs et les rétablit à Florence en 1301.

[4] Ces deux justes sont Dante et Guido Cavalcanti son ami ; suivant d'autres commentateurs, Barduccio et Jean de Vespignano.

[5] Le jugement dernier.

[6] Le Maître, pour tout le moyen âge, c'est Aristote.

[7] Plutus, dieu des richesses, et non Pluton, comme le voudraient quelques commentateurs.

ARGUMENT DU CHANT VII

Au seuil du quatrième cercle, Dante est arrêté par Plutus, démon de l'avarice et gardien de ce séjour. Le monstre s'apaise à la voix de Virgile, et Dante s'avance dans le cercle. L'enceinte est occupée, moitié par les avares, moitié par les prodigues. Ils poussent devant eux d'énormes poids de tout l'effort de leur poitrine, courant à la rencontre les uns des autres, s'entre-heurtant et se reprochant le vice contraire qui les sépare. En présence des tourments de ces âmes que la richesse a perdues, Virgile dépeint à Dante les vicissitudes de la Fortune.

Ils passent au cinquième cercle et arrivent au bord des eaux stagnantes du Styx, où sont plongées les ombres de ceux qui se sont livrés à la colère ou à la paresse. Les colériques, tout nus dans le marais fétide, luttent ensemble et s'entre-déchirent. Les paresseux, plongés dans la vase, soupirent une plainte étouffée. Les deux poëtes arrivent au pied d'une tour.

CANTO SETTIMO

Pape Satan, pape Satan aleppe,
Cominciò Pluto, con la voce chioccia:
E quel Savio gentil, che tutto seppe,

Disse per confortarmi: Non ti noccia
La tua paura, chè, poder ch' egli abbia,
Non ti terrà lo scender questa roccia:

Poi si rivolse a quell' enfiata labbia,
E disse: Taci, maladetto lupo:
Consuma dentro te, con la tua rabbia.

Non è senza cagion l'andare al cupo:
Vuolsi nell' alto, là dove Michele
Fe' la vendetta del superbo strupo.

Quali dal vento le gonfiate vele
Caggiono avvolte, poichè l'alber fiacca;
Tal cadde a terra la fiera crudele.

Così scendemmo nella quarta lacca,
Prendendo più della dolente ripa,
Che 'l mal dell' universo tutto 'nsacca.

CHANT SEPTIÈME

« Holà, pape Satan! holà! » Rauque et sauvage,
Ainsi cria la voix de Plutus; mais le sage,
Mon guide, cette source immense de savoir,

Me rassura, disant : « Que la peur ne t'égare!
Descendons le rocher, car ce démon avare
Ne peut nous arrêter, si grand soit son pouvoir. »

Puis tourné vers le monstre à la gueule enflammée :
« Loup maudit, » lui dit-il, « tiens ta rage enfermée.
Qu'elle te rentre au corps et t'étouffe! Tais-toi!

Car si nous descendons au gouffre expiatoire,
On l'a voulu là-haut, où l'Ange de victoire [1]
Écrasa les esprits parjures à leur foi. »

Comme on voit par le vent une voile gonflée
Sur son mât fracassé tomber tout enroulée,
Tel je vis à ces mots choir le monstre infernal.

Au quatrième cercle ainsi nous descendîmes,
Enfoncés plus avant dans les plaintifs abîmes
Qui de notre univers engouffrent tout le mal.

Ahi giustizia di Dio! tante chi stipa
Nuove travaglie e pene, quante i' viddi?
E perchè nostra colpa sì ne scipa?

Come fa l' onda là sovra Cariddi,
Che si frange con quella in cui s' intoppa;
Così convien, che qui la gente riddi.

Qui vid' io gente, più ch' altrove, troppa,
E d' una parte e d' altra con grand' urli
Voltando pesi per forza di poppa.

Percotevansi incontro, e poscia pur lì
Si rivolgea ciascun, voltando a retro,
Gridando: Perchè tieni? e perchè burli?

Così tornavan per lo cerchio tetro
Da ogni mano all' opposito punto,
Gridandosi anche loro ontoso metro:

Poi si volgea ciascun, quand' era giunto,
Per lo suo mezzo cerchio, all' altra giostra.
Ed io, ch' avea lo cor quasi compunto,

Dissi: Maestro mio, or mi dimostra
Che gente è questa; e se tutti fur cherci
Questi chercuti alla sinistra nostra.

Ed egli a me: Tutti quanti fur guerci
Sì della mente, in la vita primaia,
Che, con misura, nullo spendio ferci.

Assai la voce lor chiaro l' abbaia,
Quando vengono a' duo punti del cerchio,
Ove colpa contraria gli dispaia.

Ah! Justice de Dieu! Quelles mains vengeresses
Ont amassé ces maux et toutes ces tristesses?
Que nos fautes ainsi puissent nous déchirer!

Tels, au gouffre où Charybde ameute ses colères,
Les flots contre les flots heurtés en sens contraires,
Tels je vis les damnés ici se rencontrer.

La foule plus qu'ailleurs me paraissait nombreuse.
De deux côtés venait cette gent malheureuse,
Gémissant et poussant devant soi des blocs lourds.

Ils se heurtaient ensemble au bout de la carrière,
Et puis se retournaient brusquement en arrière,
Criant :—« Pourquoi jeter ? »—« Pourquoi garder toujours ? »

Et sans cesse ils allaient et revenaient sans cesse
D'un point à l'autre point de ce lieu de détresse,
Toujours se renvoyant l'injurieux refrain.

Au milieu de leur cercle ils arrivaient à peine,
Qu'ils couraient se choquer à la joûte prochaine;
Et moi qui me sentais le cœur triste et chagrin :

— « Maître, fis-je, quelle est cette race profane?
Ont-ils tous été clercs et porté la soutane
Ceux que je vois à gauche et qui sont tonsurés? »

Virgile répondit : « Ils furent sur la terre,
Myopes d'intelligence et de fol caractère,
Dans l'emploi de leurs biens toujours immodérés.

Leur voix bien assez haut nous le crie, il me semble,
Quand aux deux points du cercle arrivés tous ensemble,
Leurs péchés opposés les tournent séparés.

Questi fur cherci, che non han coperchio
Piloso al capo, e papi, e cardinali,
In cui usò avarizia il suo soperchio.

Ed io: Maestro, tra questi cotali
Dovre' io ben riconoscere alcuni,
Che furo immondi di cotesti mali.

Ed egli a me: Vano pensiero aduni:
La sconoscente vita, che i fe' sozzi
Ad ogni conoscenza or gli fa bruni.

In eterno verranno agli duo cozzi:
Questi risurgeranno del sepulcro
Col pugno chiuso, e questi co' crin mozzi.

Mal dare, e mal tener lo mondo pulcro
Ha tolto loro, e posti a questa zuffa:
Qual' ella sia, parole non ci appulcro:

Or puoi, figliuol, veder la corta buffa
De' ben, che son commessi alla fortuna,
Perchè l'umana gente si rabbuffa.

Chè tutto l'oro ch'è sotto la luna,
O che già fu, di quest' anime stanche,
Non poterebbe farne posar una.

Maestro, dissi lui, or mi di' anche:
Questa fortuna di che tu mi tocche,
Che è, che i ben del mondo ha sì tra branche?

E quegli a me: O creature sciocche,
Quanta ignoranza è quella che v'offende!
Or vo', che tune mia sentenza, imbocche.

Ces têtes que tu vois de cheveux dépouillées,
Ce sont clercs, cardinaux, papes, âmes souillées
Qu'asservit l'avarice à ses désirs outrés. »

Je repartis : « Parmi tous ces damnés, mon maître,
Il en est quelques-uns que je devrais connaître
Et que j'ai vus plongés dans ce vice odieux. »

— « Tu l'espères en vain, » me dit-il ; « l'infamie
Qui les avait couverts pendant leur triste vie ;
Répand sur eux son ombre et les voile à nos yeux.

Entre-heurtés ainsi dans la nuit éternelle,
Ils se réveilleront dans leur tombe mortelle,
Ceux-ci les cheveux ras, ceux-là le poing fermé.

Amasser, prodiguer, c'est l'un ou l'autre vice
Qui les priva du Ciel pour courir cette lice.
Ce qu'elle a de poignant ne peut être exprimé.

Or, mon fils, tu peux voir le vide et la poussière
Des biens qui sont commis à la Fortune altière
Et que l'homme mortel poursuit mal à propos.

On pourrait rassembler l'or dont la terre est pleine ;
En vain ! à ces esprits harassés, hors d'haleine,
Il ne donnerait pas un instant de repos. »

— « Maître, » lui dis-je, « un mot encore : Quelle est-elle
Cette Fortune avare et qui tient sous son aile
Les richesses, les biens du monde tout entier ? »

— « Oh, » s'écria Virgile, « aveugles créatures,
L'ignorance vous perd en des routes obscures !
Entends donc ma parole et reste au vrai sentier.

Colui, lo cui saver tutto trascende.
Fece li cieli, e diè lor chi conduce,
Sì ch' ogni parte ad ogni parte splende,

Distribuendo ugualmente la luce:
Similemente agli splendor mondani
Ordinò general ministra, e duce,

Che permutasse a tempo li ben vani
Di gente in gente, e d' uno in altro sangue,
Oltre la difension de' senni umani:

Perch' una gente impera, e l' altra langue,
Seguendo lo giudicio di costei,
Che è occulto, com' in erba l' angue.

Vostro saver non ha contrasto a lei:
Ella provvede, giudica, e persegue
Suo regno, come il loro gli altri Dei.

Le sue permutazion non hanno triegue;
Necessità la fa esser veloce,
Sì spesso vien chi vicenda consegue.

Quest' è colei, ch' è tanto posta in croce
Pur da color, che le dovrian dar lode,
Dandole biasmo a torto e mala voce.

Ma ella s' è beata, e ciò non ode:
Con l' altre prime creature lieta
Volve sua spera, e beata si gode.

Or discendiamo omai a maggior piéta:
Già ogni stella cade, che saliva,
Quando mi mossi, e 'l troppo star si vieta.

Celui qui contient tout et que rien ne surpasse,
Donna leur guide aux cieux qu'il lançait dans l'espace,
Et les fit tour à tour l'un pour l'autre briller,

En leur distribuant une égale lumière :
Ainsi sur les splendeurs et les biens de la terre,
Une main conductrice eut charge de veiller,

Quand le temps est venu, c'est elle qui les mène,
Malgré tous les efforts de la prudence humaine,
D'un peuple à l'autre peuple et d'un sang dans un sang.

Une race languit, l'autre règne superbe
Suivant qu'elle a voulu ; comme un serpent sous l'herbe
Elle se cache, esprit invisible et puissant.

Votre savoir n'a point de défense contre elle :
Elle pourvoit, décide, elle est reine immortelle
Et de son règne au Ciel elle poursuit le cours.

Ses révolutions n'ont ni trève ni cesse ;
C'est la nécessité divine qui la presse,
La force de courir et de changer toujours.

Telle est cette Fortune insultée et honnie
Même alors que sa main devrait être bénie,
Et que maudit l'ingrat comblé par sa faveur.

Mais elle est bienheureuse et sourde à ces injures,
Et sereine au milieu des pures créatures
Elle roule sa sphère en paix dans son bonheur.

Maintenant descendons à plus grande infortune.
Nous ne pouvons tarder : déjà l'une après l'une
Chaque lumière au ciel commence à s'obscurcir. »

Noi ricidemmo 'l cerchio all' altra riva,
Sovr' una fonte, che bolle, e riversa
Per un fossato, che da lei diriva.

L' acqua era buia molto più, che persa:
E noi in compagnia dell' onde bigie
Entrammo giù per una via diversa.

Una palude fa, ch' ha nome Stige,
Questo tristo ruscel, quand' è disceso
Al piè delle maligne piaggie grige.

Ed io, che di mirar mi stava inteso,
Vidi genti fangose in quel pantano,
Ignude tutte, e con sembiante offeso.

Questi si percotean, non pur con mano,
Ma con la testa, e col petto, e co' piedi,
Troncandosi co' denti a brano a brano.

Lo buon Maestro disse: Figlio, or vedi
L' anime di color, cui vinse l' ira:
Ed anche vo', che tu per certo credi.

Che sotto l' acqua ha gente, che sospira,
E fanno pullular quest' acqua al summo,
Come l' occhio ti dice, u' che s' aggira.

Fitti nel limo dicon: Tristi fummo
Nell' aere dolce che dal Sol s' allegra,
Portando dentro accidioso fummo:

Or ci attristiam nella belletta negra.
Quest' inno si gorgoglian nella strozza,
Chè dir nol posson con parola integra.

Nous coupâmes alors le cercle à l'autre rive,
Où les flots bouillonnants d'une source d'eau vive
Dans un ruisseau tombaient et le faisaient grossir.

Sombre et noire semblait la couleur de ces ondes ;
Et nous, suivant le cours de leurs vagues immondes,
Dans un autre chemin descendions tous les deux.

Parvenu jusqu'au pied d'une plage livide,
Le ruisseau qui s'endort forme un marais fétide :
Styx est le nom qu'on donne à cet étang hideux.

Je m'arrêtai saisi par un spectacle étrange ·
Je vis des malheureux plongés dans cette fange
Qui combattaient tout nus et les yeux tout ardents ;

Des pieds, des poings, des fronts se frappant avec rage
Et lambeaux par lambeaux dans leur lutte sauvage
Entre eux se déchirant le corps avec les dents.

Mon bon maître me dit : « Mon fils, tu vois les âmes
De ceux que la colère a brûlés de ses flammes.
Ce n'est pas tout : je tiens à te faire savoir

Que sous cette onde encor soupire une autre race ;
Elle fait bouillonner les flots à la surface,
Partout autour de nous comme tu peux le voir.

Fichés dans le limon, entends ces pécheurs dire :
« Air doux et gai soleil, rien ne nous fit sourire :
Nous portions dedans nous une lourde vapeur.

Maintenant nous pleurons au fond de ces eaux sombres.»
En sons entrecoupés ces paresseuses ombres
Coassent lentement leur hymne de douleur.

Così girammo della lorda pozza,
Grand' arco tra la ripa secca, e 'l mezzo,
Con gli occhi volti a chi del fango ingozza:

Venimmo appiè d' una torre al dassezzo.

Ainsi, suivant le bord des ondes limoneuses,
Les regards attachés sur ces âmes fangeuses,
Du fétide marais nous achevions le tour :

Et parvînmes enfin jusqu'au pied d'une tour.

NOTES DU CHANT VII

[1] L'archange Michel. Et factum est prælium in cœlo, Michael et Angeli ejus præliabantur cum Dracone. (*Apocal.*)

ARGUMENT DU CHANT VIII

Une barque paraît sur le lac, répondant à des signaux partis de la tour. C'est la barque du démon Phlégias. Virgile et Dante y montent et traversent le Styx. Pendant le trajet, ils rencontrent l'ombre de Philippe Argenti, Florentin fameux par ses emportements. Il est assailli par les autres ombres furieuses, et disparaît bientôt dans la bourbe. Les deux poëtes débarquent devant la cité de Dité. Des démons menaçants en défendent le seuil ; mais Virgile rassure Dante en lui annonçant un divin auxiliaire qui triomphera de leur résistance.

CANTO OCTAVO

I' dico seguitando, ch' assai prima,
Che noi fussimo al piè dell' alta torre,
Gli occhi nostri n' andar suso alla cima,

Per duo fiammette, che vedemmo porre,
E un' altra da lungi render cenno,
Tanto, ch' a pena 'l potea l' occhio torre.

Ed io rivolto al mar di tutto 'l senno,
Dissi : Questo che dice? e che risponde
Quell' altro fuoco? e chi son que', che 'l fenno?

Ed egli a me : Su per le sucide onde
Già scorger puoi quello che s'aspetta,
Se 'l fummo del pantan nol ti nasconde.

Corda non pinse mai da sè saetta,
Che sì corresse via per l' aere snella,
Com' i' vidi una nave piccioletta

Venir per l' acqua verso noi in quella,
Sotto 'l governo d' un sol galeoto,
Che gridava : Or se' giunta, anima fella?

CHANT HUITIÈME

Suivons de mon récit la trame continue :
Avant d'atteindre au pied de la tour haute et nue,
Vers le faîte déjà nos regards se portaient.

Deux fanaux au sommet balançaient leur lumière ;
Un autre feu semblait leur répondre, en arrière,
Si lointain que nos yeux à peine le voyaient.

J'interrogeai mon maître : « Océan de science ! »
Dis-je, « pourquoi ces feux ? et cet autre à distance ?
Et quelles mains là-haut font briller ces signaux ? »

Il me dit : « Tu peux voir, là-bas, si l'onde impure
N'a pas de ses vapeurs troublé ta vue obscure,
Celui que l'on attend s'approcher sur les eaux. »

Léger comme une flèche et telle dans l'espace
Échappée à la corde elle fend l'air et passe,
J'aperçus dans l'instant un esquif tout petit

Qui glissait sur les eaux comme à notre poursuite.
Par un seul nautonier la barque était conduite ;
Il s'écriait : « Enfin, tu viens, traître maudit ! »

Flegiàs, Flegiàs, tu gridi a voto,
Disse lo mio Signore, a questa volta:
Più non ci avrai, se non passando il loto.

Quale colui, che grande inganno ascolta,
Che gli sia fatto, e poi se ne rammarca,
Tal si fe' Flegiàs nell' ira accolta.

Lo duca mio discese nella barca,
E poi mi fece entrare appresso lui;
E sol quand' i' fui dentro parve carca.

Tosto che il duca, ed io nel legno fui.
Segando se ne va l' antica prora
Dell' acqua più che non suol con altrui.

Mentre noi correvam la morta gora,
Dinanzi mi si fece un pien di fango,
E disse: Chi se' tu, che vieni anzi ora?

Ed io a lui: S' io vegno, no rimango:
Ma tu chi se', che sì se' fatto brutto?
Rispose: Vedi, che son un che piango.

Ed io a lui: Con piangere e con lutto,
Spirito maladetto, ti rimani:
Ch' i' ti conosco, ancor sie lordo tutto.

Allora stese al legno ambe le mani:
Perchè 'l Maestro, accorto, lo sospinse,
Dicendo: Via costà, con gli altri cani.

Lo collo poi con le braccia mi cinse;
Bacciommi 'l volto, e disse: Alma sdegnosa,
Benedetta colei, che 'n te s' incinse.

« Phlégias [1], Phlégias, » dit aussitôt Virgile,
« Tais-toi! pour cette fois ta rage est inutile.
Tu ne nous auras plus, sitôt l'étang passé. »

Tel un homme soudain trompé dans son attente
Cache au fond de son cœur le fiel qui le tourmente,
Tel Phlégias, du coup secrètement blessé.

Mon guide descendit alors dans la nacelle,
Et moi j'y mis le pied après lui; le bois frêle
Ne parut se charger que quand j'y fus entré.

Et dès que tous les deux nous fûmes dans la barque,
Elle partit, creusant une plus forte marque
Sur le flot doucement d'ordinaire effleuré.

Tandis que nous courions sur l'eau morte, à la proue
Un fantôme se dresse et tout couvert de boue :
— « Avant l'heure tu viens, » dit-il, « qui donc es-tu? »

— « Je ne fais que passer dans ce lieu d'anathème;
Pour te souiller ainsi qui donc es-tu toi-même? »
— « Hélas, je suis une ombre en pleurs, tu l'as bien vu. »

— « Eh bien, lui répondis-je, être indigne, demeure;
Demeure dans ta boue, esprit maudit, et pleure!
Car je te reconnais sous ton masque fangeux. »

L'ombre alors étendit ses mains vers la nacelle,
Mais mon maître aussitôt la repoussa loin d'elle,
Disant : « Vers tes pareils, va-t'en, chien furieux! »

Puis, jetant ses deux bras à l'entour de ma tête,
Il m'embrasse et me dit : « O cœur fier, cœur honnête,
Bénis et bienheureux les flancs qui t'ont porté!

Que' fu al mondo persona orgogliosa :
Bontà non è, che sua memoria fregi :
Così s' è l' ombra sua qui furïosa.

Quanti si tengono or lassù gran regi,
Che qui staranno, come porci in brago,
Di se lasciando orribili dispregi!

Ed io : Maestro, molto sarei vago
Di vederlo attuffare in questa broda,
Prima che noi uscissimo del lago.

Ed egli a me : Avanti che la proda
Ti si lasci veder, tu sarai sazio :
Di tal disio converrà, che tu goda.

Dopo ciò poco vidi quello strazio
Far di costui alle fangose genti,
Chè Dio ancor ne lodo, e ne ringrazio.

Tutti gridavano : A Filippo Argenti :
E' l Fiorentino spirito bizzaro
In se medesmo si volgea co' denti.

Quivi 'l lasciammo, che più non ne narro :
Ma negli orecchi mi percosse un duolo,
Perch' io avanti intento l' occhio sbarro.

E 'l buon Maestro disse : Omai, figliuolo,
S' appressa la città, ch' ha nome Dite,
Coi gravi cittadin, col grande stuolo.

Ed io : Maestro, già le sue meschite
Là entro certo nella valle cerno
Vermiglie, come se di fuoco uscite

Des fureurs de l'orgueil cette âme est encor noire
Et pas une vertu n'a paré sa mémoire ;
Ici, c'est un démon dans la fange irrité.

Que de grands rois, là-haut, qui font trembler le monde,
Giront comme des porcs dans cette bourbe immonde,
Ne laissant après eux que d'horribles mépris ! »

Et moi je dis : « J'aurais du plaisir, ô mon maître,
A voir dans le bourbier ce pécheur disparaître
Avant que de ce lac tous deux soyons sortis. »

— « Avant qu'à nos regards la rive ne paraisse,
Tu pourras contenter le désir qui te presse, »
Dit-il, « et devant toi va s'accomplir ton vœu. »

Aussitôt des esprits je vis l'impure tourbe
Harceler à l'envi le pécheur dans sa bourbe.
Et maintenant encor j'en loue et bénis Dieu !

« Sur Philippe Argenti, » criaient-ils, « anathème ! »
L'insensé Florentin, tourné contre lui-même,
Semblait se déchirer le corps avec les dents.

Il disparut. Plus loin, une rumeur plaintive
Vint frapper tout à coup mon oreille attentive ;
Inquiet, devant moi j'ouvris des yeux ardents.

— « A nos regards, mon fils, » dit alors mon bon maître,
« La cité dont le nom est Dité [2] va paraître
Avec ses habitants nombreux et désolés. »

— « Au fond de la vallée, ô maître, » répondis-je,
« J'en vois déjà les murs tout vermeils, quel prodige !
De la flamme on dirait qu'ils sortent tout brûlés. »

Fossero: ed ei mi disse: Il fuoco eterno,
Ch' entro l' affoca, le dimostra rosse,
Come tu vedi in questo basso 'nferno.

Noi pur giugnemmo dentro all' alte fosse,
Che vallan quella terra sconsolata:
Le mure mi parea che ferro fosse.

Non senza prima far grande aggirata,
Venimmo in parte, dove 'l nocchier forte,
Uscite, ci gridò, qui è l' entrata.

I' vidi più di mille in su le porte
Da ciel piovuti, che stizzosamente
Dicean: Chi è costui, che senza morte,

Va per lo regno della morta gente?
E il savio mio maestro fece segno
Di voler lor parlar segretamente.

Allor chiusero un poco il gran disdegno,
E disser: Vien tu solo, e quei sen vada,
Che sì ardito entrò per questo regno.

Sol si ritorni per la folle strada:
Pruovi, se sa, chè tu rimarrai,
Che gli hai scorta sì buia contrada.

Pensa, Lettor, s' i' mi disconfortai,
Nel suon delle parole maladette;
Ch' i', non credetti ritornarci mai.

O caro Duca mio, che più di sette
Volte m' hai sicurtà renduta, e tratto
D' alto periglio, che 'ncontra mi stette,

— « L'éternel feu, » dit-il, « qui ronge ses entrailles,
De la cité terrible a rougi les murailles,
Ainsi que tu le vois dans ce profond Enfer. »

Nous entrâmes bientôt, par une route creuse,
Dans les fossés bordant la cité douloureuse.
Les murs, en approchant, me paraissaient de fer.

Après un long circuit, de sa voix la plus forte
Le nocher nous cria : « Sortez, voici la porte ! »
Nous étions arrivés et nous touchions au bord.

Sur le seuil foisonnait cette race perverse,
Anges précipités du Ciel comme une averse.
Furieux ils criaient : « Qui donc avant la mort

Dans l'empire des morts ose marcher indigne ? »
Et mon avisé maître à ces démons fait signe
De vouloir en secret leur parler un moment.

Lors contenant un peu la fureur qui les presse,
Ils dirent : « Viens toi seul, mais lui, qu'il disparaisse,
Lui qui dans ce royaume entre si hardiment !

Puisqu'il a pu tenter cette folle aventure,
Qu'il trouve son chemin dans la contrée obscure !
Et toi qui l'as guidé, reste ici désormais ! »

Lecteur, en entendant, ces paroles de rage,
Tu peux te figurer si je repris courage !
Sur la terre je crus ne revenir jamais.

— « Guide chéri, toi qui dans mon âme inquiète
As mis plus de sept fois le calme, et de ma tête
Écarté les périls qui se dressaient hideux,

Non mi lasciar, diss' io, così disfatto:
E se l' andar più oltre c' è negato,
Ritroviam l' orme nostre insieme ratto.

E quel signor che lì m' avea menato,
Mi disse: Non temer, chè 'l nostro passo
Non ci può torre alcun, da tal n'è dato.

Ma qui m' attendi, e lo spirito lasso
Conforta, e ciba di speranza buona,
Ch' i' non ti lascerò nel mondo basso.

Così sen va, e quivi m' abbandona
Lo dolce padre, ed io rimango in forse;
Che sì, e no nel capo mi tenzona.

Udir non pote' quello, ch' a lor porse:
Ma ei non stette là con essi guari,
Che ciascun dentro a pruova si ricorse.

Chiuser le porte quei nostri avversari
Nel petto al mio Signor, che fuor rimase,
E rivolsesi a me con passi rari.

Gli occhi alla terra, e le ciglia avea rase
D' ogni baldanza, e dicea ne' sospiri,
Chi m' ha negate le dolenti case?

E a me disse: Tu, perch' io m' adiri,
Non sbigottir, ch' i' vincerò la pruova,
Qual, ch' alla difension dentro s'aggiri.

Questa lor tracotanza non è nuova;
E già l' usaro a men segreta porta,
La qual, senza serrame, ancor si truova.

Ne m'abandonne pas dans la désespérance,
Et s'il est défendu que plus loin je m'avance,
Retournons promptement sur nos pas, tous les deux ! »

Et lui qui jusque-là m'avait conduit : « Courage ! »
Me dit-il, « nul ne peut nous fermer ce passage ;
Un plus puissant que tous a dirigé nos pas.

Attends-moi dans ces lieux, et de bonne espérance
Réconforte et nourris ton âme en défaillance :
Dans le monde infernal tu ne resteras pas. »

Ce disant, mon bon père au milieu de la route
M'abandonne, et tout seul je reste en proie au doute,
Roulant le pour, le contre, en mon cœur agité.

Je ne pouvais ouïr ce qu'aux âmes rebelles
Il disait ; mais à peine il parlait avec elles
Que toutes à l'envi couraient vers la cité.

Mon maître s'avança ; mais cette armée hostile
Lui ferma brusquement les portes de la ville,
Et, demeuré dehors, il revint à pas lents.

L'œil à terre et le front dépouillé d'assurance,
Il soupirait, disant : « Quelle est donc la puissance
Qui ferme devant moi le seuil des lieux dolents ? »

Puis à moi : « Nous vaincrons, bien que je m'en irrite,
L'obstacle suscité par la race proscrite,
Malgré leur résistance et malgré leur courroux.

Je connais leur audace et leur vieille insolence ;
Ailleurs ils ont usé de cette violence :
Le seuil qu'ils défendaient est encor sans verroux [a].

Sovr' essa vedestù la scritta morta,
E già di qua da lei discende l'erta,
Passando per li cerchi senza scorta

Tal che per lui ne fia la terra aperta.

C'est la porte où tu vis l'inscription fatale.
Et déjà, descendant la vallée infernale,
Quelqu'un traverse seul les cercles de la mort,

Par qui cette cité s'ouvrira sans effort. »

NOTES DU CHANT VIII

¹ Phlégias, roi des Lapithes, ayant appris que sa fille Coronis avait été insultée par Apollon, incendia le temple de ce dieu. C'est à cause de cette fureur sacrilége, que, dans la fiction du poëte, c'est un nocher qui, du lac où sont plongées les âmes colères, conduit à la cité de Dité les âmes des impies.

² La cité de Dité, c'est-à-dire la cité de Pluton. Dité vient de Dis, un des noms sous lesquels les anciens désignaient ce dieu.

³ Allusion à la descente de Jésus-Christ dans les Limbes; la porte fut brisée par lui malgré la résistance des démons.

ARGUMENT DU CHANT IX

Arrêtés devant les portes de Dité, effrayés par l'apparition des Furies, les deux poëtes sont enfin secourus par l'ange envoyé du Ciel. Ils entrent dans la cité. C'est le séjour où sont punis les incrédules, plongés dans des tombeaux brûlants. Dante s'avance avec Virgile entre ces tombes et les murailles de la cité.

CANTO NONO

Quel color che viltà di fuor mi pinse,
Veggendo 'l duca mio tornare in volta,
Più tosto dentro il suo nuovo ristrinse.

Attento si fermò, com' uom ch' ascolta;
Chè l' occhio nol potea menare a lunga
Per l' aer nero, e per la nebbia folta.

Pure a noi converrà vincer la punga,
Cominciò ei : se non... tal ne s' offerse...
Oh quanto tarda a me, ch' altri qui giunga!

Io vidi ben, si com' ei ricoperse
Lo cominciar con l' altro che poi venne,
Che fur parole alle prime diverse.

Ma nondimen paura il suo dir dienne,
Perch' i' traeva la parola tronca,
Forse a peggior sentenzia, ch' e' non tenne.

In questo fondo della trista conca
Discende mai alcun del primo grado,
Che sol per pena ha la speranza cionca?

CHANT NEUVIÈME

Cette pâle frayeur peinte sur mon visage,
Quand je vis sur ses pas s'en retourner le sage,
Fit rentrer dans son cœur le trouble d'un moment.

Comme un homme écoutant attentif, il se baisse,
Car dans l'obscurité de l'atmosphère épaisse
Ses regards incertains plongeaient malaisément.

« Il faudra bien forcer le seuil qu'on nous dispute, »
Me dit-il, « ou sinon... quelqu'un s'offre à la lutte...
Ah! j'ai hâte de voir notre allié venir! »

Je vis bien qu'il couvrait par une autre pensée
La phrase que d'abord il avait commencée,
Et que les derniers mots ne semblaient pas finir.

Et d'un surcroît de peur mon âme fut frappée;
J'interprétais à mal sa phrase entrecoupée
Et peut-être en tirais un augure trop noir.

— « Jamais, » lui demandai-je, « en cette triste conque
A-t-on vu pénétrer, maître, un esprit quelconque
Condamné seulement à languir sans espoir? »

Questa question fec' io; e quei : Di rado
Incontra, mi rispose, che di nui
Faccia 'l cammino alcun, per quale io vado.

Ver è, ch' altra fiata quaggiù fui,
Congiurato da quella Eriton cruda,
Che richiamava l' ombre a' corpi sui.

Di poco era di me la carne nuda,
Ch' ella mi fece 'ntrar dentro a quel muro,
Per trarne un spirto del cerchio di Giuda.

Quell' è 'l più basso luogo, e 'l più oscuro,
E 'l più lontan dal ciel, che tutto gira :
Ben so 'l cammin; però ti fa sicuro.

Questa palude, che 'l gran puzzo spira,
Cinge d' intorno la città dolente,
U' non potemo entrare omai senz' ira;

Et altro disse, ma non l' ho a mente;
Perocchè l' occhio m' avea tutto tratto
Ver l' alta torre alla cima rovente,

Ove in un punto vidi dritte ratto
Tre furie infernal, di sangue tinte,
Che membra femminili aveano, ed atto,

E con idre verdissime eran cinte :
Serpentelli e ceraste avean per crine,
Onde le fiere tempie eran avvinte.

E quei, che ben conobbe le meschine
Della regina dell' eterno pianto,
Guarda, mi disse, le feroci Erine.

Virgile répondit : « Il n'est pas ordinaire
Qu'un des esprits du cercle où je vis puisse faire
Ce long et dur chemin que pour toi j'entrepris.

Il est vrai que déjà dans ces lieux de misère
J'entrai par l'art maudit d'Erycto, la mégère
Qui savait dans leurs corps rappeler les esprits

Je venais de quitter ma dépouille mortelle,
Lorsque je dus passer par cette citadelle
Pour tirer un esprit du cercle de Judas.

Ce cercle est le plus bas et c'est le plus funeste
Et le plus éloigné de la sphère céleste.
Va, je sais le chemin ; ainsi, ne tremble pas !

Ce marais, d'où s'exhale une vapeur affreuse,
Enserre en ses contours la cité douloureuse
Où nous ne pouvons plus entrer qu'en menaçant. »

De ce qu'il ajouta j'ai perdu souvenance,
Car mes yeux m'entraînaient comme avec violence
Vers la tour élevée au sommet rougissant,

Où je vis se dresser, sanglantes et meurtries,
Trois larves de l'Enfer, les hideuses Furies.
Ces monstres de la femme avaient les traits et l'air ;

Des hydres à leurs flancs se tordaient en ceinture ;
Des serpents, des aspics formaient leur chevelure
Et tressaient leur couronne à ces fronts de l'Enfer.

Et lui qui reconnut les suivantes cruelles
De la reine qui trône aux douleurs éternelles :
« C'est la triple Erynnis, me dit-il, vois-tu bien ?

Quest' è Megera dal sinistro canto :
Quella che piange dal destro, è Aletto :
Tesifone è nel mezzo; e tacque a tanto.

Con l' unghie si fendea ciascuna il petto;
Batteansi a palme; e gridavan sì alto,
Ch' i' mi strinsi al poeta per sospetto.

Venga Medusa, sì 'l farem di smalto.
Dicevan tutte, riguardando in giuso :
Mal non vengiammo in Teseo l' assalto.

Volgiti 'ndietro, e tien lo viso chiuso;
Chè se 'l Gorgon si mostra, e tu 'l vedessi,
Nulla sarebbe del tornar mai suso.

Così disse 'l Maestro, ed egli stessi
Mi volse, e non si tenne alle mie mani,
Che con le sue ancor non mi chiudessi.

O voi, ch' avete gl' intelletti sani,
Mirate la dottrina che s' asconde
Sotto 'l velame degli versi strani.

E già venia su per le torbid' onde
Un fracasso d' un suon pien di spavento,
Per cui tremavano amedue le sponde;

Non altrimenti fatto, che d' un vento
Impetuoso per gli avversi ardori,
Che fièr la selva, e senza alcun rattento :

Li rami schianta, abbatte, e porta i fiori,
Dinanzi polveroso va superbo;
E fa fuggir le fiere e gli pastori.

Celle qui s'est dressée à gauche, c'est Mégère,
Celle qui pleure à droite, Alecto ; la dernière,
Au milieu, Tisiphone. » Il n'ajouta plus rien.

Elles se déchiraient et le sein et la tête,
Et poussaient de tels cris que moi près du poëte
Je courus me serrer, de terreur tout saisi.

« Viens, » du haut de la tour criaient-elles ensemble,
« Viens le changer en pierre, ô Méduse ! qu'il tremble !
Trop doucement Thésée [1] autrefois fut puni. »

« Tourne-toi, tiens tes yeux fermés, » me dit le sage ;
« De Gorgone un instant si tu voyais l'image,
Tu ne reverrais plus la lumière des cieux. »

Ainsi parla mon maître, et lui-même en arrière
Il me fit retourner et fermer ma paupière,
Et de ses mains encore il me couvrit les yeux.

Vous dont l'esprit est sain, l'intelligence ferme,
Découvrez la leçon que le poëte enferme,
Sous le voile brodé des vers mystérieux [2] !

Et déjà j'entendais sur l'onde dégoûtante
Un immense fracas, un bruit plein d'épouvante,
Ébranlant les deux bords du marais nébuleux.

Ainsi souvent on voit, avec un bruit sauvage,
Tandis que la chaleur irrite encor' sa rage,
Le vent dans la forêt déchaîner ses fureurs ;

Il casse les rameaux, les abat, les enlève,
Il emporte avec lui le sable qu'il soulève,
Et fait fuir éperdus loups, brebis et pasteurs.

Gli occhi mi sciolse, e disse: or drizza 'l nerbo
Del viso su per quella schiuma antica
Per indi, ove quel fummo è più acerbo.

Come le rane innanzi alla nimica
Biscia per l'acqua si dileguan tutte,
Fin ch' alla terra ciascuna s'abbica;

Vid' io più di mille anime distrutte
Fuggir così dinanzi ad un, ch' al passo
Passava Stige con le piante asciutte.

Dal volto rimovea quell' aer grasso,
Menando la sinistra innanzi spesso;
E sol di quell' angoscia parea lasso.

Ben m' accorsi, ch' egli era del ciel messo
E volsimi al Maestro; e quei fe' segno,
Ch' io stessi cheto, ed inchinassi ad esso.

Ahi quanto mi parea pien di disdegno!
Giunse alla porta, e con una verghetta
L' aperse, che non v' ebbe alcun ritegno.

O cacciati del ciel, gente dispetta
Cominciò egli in su l' orribil soglia,
Ond' esta oltracotanza in voi s' alletta?

Perchè ricalcitrate a quella voglia,
A cui non puote 'l fin mai esser mozzo,
E che più volte v' ha cresciuta doglia?

Che giova nelle fata dar di cozzo?
Cerbero vostro, se ben vi ricorda,
Ne porta ancor pelato il mento, e 'l gozzo.

Il découvrit mes yeux et me dit : « Que ta vue
Plonge à présent là-bas, où plus sombre est la nue,
Sur ces flots du vieux lac écumant et profond ! »

Comme dans un étang, quand la couleuvre chasse,
Grenouilles de s'enfuir en tous sens, puis en masse
Se plongent dans la vase et s'entassent au fond ;

J'aperçus des milliers de ces âmes perdues
Qui devant un esprit s'enfuyaient éperdues.
Sur le Styx à pied sec il s'était avancé.

Il marchait ; d'une main protégeant sa figure,
De l'autre il écartait cette vapeur impure :
Seule importunité dont il parût lassé.

J'eus vite reconnu le messager céleste,
Et mon maître, vers qui je me tournais, d'un geste
M'invite à me courber sans prononcer un mot.

Ah! quel noble dédain son visage reflète!
Il arrive à la porte ; avec une baguette
A peine il l'a touchée, elle cède aussitôt.

« Race d'esprits abjects, chassés du Ciel sublime, »
S'écria-t-il au seuil de cet horrible abîme,
« C'est une outrecuidance étrange dans vos cœurs !

Osez-vous regimber contre cette puissance
Toujours sûre du but qu'elle a marqué d'avance,
Et qui plus d'une fois augmenta vos douleurs ?

A quoi sert vous heurter au Destin invincible ?
Votre Cerbère osa cette lutte impossible :
Il s'y meurtrit la gueule et le cou ; songez-y ! »

Poi si rivolse per la strada lorda,
E non fe' motto a noi, ma fe' sembiante
D' uomo, cui altra cura stringa, e morda,

Che quella di colui, che gli è davante:
E noi movemmo i piedi inver la terra,
Sicuri appresso le parole sante.

Dentro v' entrammo, senza alcuna guerra:
Ed io, ch' avea di riguardar disio
La condizion, che tal fortezza serra,

Com' io fui dentro, l' occhio intorno invio,
E veggio ad ogni man grande campagna,
Piena di duolo, e di tormento rio.

Sì come ad Arli, ove 'l Rodano stagna,
Sì com' a Pola presso del Quarnaro,
Ch' Italia chiude, e i suoi termini bagna,

Fanno i sepolcri tutto 'l loco varo;
Così facevan quivi d' ogni parte,
Salvo che 'l modo v' era più amaro:

Chè tra gli avelli fiamme erano sparte,
Per le quali eran sì del tutto accesi,
Che ferro più non chiede verun' arte.

Tutti gli lor coperchi eran sospesi,
E fuor n' uscivan sì duri lamenti,
Che ben parean di miseri, e d' offesi.

Ed io: Maestro, quai son quelle genti,
Che seppellite dentro da quell' arche
Si fan sentir con gli sospir dolenti?

Et par la voie immonde il retourne en silence,
Sans nous dire un seul mot, avec cette apparence
D'un homme tout en proie à son noble souci,

Qui va sans remarquer personne sur sa route.
Et nous, à cette voix hors de peine et de doute,
Nous dirigeons nos pas vers la cité de mort.

Nous entrâmes alors sans nulle résistance.
Je brûlais de savoir quel genre de souffrance
Subissaient les damnés qu'enfermait un tel fort.

Dans tous les sens ma vue avide se promène :
De tous côtés je vois comme une immense plaine
Couverte de douleurs et d'horribles tourments.

Comme on voit dans Pola, cette ville d'Istrie
Que le Quarnaro baigne aux confins d'Italie,
Ou dans Arle où le Rhône a des flots plus dormants,

Les sépulcres épars faire saillir la terre,
Ainsi de toutes parts dans ce champ de misère ;
Mais l'aspect en était plus affreux, plus amer.

Entre chaque sépulcre un tourbillon de flammes
S'élevait, embrasant ces tombeaux remplis d'âmes ;
Dans la forge rougi moins brûlant est le fer.

Les couvercles levés de ces tombeaux coupables
En laissaient échapper des accents lamentables :
C'était bien là le cri d'infortunés martyrs.

Et moi je dis : Quelle est, maître, je t'en supplie,
Au fond de ces arceaux la race ensevelie
Qui se fait deviner à ces dolents soupirs ? »

Ed egli a me : Qui son gli eresiarche
Co' lor seguaci d' ogni setta, e molto
Più che non credi, son le tombe carche.

Simile qui con simile è sepolto :
E i monimenti son più e men caldi :.
E poi ch' alla man destra si fu volto,

Passammo tra i martiri, e gli alti spaldi.

Il répondit : « Ici sont les hérésiarques [3]
Avec leurs partisans, tous et de toutes marques,
Et le nombre est bien grand de ces infortunés !

Chaque tombe renferme ensemble mêmes âmes,
Et doit brûler de plus ou moins ardentes flammes. »
Il dit, et tous les deux, à droite étant tournés,

Marchions entre le mur et les pauvres damnés.

NOTES DU CHANT IX

¹ Thésée étant descendu aux Enfers fut condamné à rester attaché sur une roche; mais Hercule vint le délivrer.

² Ce sens, quel est-il ? Suivant l'explication plausible de M. Bagioli, l'un des principaux commentateurs du Dante, le poëte veut nous avertir qu'il ne faut pas regarder, même un instant, le vice, dont Méduse est l'image, sous peine de se perdre à jamais.

³ « Quoique le poëte nomme ici les hérésiarques, il ne veut pas dire les sectaires, les fondateurs de religion ou les schismatiques qui ont divisé ou troublé le monde par leur imposture, puisque ce n'est qu'au XXVIIIe chant qu'il les classe : il veut indiquer seulement les incrédules, esprits forts, athées, matérialistes, épicuriens, hérétiques de toute espèce, à qui on ne peut reprocher que l'erreur et non la mauvaise foi. »

(RIVAROL.)

ARGUMENT DU CHANT X

Au milieu des tombeaux brûlants où sont plongés les partisans d'Épicure, un fantôme s'est dressé : c'est l'ombre de Farinata Uberti, ce héros qui, à la tête des Gibelins, gagna la fameuse bataille de Mont-Aperti. Près de lui se soulève en même temps l'ombre de Cavalcanti, père de Guido, l'ami du Dante, qui cherche en vain son fils à côté du poëte, et, le croyant mort, retombe désolé dans son sépulcre. L'autre fantôme, tout entier à l'amour de la patrie, au souvenir des luttes auxquelles il a été mêlé et auxquelles Dante sera mêlé à son tour, prédit au poëte ses malheurs et son exil.

CANTO DECIMO

Ora sen' va per uno segreto calle,
Tra 'l muro della terra, e gli martiri,
Lo mio Maestro, ed io dopo le spalle.

O virtù somma, che per gli empi giri
Mi volvi, cominciai, com' a te piace,
Parlami, e soddisfammi a' miei desiri.

La gente, che per li sepolcri giace,
Potrebbesi veder? già son levati
Tutti i coperchi, e nessun guardia face.

Ed egli a me: Tutti saran serrati,
Quando di Josaffà qui torneranno,
Coi corpi, che lassù hanno lasciati.

Suo cimitero da questa parte hanno
Con Epicuro tutti i suoi seguaci,
Che l'anima col corpo morta fanno.

Però alla dimanda, che mi faci,
Quinc' entro soddisfatto sarai tosto,
Ed al disio ancor, che tu mi taci.

CHANT DIXIÈME

Par un étroit sentier où le pied s'embarrasse,
Mon maître s'avançait et je suivais sa trace,
Marchant le long du mur à côté des martyrs.

— « O vertu souveraine, ô maître, » m'écriai-je,
« Qui m'entraînes ainsi dans l'Enfer sacrilége,
Réponds, et, si tu peux, contente mes désirs!

Ne puis-je en ces tombeaux voir ceux qui les habitent?
Les couvercles levés à regarder m'invitent,
Et personne, je crois, ne fait la garde autour? »

— « Ces tombes, » me dit-il, « seront toutes fermées,
Lorsque dans Josaphat les âmes ranimées
Auront repris leurs corps au terrestre séjour.

Par ici sont couchés dans même sépulture
Épicure et tous ceux qui, suivant Épicure,
Disent qu'avec le corps l'âme aussi doit mourir.

A ton désir ici tu pourras satisfaire,
Comme au vœu plus secret que tu voudrais me taire
Et qu'au fond de ton cœur je sais bien découvrir. »

Ed io: Buon duca, non tegno nascosto
A te mio cuor, se non per dicer poco;
E tu m'hai non pur ora a ciò disposto.

O Tosco, che per la città del foco
Vivo ten vai così parlando onesto,
Piacciati di restare in questo loco.

La tua loquela ti fa manifesto
Di quella nobil patria natìo,
Alla qual forse fui troppe molesto,

Subitamente questo suono uscìo
D'una dell'arche: però m'accostai.
Temendo, un poco più al duca mio.

Ed ei mi disse: Volgiti, che fai?
Vedi là Farinata, che s'è dritto:
Dalla cintola in su tutto 'l vedrai.

I' avea già 'l mio viso nel suo fitto:
Ed ei s'ergea col petto e con la fronte,
Come avesse lo 'nferno in gran dispitto:

E l'animose man del duca, e pronte
Mi pinser tra le sepolture a lui,
Dicendo: Le parole tue sien conte.

Tosto ch'al piè della sua tomba fui,
Guardommi un poco; e poi, quasi sdegnoso
Mi dimandò: Chi fur gli maggior tui?

Io, ch'era d'ubbidir, disideroso,
Non gliel celai, ma tutto gliele apersi:
Ond'ei levò le ciglia un poco in soso:

— « Si je n'ai pas ouvert, maître, le cœur qui t'aime,
C'est pour être plus bref en paroles; toi-même,
Tout à l'heure, à parler tu ne m'engageais pas. »

— « O Toscan qui, vivant, dans la cité funeste
T'avances en tenant ce langage modeste,
Un instant dans ce lieu daigne arrêter tes pas !

Ton langage te fait clairement reconnaître,
C'est mon noble pays qui doit t'avoir vu naître,
Cette patrie à qui j'ai dû sembler pesant. »

Ainsi retentissait au fond des catacombes
Une voix qui sortait de l'une de ces tombes :
Je me serrai plus près de mon maître en tremblant.

— « Contre moi, » me dit-il, « quelle terreur te presse
Vois, c'est Farinata, son ombre qui se dresse
De la ceinture au front, dans toute sa hauteur. »

Sur cette ombre déjà ma vue était fixée.
De la tête et des reins elle s'était haussée,
Et semblait dédaigner l'Enfer et sa douleur.

A travers les tombeaux, d'une main confiante,
Mon guide me poussa vers l'ombre impatiente :
« Va, dit-il, que tes mots soient comptés, si tu peux. »

A peine j'arrivais au pied du sarcophage,
Abaissant un instant ses yeux sur mon visage :
— « Tes aïeux, quels sont-ils ? » fit l'esprit dédaigneux.

Empressé d'obéir et de le satisfaire,
Je répondis sans rien déguiser, ni rien taire.
Il me parut lever des yeux plus courroucés :

Poi disse: Fieramente furo avversi
A me, ed a miei primi, ed a mia parte;
Sì che per duo fiate gli dispersi.

S'ei fur cacciati, ei tornar d'ogni parte,
Risposi lui, l'una e l'altra fiata:
Ma i vostri non appreser ben quell'arte.

Allor surse alla vista scoperchiata
Un'ombra lungo questa infino al mento:
Credo, che s'era inginocchion levata.

D'intorno mi guardò, come talento
Avesse di veder s'altri era meco:
Ma, poi che 'l sospicciar fu tutto spento,

Piangendo disse: Se per questo cieco
Carcere vai per altezza d'ingegno,
Mio figlio ov'è, e perchè non è teco?

Ed io a lui: Da me stesso non vegno:
Colui ch'attende là, per qui me mena,
Forse cui Guido vostro ebbe a disdegno.

Le sue parole, e 'l modo della pena
M'avevan di costui già letto il nome;
Però fu la risposta così piena.

Di subito drizzato gridò: Come
Dicesti; egli ebbe? non viv'egli ancora?
Non fiere gli occhi suoi lo dolce lome?

Quando s'accorse d'alcuna dimora,
Ch'io faceva dinanzi alla risposta,
Supin ricadde, e più non parve fuora.

— « Ta race fut, » dit-il, « au sein de ma patrie,
De moi-même et des miens l'implacable ennemie ;
Mais aussi par deux fois ce bras les a chassés [1]. »

— « S'ils ont été chassés, les hommes de ma race,
Par deux fois, » répondis-je, « ils sont rentrés en masse :
Les vôtres ont appris cet art moins bien que nous. »

Un autre esprit sortant de cette sépulture
Parut ; on ne voyait de lui que sa figure ;
Je crois bien qu'il s'était levé sur ses genoux.

Autour de moi ses yeux avec inquiétude
Cherchaient quelqu'un, et quand il eut la certitude
Que celui qu'il aimait n'était pas près de moi,

Il me dit en pleurant : « Si c'est par ton génie
Que tu viens aux cachots d'éternelle agonie,
Mon fils, où donc est-il ? pourquoi pas avec toi ? »

— « Je ne viens pas ici par moi-même, » lui dis-je,
« Celui qui m'attend là me mène et me dirige.
Pour lui votre Guido, je crois, eut peu d'amour [2]. »

Ses paroles autant que son genre de peine
M'avaient fait deviner le nom de l'ombre humaine,
Et j'avais répondu sans effort ni détour.

— « Comment ! » cria l'esprit, se dressant dans sa bière.
« N'as-tu pas dit : il *eut ?* Est-il mort ? La lumière
N'éclaire-t-elle plus les regards de mon fils ? »

Et comme ma réponse à venir était lente,
L'ombre accablée au fond de sa prison brûlante
Tombait à la renverse, et plus ne la revis.

Ma quell' altro magnanimo, a cui posta
Restato m' era, non mutò aspetto,
Nè mosse collo, nè piegò sua costa:

E se, continuando al primo detto,
Egli han quell' arte, disse, male appresa,
Ciò mi tormenta più, che questo letto.

Ma non cinquanta volte fia raccesa
La faccia della donna che qui regge,
Che tu saprai quanto quell' arte pesa.

E se tu mai nel dolce mondo regge,
Dimmi, perchè quel popolo è sì empio
Incontr' a' miei ciascuna sua legge?

Ond' io a lui: Lo strazio, e 'l grande scempio,
Che fece l' Arbia colorata in rosso,
Tale orazion fa far nel nostro tempio.

Poi ch' ebbe sospirando il capo scosso:
A ciò non fu' io sol, disse, nè certo
Senza cagion sarei con gli altri mosso:

Ma fu' io sol colà, dove sofferto
Fu per ciascun di torre via Fiorenza,
Colui, che la difesi a viso aperto.

Deh se riposi mai vostra semenza,
Prega' io lui, solvetemi quel nodo,
Che qui ha inviluppata mia sentenza.

E' par che voi veggiate, se ben odo,
Dinanzi quel che 'l tempo seco adduce,
E nel presente tenete altro modo.

Mais cet autre héros de la tombe infernale
Et près de qui j'étais resté dans l'intervalle,
Il n'avait pas plié ni le cou ni le flanc :

— « Si, » dit-il, relevant ma dernière parole,
« Les miens ont mal appris cet art à votre école,
Tu me fais plus de mal que ce lit tout brûlant.

Mais avant que la reine Hécate, la fatale,
Ait pu cinquante fois rallumer son front pâle,
De cet art malaisé tu connaîtras le prix.

Et dis-moi, qu'en retour tu vives au doux monde !
D'où vient que contre moi la haine est si profonde,
Le peuple si cruel à tous les miens proscrits ? »

Je répondis : « Le sang qu'a versé votre rage,
Les flots de l'Arbia rouges de ce carnage
Font maudire vous mort et les vôtres absents.

Alors en soupirant l'ombre pencha la tête :
— « Je n'étais pas le seul à cette horrible fête, »
Dit-il, « et n'y fus pas sans des motifs puissants.

Mais je me montrais seul dans la même occurrence,
Quand, chacun proposant de détruire Florence,
Moi je la défendis, visage découvert. »

— « Dieu, » dis-je, « donne un jour la paix à votre race !
Défaites, je vous prie, un nœud qui m'embarrasse,
Un doute dont je sens que j'ai l'esprit couvert.

Il paraît, si j'ai bien entendu, que d'avance
Vous pouvez pénétrer du temps la chaîne immense,
Tandis que le présent reste voilé pour vous ? »

Noi veggiam, come quei ch' ha mala luce,
Le cose, disse, che ne son lontano;
Cotanto ancor ne splende 'l sommo Duce:

Quando s' appressano, o son. tutto è vano
Nostro 'ntelletto, e s' altri nol ci apporta,
Nulla sapem di vostro stato umano.

Però comprender puoi, che tutta morta
Fia nostra conoscenza da quel punto,
Che del futuro fia chiusa la porta.

Allor, come di colpa compunto,
Dissi: Or direte dunque a quel caduto,
Che 'l suo nato è co' vivi ancor congiunto

E s' io fui dianzi alla risposta muto,
Fat' ei saper, che 'l fei, perchè pensava
Già nell' error, che m' avete soluto.

E già 'l Maestro mio mi richiamava:
Perch' io pregai lo spirito più avaccio.
Che mi dicesse, chi con lui si stava.

Dissemi: Qui con più mille giaccio:
Qua entro è lo secondo Federico,
E 'l Cardinale, e degli altri mi taccio:

Indi s'ascose: ed io inver l' antico
Poeta volsi i passi, ripensando
A quel parlar, che mi parea nemico.

Egli si mosse: e poi, così andando,
Mi disse: Perchè se' tu sì smarrito?
Ed io gli soddisfeci al suo dimando.

— « Semblables au presbyte à la vue incertaine,
Nous distinguons, » dit-il, « toute chose lointaine;
C'est un dernier rayon que Dieu jette sur nous.

Quand un événement s'approche ou qu'il existe,
Vaine est cette clarté ; si nul ne nous assiste,
Nous ne savons plus rien de votre humanité.

Par ainsi ces lueurs à jamais seront mortes,
Lorsque de l'avenir Dieu fermera les portes
Et fixera le monde en son éternité [3]. »

Lors je sentis ma faute et dis : « Faites connaître
A celui que j'ai vu si vite disparaître,
Que son fils est encore aux vivants réuni.

Si je restai muet au moment de répondre,
Dites lui que déjà je me sentais confondre
Sous ce doute qu'enfin vous avez éclairci. »

Comme je m'entendais rappeler par mon guide,
Près de Farinata j'insistai, plus avide,
Pour savoir quels étaient ses autres compagnons.

« Je suis couché, » dit-il, « parmi des milliers d'âmes :
Le second Frédéric [4] gît ici dans ces flammes,
Et là, le cardinal [5]. Je tais les autres noms. »

Il disparut, et moi, vers l'antique poëte
Je revins, repassant dans mon âme inquiète
Cet oracle ennemi que j'avais entendu.

Virgile s'était mis en marche, et dans la route :
« Qu'est-ce donc qui si fort te trouble et te déroute? »
A cette question lorsque j'eus répondu :

9.

La mente tua conservi quel ch' udito
Hai contra te, mi commandò quel saggio,
Ed ora attendi qui; e drizzò 'l dito.

Quando sarai dinanzi al doce raggio
Di quella, il cui bell' occhio tutto vede,
Da lei saprai di tua vita il vïaggio.

Appresso volse a man sinistra il piede;
Lasciammo 'l muro, e gimmo inver lo mezzo,
Per un sentier, ch' ad una valle fiede,

Che 'n fin lassù facea spiacer suo lezzo.

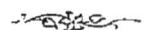

« Prends soin de retenir cet hostile présage
Et dans ton souvenir grave-le, » dit le sage ;
« Mais pour l'heure marchons ; » et puis, le doigt levé,

« Quand tu seras devant le doux regard de celle
Dont le bel œil voit tout [6], tu connaîtras par elle
De tes jours tout entiers l'oracle inachevé. »

Nous laissâmes alors le mur à notre droite,
Vers le centre marchant par une pente étroite.
Un nouveau cercle ouvert tout à l'extrémité

Exhalait jusqu'à nous un miasme empesté.

NOTES DU CHANT X

¹ La famille de Dante était guelfe : lui-même l'était peut-être encore à l'époque où il est censé descendre en Enfer, c'est-à-dire en 1300. Mais il ne l'était plus quand il écrivait son poëme, et sa préférence se trahit assez dans la noble et superbe attitude qu'il prête au héros florentin.

² Guido, l'ami du Dante, quoique à la fois poëte et philosophe, s'adonna plus à la philosophie qu'à la poésie.

³ Idées théologiques que l'on trouve dans saint Augustin et plusieurs des pères de l'Église.

⁴ L'empereur Frédéric II, épicurien, souvent en guerre avec les papes, excommunié par Grégoire IX.

⁵ Ottaviano degli Ubaldini de Florence, cardinal et pourtant du parti des empereurs. C'est lui qui disait que *s'il avait une âme*, il l'avait perdue pour les Gibelins ; pour un cardinal le mot est d'un assez bon matérialisme, et l'on ne s'étonne pas que Dante ait donné à ce personnage une place parmi les incrédules.

⁶ Béatrix.

ARGUMENT DU CHANT XI

Les deux poëtes arrivent au bord du septième cercle. Les exhalaisons fétides qui sortent de l'abîme les forcent de ralentir leur marche. Virgile profite de ce temps d'arrêt pour faire à Dante la topographie des lieux qu'ils ont encore à parcourir. Ils vont descendre dans trois cercles pareils à ceux qu'ils ont traversés : dans le premier (le septième de tout l'Enfer), sont les violents ; mais comme il y a trois sortes de violence, selon qu'elle s'exerce contre Dieu, contre le prochain ou contre soi-même, le premier cercle est divisé en trois degrés. Dans le second cercle sont les fourbes ; dans le dernier, les doubles fourbes, les traîtres. Dante hasarde quelques questions : Pourquoi les voluptueux, les furieux, les gloutons, les intempérants de toutes sortes ne sont-ils pas dans la cité de feu ? Comment Virgile a-t-il pu dire que l'usure est une violence contre Dieu ? — Virgile répond à tout, appuyant à la fois ses raisonnements sur la philosophie d'Aristote et sur les saintes Écritures.

CANTO UNODECIMO

In su l' estremità d' un alta ripa,
Che facevan gran pietre rotte in cerchio,
Venimmo sopra più crudele stipa:

E quivi per l' orribile soperchio
Del puzzo, che 'l profondo abisso gitta,
Ci raccostammo dietro ad un coperchio

D' un grand' avello, ov' io vidi una scritta,
Che diceva: Anastagio Papa guardo,
Lo qual trasse Fotin della via dritta.

Lo nostro scender conviene esser tardo,
Si che s' ausi un poco prima il senso
Al tristo fiato, e poi non fia riguardo.

Così 'l Maestro: ed io, Alcun compenso,
Dissi lui, trova, chè 'l tempo non passi
Perduto: ed egli: Vedi, ch' a ciò penso.

Figliuol mio, dentro da cotesti sassi,
Cominciò poi a dir, son tre cerchietti
Di grado in grado, come quei, che lassi.

CHANT ONZIÈME

Tout à l'extrémité d'une rive escarpée
Que formait une roche en cercle découpée,
Nous vînmes au-dessous d'un abîme nouveau.

Et, pour nous garantir du souffle délétère
Qui montait jusqu'à nous de ce profond cratère,
Nous cherchâmes abri derrière un grand tombeau.

Sur son couvercle ouvert on lisait cette phrase :
« Je porte dans mes flancs le pontife Anastase [1],
Que le diacre Photin entraîna dans l'erreur. »

— « Descendons lentement cette pente inégale,
Pour nous accoutumer aux vapeurs qu'elle exhale,
Et nous pourrons après avancer sans horreur. »

Ainsi parla le maître, et moi : « Par ta parole,
Fais que le temps au moins sans profit ne s'envole. »
— « Oui, » reprit-il, « tu vois que j'y pense, mon fils ! »

Puis, après une pause : « En ces rocheux abîmes
Sont trois cercles, pareils aux autres que nous vîmes,
Étagés l'un sur l'autre et toujours plus petits.

Tutti son pien di spiriti maladetti:
Ma perchè poi ti basti pur la vista,
Intendi come, e perchè son costretti.

D'ogni malizia, ch'odio in cielo acquista,
Ingiuria è il fine, e ogni fin cotale
O con forza, o con frode altrui contrista.

Ma perchè frode è dell'uom proprio male,
Più spiace a Dio; e però stan dì sutto
Gli frodolenti, e più dolor gli assale.

De' violenti il primo cerchio è tutto;
Ma perchè si fa forza a tre persone,
In tre gironi è distinto, e costrutto.

A Dio, a sè, al prossimo si puone
Far forza, dico in loro, et in lor cose,
Com' udirai con aperta ragione.

Morte per forza, e ferute dogliose
Nel prossimo si danno; e nel suo avere
Ruine, incendi, e ollette dannose:

Onde omicidi, e ciascun, che mal fiere,
Guastatori, e predon tutti tormenta
Lo giron primo per diverse schiere.

Puote uomo avere in sè man violenta,
E ne' suoi beni; e però nel secondo
Giron convien che senza pro si penta,

Qualunque priva sè del vostro mondo,
Biscazza, e fonde la sua facultade:
E piange là dove esser dee giocondo.

Tous sont chargés d'esprits que le Ciel dut maudire.
Pour qu'un simple coup d'œil puisse après te suffire,
Apprends quel est le crime, et quel le châtiment !

Des péchés que poursuit la colère céleste
L'injustice est le terme, et, ce terme funeste,
On l'atteint par la fourbe ou bien violemment.

La fourbe, vice propre à l'humaine nature,
Fait plus horreur à Dieu : les hommes d'imposture
Gisent donc tout en bas et sont plus torturés.

Ce premier cercle entier est pour les violences ;
Mais comme dans ce crime il est des différences,
Ainsi que le péché, le cercle a trois degrés.

On agit en effet contre l'Être suprême
Ou contre le prochain ou bien contre soi-même,
Frappant personne et biens, comme tu vas le voir.

On donne à son prochain d'une main violente
Le coup de mort, souvent la blessure plus lente.
Feu, rapt, exactions, attaquent son avoir.

Or, ceux qui se sont teints de sang, les homicides,
Les hommes de ravage et les brigands avides,
Souffrent séparément dans le premier degré.

L'homme peut, sur soi-même usant de violence,
Sur son corps ou ses biens exercer sa démence :
C'est au second degré que gît désespéré

Quiconque s'est privé d'une vie importune,
Ou bien aux quatre vents a jeté sa fortune
Et pleuré dans le monde au lieu d'y vivre heureux.

Puossi far forza nella Deitade,
Col cuor negando, e bestemmiando quella,
E spregiando natura, e sua bontade:

E però lo minor giron suggella
Del segno suo e Soddoma, e Caorsa,
E chi, spregiando Dio, col cuor favella.

La frode, ond' ogni coscïenza è morsa,
Puo l' uomo usare in colui, che in lui fida.
Ed in quei, che fidanza non imborsa.

Questo modo di retro par ch' uccida
Pur lo vincol d' amor, che fa Natura,
Onde nel cerchio secondo s' annida.

Ipocrisia, lusinghe, e chi affattura,
Falsità, ladroneccio, e simonia,
Ruffian, baratti, e simile lordura.

Per l' altro modo quell' amor s' obblia,
Che fa Natura, e quel, ch' è poi aggiunto,
Di che la fede special si cria:

Onde nel cerchio minore, ov' è 'l punto
Dell' universo, in su che Dite siede,
Qualunque trade in eterno è consunto.

Ed io: Maestro, assai chiaro procede
La tua ragione, assai ben distingue
Questo baratro, e 'l popol che 'l possiede.

Ma dimmi: quei della palude pingue,
Che mena 'l vento, e che batte la pioggia,
E che s' incontran con sì aspre lingue,

L'homme fait violence à Dieu quand en soi-même
Il l'ose renier ou tout haut le blasphème,
Qu'il blesse la nature et ses dons généreux.

Donc le plus bas degré renferme en son orbite
L'usurier de Cahors avec le sodomite.
Et tous les cœurs par qui Dieu fut injurié.

Pour la fourbe, remords de toute conscience,
Tantôt elle trahit la sainte confiance,
Tantôt elle surprend qui ne s'est pas fié.

Elle ne brise alors, moins coupable imposture,
Que ce lien d'amour forgé par la nature.
Or donc le second cercle enferme en son giron

L'hypocrisie infâme avec la flatterie,
Simonie et larcin, faux et sorcellerie,
Escrocs, entremetteurs, et semblable limon.

Mais la première fourbe attaque plus impure,
Outre ce nœud d'amour qu'a forgé la nature,
Cet autre qui s'y joint plus doux et plus sacré.

Aussi c'est tout au fond de l'enceinte profonde,
Dernier cercle où Dité siége au centre du monde,
C'est là que gît le traître à jamais torturé !

— « Tes explications sont précises, ô maître, »
Dis-je alors ; « tu m'as fait on ne peut mieux connaître
Les cercles de ce gouffre avec ses habitants.

Mais, dis-moi, ceux qui sont dans le grand lac de boue,
Ceux qu'abîme la pluie ou dont le vent se joue,
Qui se heurtent avec des accents insultants,

Perchè non dentro della Città roggia
Son ei puniti, se Dio gli ha in ira?
E se non gli ha, perchè sono a tal foggia?

Ed egli a me : Perchè tanto delira,
Disse, lo 'ngegno tuo da quel ch' ei suole ;
Ovver la mente dove altrove mira?

Non ti rimembra di quelle parole,
Con le quai la tua Etica pertratta
Le tre disposizion, che 'l Ciel non vuole :

Incontinenza, malizia, e la matta
Bestialitade? e come incontinenza
Men dio offende, e men biasimo accatta?

Se tu riguardi ben questa sentenza,
E rechiti alla mente chi son quelli,
Che su di fuor sostengon penitenza,

Tu vedrai ben, perchè da questi felli
Sien dipartiti; e perchè men crucciata
La divina giustizia gli martelli.

O Sol, che sani ogni vista turbata,
Tu mi contenti sì, quando tu solvi,
Che non men, che saver, dubbiar m' aggrata.

Ancora un poco 'ndietro ti rivolvi,
Diss' io, là dove di', ch' usura offende
La divina bontade, e 'l groppo svolvi.

Filosofia, mi disse, a chi l' attende,
Nota, non pure in una sola parte,
Come Natura lo suo corso prende

L'ENFER — CHANT XI

Pourquoi, s'ils ont de Dieu soulevé la justice,
Dans la cité du feu n'ont-ils pas leur supplice?
Sinon, ces malheureux, pourquoi sont-ils frappés? »

Et lui me répondit : « Vraiment, c'est chose rare
Que ton esprit délire à ce point et s'égare :
A moins que tes pensers ailleurs soient occupés.

Ne te souvient-il plus déjà de ce passage
Du traité de l'*Éthique* où disserte le sage.
Des trois mauvais penchants que réprouve le Ciel :

Malice, incontinence et fureur bestiale,
Et que l'incontinence est toujours moins fatale,
Moins maudite de Dieu, quoique péché mortel?

Si tu veux bien peser de près cette sentence
Et te rappeler ceux qui font leur pénitence
Hors d'ici dans les lieux que nous avons passés,

Tu comprendras pourquoi de la race perfide
Dieu les a séparés, justice moins rigide
Qui du marteau pourtant frappe ces insensés. »

— « O soleil qui toujours as brillé sur ma route,
Tu m'éclaires si bien, quand tu lèves un doute,
Que j'aime presque autant douter que de savoir!

Une pensée encore est demeurée obscure :
C'est à Dieu, disais-tu, que s'attaque l'usure;
Explique cette énigme où je ne saurais voir. »

— « De la philosophie, à qui bien l'étudie,
Il ressort, » me dit-il, « et dans mainte partie,
Que la mère Nature est émanée un jour

Dal divino 'ntelletto, e da sua arte:
E se tu ben la tua Fisica note,
Tu troverai non dopo molte carte,

Che l' arte vostra quella, quanto puote,
Segue, com 'l maestro fa il discente,
Sì che vostr' arte a Dio quasi è nipote.

Da queste due, sè tu ti rechi a mente
Lo Genesi dal principio, conviene
Prender sua vita, ed avanzar la gente.

E perchè l' usuriere altra via tiene,
Per sè natura, e per la sua seguace.
Dispregia, poichè in altro pon la spene.

Ma seguimi oramai, che 'l gir mi piace:
Che i Pesci guizzan su per l' orizzonta,
E 'l Carro tutto sovra 'l Coro giace,

E 'l balzo via là oltre si dismonta.

De l'intellect divin et de son art unique ;
Et si tu veux jeter les yeux sur ta *Physique* ²,
Dès les premiers feuillets tu verras qu'à son tour

La Nature est le sein d'où l'Art mortel dut naître,
Qu'il la suit comme fait un élève son maître,
Si bien que l'Art humain est petit-fils de Dieu.

A ce double foyer de l'Art, de la Nature,
Comme tu l'as pu voir dans la sainte Écriture,
L'homme doit se nourrir en amassant un peu.

Par un autre chemin l'usurier marche et gagne ;
Dédaignant la Nature et l'Art qui l'accompagne,
Sur d'autres fondements son espoir est placé.

Mais suis-moi, nous pouvons marcher en confiance :
Le signe des Poissons à l'horizon s'avance ³ ;
Le Chariot sur Corus est couché renversé,

Et, plus loin, le rocher semble comme abaissé. »

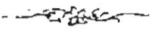

NOTES DU CHANT XI

[1] Ce fut l'empereur Anastase, non le pape du même nom et son contemporain, qui adopta l'hérésie du diacre Photin. Les commentateurs ont relevé cette erreur historique et supposent que Dante a été trompé par la chronique du frère Martin de Pologne.

[2] La *Physique* d'Aristote.

[3] Le poëte est entré en Enfer le Vendredi-Saint 1300. Il y est entré le soir (voir chant II, p. 19). Maintenant il annonce l'aurore. Le soleil était alors dans le Bélier, signe qui suit celui des Poissons. Les Poissons, se levant à l'horizon, annonçaient donc le lever du soleil; et le Chariot ou la Grande-Ourse se renversait sur le Corus, c'est-à-dire se plaçait au nord-ouest, où souffle ce vent.

ARGUMENT DU CHANT XII

Entrée dans le premier des trois degrés qui divisent le septième cercle ; le Minotaure qui en garde les abords est écarté par Virgile. Là, les âmes de ceux qui furent violents contre le prochain sont plongées dans une fosse remplie de sang bouillant. Au bord courent les Centaures tout armés, et percent de leurs flèches celles qui tentent d'en sortir. L'un d'eux accompagne les deux poëtes le long des rives, leur nommant çà et là les coupables damnés, brigands, assassins et tyrans, et leur fait passer à gué la fosse sanglante.

CANTO DECIMOSECONDO

Era lo loco, ove a scender la riva
Venimmo, alpestro e per quel ch' iv' er' anco,
Tal, ch' ogni vista ne sarebbe schiva.

Qual' è quella ruina, che nel fianco
Di qua da Trento l' Adice percosse,
O per tremuoto, o per sostegno manco;

Che da cima del monte, onde si mosse,
Al piano è sì la roccia discoscesa,
Ch' alcuna via darebbe a chi su fosse;

Cotal di quel burrato era la scesa:
E 'n su la punta della rotta lacca
L' infamia di Creti era distesa,

Che fu concetta nella falsa vacca:
E quando vide noi, se stessa morse,
Sì come quei, cui l' ira dentro fiacca.

Lo Savio mio in ver lui gridò: Forse,
Tu credi, che qui sia 'l Duca d' Atene,
Che su nel mondo la morte ti porse?

CHANT DOUZIÈME

La descente du roc à peine praticable
Nous offrait un obstacle encor plus redoutable,
Tel qu'on ne peut le voir sans épouvantement.

Comme cette ruine, incroyable prodige,
Qui soudain près de Trente au flanc frappa l'Adige,
S'effondrant d'elle-même ou par un tremblement ;

De la cime du mont cette roche écroulée
Descend tout escarpée au fond de la vallée,
Et le pâtre au sommet hésite suspendu ;

Ainsi le précipice où nous devions descendre ;
Et, sur le roc béant, comme pour le défendre,
Le fléau des Crétois [1] se tenait étendu.

Ce monstre que conçut une fausse génisse,
En nous voyant venir au bord du précipice,
Comme un homme étouffant dans sa rage, il se mord.

Mon sage lui cria de loin : « Tu crois peut-être
Que tu vois devant toi ton vainqueur apparaître,
Le monarque athénien qui t'a donné la mort ?

Partiti, bestia, che questi non viene
Ammaestrato dalla tua sorella,
Ma viensi per veder le vostre pene.

Qual è quel toro, che si slaccia in quella
Ch' ha ricevuto già 'l colpo mortale,
Che gir non sa, ma qua e là saltella;

Vid' io lo Minotauro far cotale.
E quegli accorto gridò; corri al varco:
Mentre che' è 'n furia, è buon, che tu ti cal

Così prendemmo via giù per lo scarco,
Di quelle pietre che spesso moviónsi,
Sotto i miei piedi per lo nuovo carco.

Io già pensando: e quei disse: Tu pensi
Forse a questa rovina, ch' è guardata
Da quell' ira bestial, ch' io ora spensi.

Or vo' che sappi, che l' altra fiata,
Ch' io discesi quaggiù nel basso 'nferno,
Questa roccia non era ancor cascata.

Ma certo poco pria (se ben discerno)
Che venisse Colui, che la gran preda
Levò a Dite del cerchio superno,

Da tutte parti l' alta valle feda
Tremò sì, ch' io pensai, che l' universo
Sentisse amor, per lo quale è, chi creda

Più volte 'l Mondo in Caos converso:
Ed in quel punto questa vecchia roccia
Qui, e altrove tal fece riverso.

Fuis, monstre ! A ce mortel que dans ces lieux je guide,
Ta sœur ne donna point de leçon homicide.
Il vient ici pour voir vos justes châtiments. »

Comme un taureau blessé fléchit, tête abattue,
Du côté qu'a frappé la hache qui le tue,
Et bondit convulsif à ses derniers moments ;

Tel je vis chanceler l'horrible Minotaure.
Et Virgile aussitôt : « La fureur le dévore,
Profitons-en, cours vite à l'entrée, et descends. »

Nous avançâmes donc par l'affreuse carrière ;
Sans cesse sous mes pieds s'ébranlait quelque pierre,
Quelque amas de cailloux sous mon poids s'affaissants.

Je marchais tout rêveur, et lui : « Je te devine, »
Dit-il, « tu réfléchis encore à la ruine
Que garde ce démon à ma voix muselé.

Or, il te faut savoir que, du temps où mon ombre
Pour la première fois dans l'Enfer le plus sombre
Descendit, ce rocher n'était pas écroulé.

Peu de temps seulement, si j'ai bonne mémoire,
Avant que le Sauveur resplendissant de gloire
Ne vînt ravir du Limbe une proie à Dité,

De toutes parts trembla cette vallée immonde,
Et si profondément, que je crus bien le monde
En proie au mal d'amour, qui fait qu'on a douté

Si dans le noir chaos plusieurs fois il ne rentre.
C'est dans ce moment-là que, s'écroulant sur l'antre,
Tomba ce vieux rocher que tu vois aujourd'hui.

10.

Ma ficca gli occhi a valle; chè s' approccia
La riviera del sangue, in la qual bolle
Qual che per violenza in altrui noccia.

O cieca cupidigia, o ira folle,
Che sì ci sproni nella vita corta,
E nell' eterna poi sì mal c' immolle!

I' vidi un' ampia fossa in arco torta,
Come quella, che tutto il piano abbraccia,
Secondo ch' avea detto la mia scorta:

E tra 'l piè della ripa ed essa, in traccia
Correan Centauri armati di saette,
Come solean nel mondo andare a caccia.

Vedendoci calar ciascun ristette,
E della schiera tre si dipartiro
Con archi, ed asticciuole prima elette.

E l' un gridò da lungi: A qual martiro
Venite voi, che scendete la costa?
Ditel costinci, se non, l' arco tiro.

Lo mio Maestro disse: La risposta
Farem noi a Chiron costà di presso:
Mal fu la voglia tua sempre sì tosta.

Poi mi tentò, e disse: Quegli è Nesso,
Che morì per la bella Dejanira,
E fe' di se la vendetta egli stesso.

E quel di mezzo, ch' al petto si mira,
È il gran Chirone, il qual nudrì Achille:
Quell' altr' è Folo; che fù sì pien d' ira.

Mais plonge maintenant tes yeux dedans le gouffre !
Vois ce fleuve de sang dans lequel bout et souffre
Tout mortel violent qui fit souffrir autrui.

Oh, folle passion ! oh ! l'aveugle colère
Qui nous subjugue ainsi dans la vie éphémère,
Et pour jamais nous trempe en ce gouffre maudit ! »

J'aperçus une fosse énorme, en arc tendue,
Du gouffre tout entier enserrant l'étendue,
Et telle, en ses contours, que mon guide avait dit.

Au bord, au pied du roc, les Centaures agiles,
De leurs flèches armés, couraient en longues files,
Ainsi que sur la terre ils chassaient dans les bois.

En nous voyant descendre, ensemble ils s'arrêtèrent ;
Trois d'entre eux de la bande alors se détachèrent,
L'arc en main et le trait déjà hors du carquois.

L'un d'eux cria de loin : « Quelle fut votre faute ?
Et pour quel châtiment descendez-vous la côte ?
Dites, sans faire un pas, ou je tire à l'instant. »

— « Je vois le grand Chiron, ici près, » dit mon maître.
« A lui dans un moment nous nous ferons connaître ;
Tu sais bien ce que t'a coûté ce cœur bouillant ! »

Et du coude il me pousse, et tout bas de me dire :
« C'est Nessus, qui ravit la belle Déjanire
Et de sa propre mort fut un cruel vengeur.

Et cet autre au milieu, qui le front penché rêve,
C'est Chiron, dont Achille autrefois fut l'élève ;
Le troisième est Pholus, terrible en sa fureur.

Dintorno al fosso vanno a mille a mille,
Saettando quale anima si svelle
Del sangue più, che sua colpa sortille.

Noi ci appressammo a quelle fiere snelle:
Chiron prese uno strale, e con la cocca
Fece la barba indietro alle mascelle.

Quando s'ebbe scoperta la gran bocca,
Disse a' compagni: Siete voi accorti,
Che quel di retro muove ciò ch'ei tocca?

Così non soglion fare i piè de' morti.
E 'l mio buon duca, che già gli era al petto,
Ove le due nature son consorti,

Rispose: Ben è vivo, e sì soletto
Mostrarli mi convien la valle buia:
Necessità 'l c'induce, e non diletto.

Tal si partì da cantare alleluia,
Che mi commise quest'ufficio nuovo;
Non è ladron, nè io anima fuia.

Ma per quella virtù, per cu' io muovo
Li passi miei per sì selvaggia strada,
Danne un de' tuoi, a cui noi siamo a pruovo,

Che ne mostri, là dove si guada,
E che porti costui in su la groppa,
Che non è spirto, che per l'aer vada.

Chiron si volse in su la destra poppa,
E disse a Nesso: Torna, e sì gli guida,
E fa cansar, s'altra chiera v'intoppa.

A l'entour de la fosse ils vont par mille et mille,
Transperçant de leurs traits tout pécheur indocile
Qui sort plus qu'il ne doit du sanglant réservoir. »

Lors mon guide avec moi de ces monstres s'approche.
Chiron prend une flèche en main, et, de la coche,
Il relève sa barbe au poil épais et noir.

Et découvrant avec lenteur sa large bouche :
« Compagnons, l'un des deux fait mouvoir ce qu'il touche, »
Dit-il, « le voyez-vous ? Il marche le second. »

Or ce n'est pas ainsi qu'un pied d'ombre chemine. »
Mon guide qui touchait à peine à sa poitrine
Où l'homme, dans le monstre, au cheval se confond,

Répondit : « En effet, c'est qu'il est bien en vie.
C'est moi qui le dirige en la vallée impie ;
Et la nécessité l'a conduit aux Enfers.

Quelqu'un sortit du chœur de la sainte milice
Pour venir me commettre à ce nouvel office ;
Ni ce mortel ni moi ne sommes des pervers.

Mais, par ce pouvoir saint qui nous fit entreprendre
La route si terrible où tu nous vois descendre,
Donne-nous un des tiens pour avec nous aller,

Qui nous montre l'endroit où le fleuve est guéable,
Ou tende à mon ami sa croupe secourable !
Ce n'est pas un esprit, pour dans les airs voler. »

Alors Chiron : « Eh bien, toi, conduis ce voyage !
Fais ranger qui voudrait leur barrer le passage ! »
Dit-il, en se tournant à droite vers Nessus.

Noi ci movemmo con la scorta fida
Lungo la proda del bollor vermiglio,
Ove i bolliti facean alte strida:

I' vidi gente sotto infino al ciglio;
E 'l gran Centauro disse: Ei son tiranni,
Che dier nel sangue, e nell' aver di piglio.

Quivi si piangon gli spietati danni:
Quiv' è Alessandro, e Dionisio fero,
Che fe' Cicilia aver dolorosi anni:

E quella fronte, ch' ha 'l pel così nero,
È Azzolino; e quell' altro, ch' è biondo,
È Obizzio da Esti, il qual per vero

Fu spento dal figliastro su nel mondo,
Allor mi volsi al Poeta, e quei disse:
Questi ti sia or primo, ed io secondo.

Poco più oltre 'l Centauro s' affisse
Sovr' una gente, ch 'nfino alla gola
Parea, che di quel bulicame uscisse.

Mostrocci un' ombra dall' un canto sola,
Dicendo: Colui fesse in grembo a Dio
Lo cuor, che 'n su 'l Tamigi ancor si cola.

Po' vidi genti, che di fuor del rio
Tenean la testa, e ancor tutto 'l casso:
E di costoro assai riconobb' io.

Così a più a più si facea basso
Quel sangue sì, che copria pur li piedi:
E quivi fu del fosso il nostro passo.

Confiés à ce guide, alors nous avançâmes,
En côtoyant les bords de ce fleuve où les âmes,
Écumant dans le sang, poussaient des cris aigus.

Plusieurs étaient plongés jusques à la paupière :
— « Ce sont, » nous dit Nessus, « les tyrans, cœur de pierre,
De sang et de rapine ils ont vécu toujours.

C'est ici que gémit le crime impitoyable :
Alexandre [2], et Denys le tyran intraitable
Et sous qui la Sicile a vu de sombres jours.

Ce crâne dont tu vois la chevelure noire
C'est Ezzelin [3], et là dans la même écumoire
Obizzo d'Est [4], celui dont le crâne est tout blond.

Il fut vraiment tué par un bras parricide. »
Je regardai Virgile ; il dit : « Crois-en ce guide ;
Je ne suis maintenant ton maître qu'en second. »

A quelques pas plus loin le Centaure s'arrête
Devant d'autres damnés dont on voyait la tête
Saillir entièrement hors du fleuve écumeux.

— « Cette ombre, nous dit-il, qui pleure solitaire [5]
A percé devant Dieu le cœur que l'Angleterre
Garde sur la Tamise avec un soin pieux. »

Et puis d'autres damnés venaient ; la tête entière
Et la moitié du corps sortaient de la rivière.
Je reconnus ainsi les traits de plus d'un mort.

Et le niveau de sang, déclinant davantage,
Ne couvrit à la fin que leurs pieds : du rivage
Nous pûmes sans danger passer à l'autre bord.

Sì come tu da questa parte vedi
Lo bulicame, che sempre si scema,
Disse 'l Centauro, voglio che tu credi,

Che da quest' altra più a più giù prema
Lo fondo suo, infin che si raggiunge
Ove la tirannia convien, che gema.

La divina giustizia di qua punge
Quell' Attila, che fu flagello in terra,
E Pirro, e Sesto, ed in eterno munge

Le lagrime, che col bollor disserra
A Rinier da Corneto, a Rinier Pazzo.
Che fecero alle strade tanta guerra:

Poi si rivolse, e ripassossi 'l guazzo.

— « Par ici, tu le vois, de ce torrent qui gronde
Le lit monte toujours, et l'onde est moins profonde, »
Dit le Centaure ; « eh bien, il te reste à savoir

Que de l'autre côté l'eau descend davantage
Jusqu'à ce fond sanglant où, noyé dans sa rage,
Le tyran condamné doit pleurer sans espoir.

C'est là, dans cet endroit de l'immense cratère
Que Dieu plonge Attila, le fléau de la terre,
Et Pyrrhus et Sextus [6], et pour l'éternité

Chaque bouillonnement arrache un flot de larmes
A René de Cornète et Pazzi, frères d'armes,
Brigands dont ton pays fut longtemps infesté. »

Il dit, et repassa le fleuve ensanglanté.

NOTES DU CHANT XII

¹ Le Minotaure, tué par Thésée.

² Alexandre de Phères, tyran de Thessalie.

³ Ezzelin, seigneur de la Marche de Trévise, mort en 1260.

⁴ Obizzo d'Est, marquis de Ferrare, étouffé, dit-on, par son propre fils.

⁵ Gui de Montfort, qui, pour venger la mort de Simon son père, tué par Édouard, assassina, en 1271, dans une église de Viterbe, Henri, frère d'Édouard, pendant la célébration de la messe, au moment où le prêtre élevait l'hostie. On érigea, en Angleterre, une statue au prince assassiné. Sa main droite tenait un vase qui renfermait son cœur.

⁶ Sextus, fils de Tarquin, ou Sextus, fils de Pompée?

ARGUMENT DU CHANT XIII

Entrée dans le second degré du cercle de la violence, où sont châtiés ceux qui furent violents contre eux-mêmes : suicides et dissipateurs insensés. Les âmes des suicides sont emprisonnées dans des arbres et dans des buissons où les Harpies font leur nid et dont elles dévorent le feuillage. En effet, Dante ayant arraché une branche d'un de ces arbres, le tronc saigne et une voix plaintive s'en échappe, la voix de Pierre des Vignes qui raconte son histoire, sa mort volontaire et son châtiment. Un peu plus loin, le poëte voit des ombres poursuivies et mises en pièces par des chiennes furieuses : c'est le supplice infligé aux dissipateurs ; il reconnaît le Siennois Lano et le Padouan Jacques de Saint-André. Ce dernier a cherché un vain refuge derrière un buisson. Le buisson, qui renferme un suicide, devient lui-même la proie des chiens.

CANTO DECIMOTERZO

Non era ancor di là Nesso arrivato,
Quando noi ci mettemmo per un bosco,
Che da nessun sentiero era segnato.

Non frondi verdi, ma di color fosco;
Non rami schietti, ma nodosi e'nvolti;
Non pomi v' eran, ma stecchi con tosco.

Non han sì aspri sterpi, nè sì folti
Quelle fiere selvagge, che'n odio hanno
Tra Cecina e Corneto i luoghi colti.

Quivi le brutte Arpie lor nido fanno,
Che cacciâr delle Strofade i Troiani,
Con tristo annunzio di futuro danno.

Ale hanno late, e colli, e visi umani,
Piè con artigli, e pennuto 'l gran ventre:
Fanno lamenti in su gli alberi strani.

E 'l buon Maestro : Prima che più entre,
Sappi, che se' nel secondo girone,
Mi cominciò a dire, e sarai, mentre

CHANT TREIZIÈME

Nessus ne touchait pas encor l'autre rivage,
Quand nous pénétrions dans un bois tout sauvage,
Et qui ne paraissait marqué d'aucun sentier.

La couleur du feuillage était sombre et foncée ;
Chaque branche, de nœuds, d'épines hérissée,
Portait, au lieu de fruits, un poison meurtrier.

Ils n'ont pas de fourrés si profonds, ni si rudes,
Les animaux qui vont chercher les solitudes
Non loin de la Cécine [1] et de ses bords ombreux.

C'est là que font leur nid ces monstres, les Harpies,
Qui chassèrent jadis des Strophades fleuries
Les Troyens effrayés de leur présage affreux.

On peut les reconnaître à leurs ailes énormes,
A leur col, à leur ventre, à leurs serres difformes ;
Sur ces arbres hideux elles poussent des cris.

Et mon bon maître : « Il faut tout d'abord te l'apprendre :
Au deuxième degré nous venons de descendre ;
Il nous faudra rester sous ses tristes abris

Che tu verrai nell' orribil Sabbione
Però riguarda bene, e sì vedrai
Cose che torrien fede al mio sermone.

I' sentia d' ogni parte tragger guai,
E non vedea persona, che 'l facesse :
Perch'io tutto smarrito m'arrestai.

I' credo, ch' ei credette, ch' io credesse,
Che tante voci uscisser tra que' bronchi
Da gente, che per noi si nascondesse :

Però disse 'l Maestro, se tu tronchi
Qualche fraschetta d' una d' este piante,
Li pensier ch' hai, si faran tutti monchi.

Allor porsi la mano un poco avante,
E colsi un ramuscel da un gran pruno,
E 'l tronco suo gridò, perchè mi schiante ?

Da che fatto fu poi di sangue bruno,
Ricominciò a gridar : perchè mi scerpi ?
Non hai tu spirto di pietade alcuno ?

Uomini fummo, ed or sem fatti sterpi :
Ben dovrebb' esser la tua man più pia,
Se stati fossim' anime di serpi.

Come d' un stizzo verde, che arso sia
Dall' un de ' capi, che dall' altro geme,
E cigola per vento che va via ;

Così di quella scheggia usciva insieme
Parole, e sangue; ond' i' lasciai la cima
Cadere, e stetti, come l' uom, che teme.

L'ENFER — CHANT XIII

Jusqu'au seuil plus horrible où commencent les sables.
Regarde! tu verras des choses effroyables,
Et tu croiras peut-être à tout ce que j'ai dit. »

Déjà, de tous côtés, l'air de plaintes résonne.
J'écoutais, je cherchais, et ne voyais personne,
Et ce bruit me faisait m'arrêter, interdit.

Il crut que je croyais [2] que ces cris ineffables
Retentissaient, poussés par des ombres coupables
Qui se cachaient de nous dans le branchage épais.

Et, dans cette croyance, il me dit : « Si tu cueilles
Un rameau seulement au milieu de ces feuilles,
Tu verras tes pensers étrangement trompés. »

Moi, la main étendue en avant, je me penche,
Et détache d'un arbre une petite branche ;
Le tronc crie aussitôt : « Ah! pourquoi m'arracher ? »

Tandis que d'un sang noir l'écorce se colore,
« Pourquoi me déchirer ? » répète-t-il encore ;
« O cruel, et ton cœur est-il donc de rocher ?

Nous fûmes autrefois des hommes, tes semblables,
Et plus que des serpents fussions-nous méprisables,
Tu devais être encor pour nous compatissant. »

Ainsi qu'un tison vert qu'on présente à la flamme :
Tandis que, sous le vent, un bout pétille et brame,
La sève à l'autre bout dégoutte en gémissant ;

Ainsi tout à la fois, et le sang et la plainte
S'échappaient de ce tronc, et, comme pris de crainte,
Je laissai de mes mains retomber le rameau.

S' egli avesse potuto creder prima,
Rispose 'l Savio mio, anima lesa,
Ciò, c' ha veduto, pur con la mia rima,

Non averebbe in te la man distesa;
Ma la cosa incredibile me fece
Indurlo ad ovra, ch' a me stesso pesa.

Ma dilli, chi tu fosti, sì che 'n vece
D' alcuna ammenda, tua fama rinfreschi
Nel mondo su, dove tornar gli lece.

E 'l tronco: Sì col dolce dir m' adeschi,
Ch' i' non posso tacere : e voi non gravi,
Perch' io un poco a ragionar m' inveschi.

I' son colui, che tenni ambo le chiavi
Del cuor di Federigo, e che le volsi,
Serrando, e disserrando, sì soavi,

Che dal segreto suo quasi ogni uom tolsi :
Fede portai al glorïoso ufizio,
Tanto, ch' i' ne perdei le vene e i polsi.

La meretrice, che mai dall' ospizio
Di Cesare non torse gli occhi putti,
Morte comune, e delle corti vizio,

Infiammò contra me gli animi tutti,
E gl' infiammati infiammâr sì Augusto,
Che i lieti onor tornaro in tristi lutti.

L' animo mio per disdegnoso gusto,
Credendo col morir fuggir disdegno,
Ingiusto fece me contra me giusto.

Mon sage répondit : « O pauvre âme blessée,
S'il eût pu tout d'abord admettre en sa pensée
Ces tourments dont mes vers lui faisaient le tableau,

Il n'aurait pas sur toi porté sa main cruelle ;
Mais cette étrangeté d'une douleur réelle
M'a fait lui conseiller un coup dont je gémis.

Va, dis-lui qui tu fus, et, sachant ton histoire,
En échange il pourra rafraîchir ta mémoire
Dans ce monde où pour lui le retour est permis. »

— « Puis-je me taire après ta parole engageante ? »
Répondit l'arbre, « et soit votre oreille indulgente,
Si je m'oubliais trop à vous entretenir.

Ami de Frédéric [3], j'ai tenu sur la terre
Les deux clefs de son cœur, et d'une main légère
Si douces les tournai, pour fermer, pour ouvrir,

Que personne après moi n'approchait de son âme.
Honneur dont j'étais fier ! De mon zèle la flamme
Me faisait oublier dormir et respirer.

Mais cette courtisane, odieuse et funeste,
A l'œil louche et vénal, cette commune peste
Qu'au palais des Césars on vit toujours errer [4],

Contre moi dans les cœurs sema la haine injuste.
Cette haine alluma la haine aussi d'Auguste,
Et mes riants honneurs se changèrent en deuil.

Mon âme à ce moment se dégoûta du monde,
Je crus fuir dans la mort cette douleur profonde,
Et m'ouvris, innocent, un coupable cercueil.

Per le nuove radici d'esto legno
Vi giuro, che giammai non ruppi fede
Al mio signor, che fu d'onor sì degno:

E se di voi alcun nel mondo riede,
Conforti la memoria mia, che giace
Ancor del colpo, che 'nvidia le diede.

Un poco attese, e poi: da ch'ei si tace,
Disse 'l Poeta a me: Non perder l'ora,
Ma parla, e chiedi a lui, se più ti piace.

Ond'io a lui: Dimandal tu ancora
Di quel, che credi, ch'a me soddisfaccia:
Ch'io non potrei, tanta pietà m'accora.

Però ricominciò: Se l'uom ti faccia
Liberamente ciò, che 'l tuo dir prega,
Spirito 'ncarcerato, ancor ti piaccia

Di dirne, come l'anima si lega
In questi nocchi; e dinne, se tu puoi,
S'alcuna mai da tai membra si spiega.

Allor soffiò lo tronco forte, e poi
Si convertì quel vento in cotal voce:
Brevemente sarà risposto a voi.

Quando si parte l'anima feroce
Dal corpo, ond'ella stessa s'è disvelta,
Minos la manda alla settima foce.

Cade in la selva, e non l'è parte scelta;
Ma là, dove Fortuna la balestra,
Quivi germoglia, come gran di spelta.

Par ces tendres rameaux, jamais, je vous le jure,
Je n'ai brisé le nœud de cette foi si pure
Que j'ai donnée au prince illustre et respecté.

Et si l'un de vous deux sur la terre remonte,
Qu'il relève mon nom de cette injuste honte;
Car il gît sous le coup que l'envie a porté ! »

Le poëte attendit un instant en silence.
— « Si tu veux lui parler, » dit-il, « l'heure s'avance ;
Satisfais sans tarder ta curiosité. »

— « Ah ! s'il est une chose encore que j'ignore,
Parle toi-même, » dis-je, « et l'interroge encore,
Car moi je ne pourrais, tant je suis attristé ! »

Virgile alors reprit : « Si, de retour sur terre,
Cet homme dignement exauce ta prière,
Esprit captif, veux-tu de même l'obliger?

Dis-nous comme il se fait que des âmes coupables
Se peuvent enfermer dans ces nœuds misérables,
Et si nulle jamais ne peut s'en dégager ? »

Alors le tronc souffla bruyamment : souffle étrange !
Cette haleine exhalée en parole se change.
— « Je vais à votre vœu répondre en peu de mots :

L'âme, quand elle quitte, en sa fureur extrême,
Le corps dont elle s'est arrachée elle-même,
Choit au septième cercle où la plonge Minos.

Elle tombe en ce bois, dans tel lieu, dans tel autre,
Et tombée, elle germe ainsi qu'un grain d'épeautre,
Dans le premier endroit où la jette le sort.

Surge in vermena, ed in pianta silvestra:
L' Arpie, pascendo poi delle sue foglie,
Fanno dolore, ed al dolor finestra.

Come l' altre, verrem per nostre spoglie;
Ma non però ch' alcuna sen rivesta;
Chè non è giusto aver ciò, ch' uom si toglie.

Qui le strascineremo, e per la mesta
Selva saranno i nostri corpi appesi,
Ciascuno al prun dell' ombra sua molesta.

Noi eravamo ancora al tronco attesi,
Credendo ch' altro ne volesse dire,
Quando noi fummo d' un romor sorpresi,

Similemente a colui, che venire
Sente 'l porco, e la caccia alla sua posta,
Ch' ode le bestie, e le frasche stormire.

Ed ecco due dalla sinistra costa
Nudi, e graffiati, fuggendo sì forte,
Che della selva rompieno ogni rosta.

Quel dianzi: Ora accorri, accorri, Morte;
E l' altro, a cui pareva tardar troppo,
Gridava, Lano, sì non furo accorte

Le gambe tue alle giostre del Toppo:
E poichè forse gli fallìa la lena,
Di sè e d' un cespuglio fe' un groppo.

Dirietro a loro era la selva piena
Di nere cagne bramose, e correnti,
Come veltri, ch' uscisser di catena.

Sa tige croît : bientôt c'est un arbre sauvage
Dont la Harpie accourt dévorer le feuillage ;
Et l'arbre souffre et geint sous l'oiseau qui le mord.

Un jour nous chercherons nos corps comme les autres ;
Mais nous ne pourrons pas nous revêtir des nôtres,
Pour expier le tort de les avoir perdus.

Il faudra les traîner ici dans ce bois sombre
Nous-mêmes, jusqu'à l'arbre où soupire notre ombre.
Et là, tristes lambeaux, nous les verrons pendus. »

Nous écoutions encor cette âme, tronc sauvage,
Croyant qu'elle voulait en dire davantage,
Quand nous fûmes surpris par un bruit effrayant.

Tel un chasseur distrait entend à l'improviste
Le sanglier qui vient et les chiens sur sa piste,
Le branchage qui craque et la meute aboyant.

Sur la gauche, voilà que deux ombres sanglantes,
Le corps nu, dépouillé, s'enfuyaient haletantes
A travers les rameaux et les ronces brisés.

Le premier s'écriait : « Viens, Mort, viens tout de suite ! »
L'autre, qui lui semblait ne pas fuir assez vite,
Criait : « Lano, tes pieds furent moins avisés

Au combat de Tappo, la terrible bataille [5] !... »
Mais le souffle lui manque, et dans une broussaille
Je le vis tout à coup tomber et se cacher.

Derrière eux la forêt de chiennes était pleine,
Noires, et qui couraient avides, hors d'haleine,
Comme des lévriers que l'on vient de lâcher.

In quel, che s' appiattò miser li denti
E quel dilaceraro a brano a brano;
Poi sen portar quelle membra dolenti.

Presemi allor la mia scorta per mano,
E menommi al cespuglio, che piangea,
Per le rotture sanguinenti, invano.

O Iacopo, dicea, da Sant' Andrea,
Che t' è giovato di me fare schermo?
Che colpa ho io della tua vita rea?

Quando 'l Maestro fu sovr' esso fermo,
Disse: Chi fusti, che per tante punte,
Soffi col sangue doloroso sermo?

E quegli a noi: O anime, che giunte
Siete a veder lo strazio disonesto,
C' ha le mie frondi sì da me disgiunte,

Raccoglietele al piè del tristo cesto;
I' fui della città, che nel Battista
Cangiò 'l primo padrone: ond' ei per questo

Sempre con l' arte sua la farà trista.
E se non fosse, che 'n sul passo d' Arno
Rimane ancor di lui alcuna vista,

Quei cittadin che poi la rifondarno
Sovra 'l cener, che d' Attila rimase,
Avrebber fatto lavorare in darno

Io fei giubbetto a me delle mie case.

Et tout droit au buisson, sur l'ombre infortunée,
Se jette à belles dents cette meute acharnée,
Et la met en lambeaux qu'elle emporte en hurlant.

Mon guide alors me prend par la main, et me mène
Au buisson qui poussait aussi sa plainte vaine,
Tout mutilé lui-même avec l'ombre et sanglant.

— « Jacques de Saint-André [6], quel espoir inutile
T'inspirait de venir me prendre pour asile ? »
Disait-il, « de tes torts suis-je pas innocent ? »

Mon maître vint à lui : « Pauvre ombre qui murmures,
Ton nom ? » lui dit-il, « toi, qui par tant de blessures
Exhales ces accents plaintifs avec ton sang ! »

Le buisson répondit [7] : « Est-ce, âmes inconnues,
Pour ce spectacle affreux que vous êtes venues ?
Vous voyez loin de moi tout mon feuillage épars.

Rassemblez à mes pieds cette dépouille triste.
Je suis de la cité qui pour saint Jean-Baptiste
A quitté son premier père, le grand dieu Mars [8].

Il la fera toujours gémir de cet outrage.
N'était qu'elle a gardé sur l'Arno son image
Qui reste encor debout, dernier culte rendu ;

Les citoyens qui l'ont relevée et bâtie,
Des cendres d'Attila l'auraient en vain sortie,
Et leur sublime effort aurait été perdu.

Dans ma propre maison, las ! je me suis pendu. »

NOTES DU CHANT XIII

¹ La Césine, rivière de Toscane qui se jette dans la mer entre Livourne et Piombino.

² Le *scherzo* que j'ai cru devoir rendre, est encore plus marqué dans le texte.

³ L'ombre qui parle est Pierre des Vignes, chancelier et favori de Frédéric II. Accusé de trahison, il fut condamné à avoir les yeux crevés, et de désespoir il se brisa la tête contre les murs de son cachot.

⁴ L'Envie.

⁵ Lano de Sienne, qui dissipa tous ses biens. Vaillant guerrier d'ailleurs, et qui préféra la mort à la fuite au combat de *la Pierre del Toppa*, où les Siennois s'étaient engagés au secours des Florentins. C'est à cette circonstance que ces deux vers font allusion.

⁶ Jacques de Saint-André était un gentilhomme de Parme, grand dissipateur. Un jour, allant à Venise par la Brenta, il s'amusa à jeter dans le fleuve des pièces d'or et d'argent.

⁷ Les commentateurs hésitent sur le nom de l'ombre qui parle ici. Peut-être Dante lui-même n'a-t-il eu personne en vue. En effet, il faut remarquer que l'ombre de Pierre des Vignes était emprisonnée dans un arbre, et le poëte enferme peut-être à dessein dans un buisson le suicide vulgaire.

⁸ Florence, d'abord dédiée à Mars, dont la statue se voyait encore en 1337 sur le Ponte-Vecchio.

ARGUMENT DU CHANT XIV

Troisième degré du septième cercle, séjour des violents de la troisième espèce, de ceux qui ont fait violence aux lois de Dieu, de la Nature et de l'Art. C'est une lande aride, couverte d'un sable brûlant; une pluie de flammes y tombe sur les damnés. Dante aperçoit l'impie Capanée, dont les tortures n'ont pas brisé l'orgueil et qui blasphème encore. Tandis que les poëtes, poursuivant leur route, suivent la lisière de la forêt, un fleuve rouge et bouillant jaillit devant eux : c'est le Phlégéthon. Virgile explique à Dante l'origine merveilleuse de ce fleuve et des autres fleuves de l'Enfer. Ils sont formés des larmes de l'Humanité ou du Temps, symbolisé sous la figure d'un vieillard. Les deux poëtes marchent sur la berge du fleuve, où la pluie de feu s'amortit.

CANTO DECIMOQUARTO

Poichè la carità del natìo loco
Mi strinse, raunai le fronde sparte,
E rendèle a colui, ch' era già fioco:

Indi venimmo al fine, onde si parte
Lo secondo giron dal terzo, e dove
Se vede di giustizia orribil' arte.

A ben manifestar le cose nove
Dico, che arrivammo ad una landa,
Che dal suo letto ogni pianta rimove.

La dolorosa selva l' è ghirlanda
Intorno, come 'l fosso tristo ad essa:
Quivi fermammo i piedi a randa a randa.

Lo spazzo era una rena arida, e spessa,
Non d'altra foggia fatta, che colei,
Che fu da' piè di Caton già soppressa.

O vendetta di Dio, quanto tu dei
Esser temuta da ciascun che legge
Ciò che fu manifesto agli occhi miei!

CHANT QUATORZIÈME

Par l'amour du pays l'âme émue, oppressée,
Vite je rassemblai la feuille dispersée
Pour la rendre au buisson dont la voix s'altérait.

De là nous arrivions à la limite extrême
Où le second giron aboutit au troisième.
La Justice de Dieu, terrible, s'y montrait.

Nous avions devant nous, pour essayer de peindre
Cette enceinte nouvelle où nous venions d'atteindre,
Une lande effrayante, un sol aride et nu.

La forêt douloureuse enserre cette lande,
Comme elle-même avait le fossé pour guirlande.
Nous fîmes halte au bord de ce sol inconnu.

C'était un champ immense et tout couvert de sable,
Sable brûlant, épais et tout à fait semblable
A celui qui jadis fut par Caton foulé [1].

O vengeance de Dieu, comme tu dois paraître
Épouvantable à qui me lit, et va connaître
Le terrible spectacle à mes yeux révélé !

D' anime nude vidi molte gregge,
Che piangean tutte assai miseramente,
E parea posta lor diversa legge.

Supin giaceva in terra alcuna gente :
Alcuna si sedea tutta raccolta :
Ed altra andava continuamente.

Quella che giva intorno, era più molta,
E quella men, che giaceva al tormento,
Ma più al duolo avea la lingua sciolta.

Sovra tutto 'l sabbion d' un cader lento
Piovean di fuoco dilatate falde,
Come di neve in alpe senza vento.

Quali Alessandro in quelle parti calde
D' India vide sovra lo suo stuolo
Fiamme cadere infino a terra salde :

Perch' ei provvide a scalpitar lo suolo
Con le sue schiere, perciocchè 'l vapore
Me' si stingueva, mentre ch' era solo :

Tale scendeva l' eternale ardore :
Onde la rena s' accendea, com' esca
Sotto focile a doppiar lo dolore.

Senza riposo mai era la tresca
Delle misere mani, or quindi, or quinci,
Iscotendo da se l' arsura fresca.

I' cominciai : Maestro, tu che vinci
Tutte le cose, fuor che ì Dimon duri,
Ch' all' entrar della porta incontro uscinci,

J'aperçus devant moi des troupeaux d'âmes nues,
Qui misérablement sanglotaient éperdues.
Elles ne semblaient pas souffrir même tourment :

Les unes sur le dos gisant et renversées,
D'autres s'accroupissant et comme ramassées,
Et d'autres qui marchaient continuellement.

Celles-ci, qui tournaient, étaient les plus nombreuses ;
Mais celles qui gisaient semblaient plus malheureuses,
Et leur douleur avait des accents plus profonds.

Sur tout le champ de sable où se tordaient ces âmes,
Lentement par flocons, tombaient de larges flammes,
Comme par un temps doux la neige sur les monts.

Ainsi, sur ses soldats, autrefois Alexandre,
Dans les plus chauds déserts de l'Inde vit descendre
Des flammes qui brûlaient les sables en tombant ;

Et, faisant aussitôt piétiner son armée
Sur le sol menacé de la pluie enflammée,
Prudent, il étouffait la flamme en l'isolant.

Ainsi le feu maudit tombait dans la carrière.
Comme on voit s'allumer l'amorce sur la pierre,
Le sable prenait feu, doublant les cris des morts.

Leurs misérables mains s'épuisaient à la tâche,
Allant de ci, de là, secouant sans relâche
Chaque tison nouveau qui leur brûlait le corps.

— « O maître, esprit puissant et fécond en miracles, »
Dis-je, « et qui fais céder les plus rudes obstacles,
Hors pourtant les démons qui t'ont barré le seuil !

Chi è quel grande, che non par che curi
Lo 'ncendio, e giace dispettoso e torto
Sì, che la pioggia non par che 'l maturi?

E quel medesmo, che si fue accorto,
Ch' io dimandava 'l mio duca di lui,
Gridò, qual e io fui vivo, tal son morto.

Se Giove stanchi il suo fabbro, da cui
Crucciato prese la folgore acuta,
Onde l' ultimo dì percosso fui,

O s' egli stanchi gli altri a muta a muta
In Mongibello alla fucina negra;
Gridando : Buon Vulcano aiuta aiuta,

Sì com' ei fece alla pugna di Flegra,
E me saetti di tutta sua forza,
Non ne potrebbe aver vendetta allegra.

Allora 'l duca mio parlò di forza
Tanto, ch' io non l' avea sì forte udito :
O Capeneo in ciò, che non s' ammorza

La tua superbia, se' tu più punito :
Nullo martirio, fuor che la tua rabbia,
Sarebbe al tuo furor dolor compito.

Poi si rivolse a me con miglior labbia,
Dicendo : quel fu l'un de' sette regi,
Ch' assiser Tebe; ed ebbe, e par ch' egli abbia

Dio in disdegno, e poco par, che 'l pregi :
Ma, com' i' dissi lui, li suoi dispetti
Sono al suo petto assai debiti fregi.

Quelle est cette grande ombre à la flamme insensible?
Ce damné qui gît là dédaigneux et terrible,
Sans que la pluie ardente ait brisé son orgueil? »

Le pécheur à ces mots, qu'il entendit peut-être,
Devançant aussitôt la réponse du maître,
Cria : « Tel je vécus, tel je suis resté mort.

Quand même Jupiter lasserait le ministre
Qui lui forge sa foudre et dans un jour sinistre
Arma pour me frapper son furieux transport;

Quand il fatiguerait tour à tour mains et forges,
Tous les marteaux qu'Etna renferme dans ses gorges,
En criant : Bon Vulcain, au secours, au secours!

Comme il fit au combat de Phlégra; fureur vaine!
Quand il épuiserait ses flèches et sa haine,
La joie à sa vengeance aura manqué toujours! »

Mon guide alors d'un ton plus haut, d'une voix forte :
(Il n'avait pas encore parlé de telle sorte)
« Capanée! orgueilleux qui ne veut pas fléchir,

Connais dans ton orgueil ta plus grande torture.
Il n'est pas dans l'Enfer de souffrance si dure
Que celle que la rage à ton cœur fait souffrir. »

Puis, se tournant vers moi, d'une voix adoucie :
« C'est un des chefs tués à Thèbe en Béotie;
Il méprisait Dieu; mort, il garde ses mépris;

Au lieu de supplier, insolent, il blasphème.
Mais, je le lui disais, cette insolence même
De son cœur indomptable est le plus digne prix.

Or mi vien dietro, guarda, che non metti
Ancor li piedi nella rena arsiccia:
Ma sempre al bosco gli ritieni stretti.

Tacendo divenimmo, là 've spiccia,
Fuor della selva un picciol fiumicello,
Lo cui rossore ancor mi raccapriccia.

Quale del Bulicame esce 'l ruscello,
Che parton poi tra lor le peccatrici;
Tal per la rena giù sen giva quello.

Lo fondo suo, e ambo le pendici
Fatt' eran pietra, e i margini dallato:
Perch' i' m' accorsi, che 'l passo era lici.

Tra tutto l' altro, ch' io t' ho dimostrato,
Posciachè noi entrammo per la porta,
Lo cui sogliare a nessuno è serrato,

Cosa non fu dagli tuoi occhi scorta
Notabile, com' è 'l presente rio,
Che sopra sè tutte fiammelle ammorta.

Queste parole fur del duca mio:
Perchè il pregai, che mi largisse 'l pasto,
Di cui largito m' aveva 'l disio.

In mezzo 'l mar siede un paese guasto,
Diss' egli allora, che s' appella Creta,
Sotto 'l cui rege fu già 'l mondo casto.

Una montagna v' è, che già fu lieta
D' acque, e di fronde, che si chiamò Ida;
Ora è diserta, come cosa vieta.

Allons, viens après moi, sur ma trace suivie,
Prends garde de fouler cette arène havie,
Et près de la forêt marche toujours serré. »

En silence du bois nous suivions la lisière,
Lorsque j'en vis jaillir une étroite rivière;
Son flot rouge me fit frémir tout atterré.

Semblable à ce ruisseau sorti du Bulicame [2]
Où les filles du lieu vont puiser un dictame,
Sur l'arène on voyait le fleuve s'épancher.

Le fond, les deux côtés de l'étrange rivière,
Les bords dans leur largeur étaient contruits en pierre :
Je vis que c'était là que je devais marcher.

— « De tout ce que je t'ai montré dans notre route,
Depuis que nous avons franchi la triste voûte
Dont le seuil à personne, hélas ! n'est interdit,

Tes yeux n'avaient rien vu, » me dit alors mon guide,
« Rien d'aussi merveilleux que ce courant rapide.
Il passe, et sur ses flots la flamme s'amortit. »

Ainsi parla le maître, et moi j'ouvris l'oreille,
Avide, et le priai de dire la merveille
Qui tenait en arrêt ma curiosité.

— « Au milieu de la mer, » dit alors le poëte,
« Est un pays détruit que l'on nomme la Crète.
Il vit le monde enfant, dans sa simplicité.

Là règne un mont jadis couvert d'eaux, de feuillages :
L'Ida, c'est son doux nom, souriait aux vieux âges;
Ce n'est plus aujourd'hui qu'un désert, qu'un débris.

Rea la scelse già per cuna fida
Del suo figliolo, e per celarlo meglio
Quando piangea, vi facea far le grida.

Dentro dal monte sta dritto un gran veglio,
Che tien volte le spalle inver Damiata,
E Roma guarda, sì come suo speglio.

La sua testa è di fin' oro formata,
E puro argento son le braccia e 'l petto;
Poi è di rame infino alla forcata :

Da indi in giuso è tutto ferro eletto,
Salvo che 'l destro piede è terra cotta,
E sta 'n su quel, più che 'n su l' altro, eretto

Ciascuna parte, fuor che l' oro, è rotta
D' una fessura, che lagrime goccia,
Le quali accolte foran quella grotta.

Lor corso in questa valle si diroccia :
Fanno Acheronte, Stige, e Flegetonta;
Poi sen va' giù per questa stretta doccia

Infin là, ove più non si dismonta,
Fanno Cocito ; e qual sia quello stagno,
Tu 'l vedrai : però qui non si conta.

Ed io a lui : Se 'l presente rigagno
Si deriva così dal nostro mondo,
Perchè ci appar pure a questo vivagno?

Ed egli a me : Tu sai, che 'l luogo è tondo;
E tutto che tu sii venuto molto,
Pure a sinistra giù calando al fondo,

Rhéa l'avait choisi pour le berceau fidèle
De l'enfant que cachait sa crainte maternelle,
Et dont elle étouffait les pleurs avec ses cris.

Dans les flancs de ce mont, comme un anachorète,
Se tient debout, le dos tourné vers Damiette.
Un vieillard ³ l'œil fixé sur Rome, son miroir.

En or fin est son col, et sa tête divine ;
D'argent pur sont pétris ses bras et sa poitrine,
Son tronc jusqu'à la fourche est de cuivre plus noir,

Le reste de son corps de fer indélébile,
Excepté son pied droit lequel est fait d'argile,
Et c'est sur celui-là que pèse tout son corps.

Argent, airain et fer ont tous quelque brisure,
Et distillent des pleurs qui par chaque fissure
Filtrent dans la montagne et s'épanchent dehors.

Ils forment en coulant dans ces vallons sans bornes
Le Phlégéthon, le Styx, l'Achéron, fleuves mornes ;
Par ce conduit étroit ils vont toujours plus bas,

Et, coulant jusqu'au fond de l'enceinte profonde,
Engendrent le Cocyte ; or tu verras cette onde,
Ainsi pour le moment je ne t'en parle pas. »

— « Mais si ce courant d'eau que je vois là, » lui dis-je,
« Vient de notre univers, dis-moi par quel prodige
Il n'apparaît qu'ici dans ce gouffre profond ? »

— « Tu vois, » répondit-il, « que ronde est cette voûte ;
Et quoique nous soyons avancés dans la route,
En descendant toujours à gauche vers le fond,

Non se' ancor per tutto 'l cerchio volto :
Perchè se cosa n' apparisce nuova,
Non dee addur maraviglia al tuo volto.

Ed io ancor : Maestro, ove si trova
Flegetonte e Leteo, chè dell' un taci,
E l' altro di' che si fa d' esta piova?

In tutte tue question certo mi piaci,
Rispose; ma 'l bollor dell' acqua rossa
Dovea ben solver l' una, che tu faci.

Lete vedrai, ma fuor di questa fossa,
Là ove vanno l' anime a lavarsi,
Quando la colpa pentuta è rimossa.

Poi disse, omai è tempo da scostarsi
Dal bosco : fa, che diretro a me vegne :
Li margini fan via, che non son' arsi,

E sopra loro ogni vapor si spegne.

Nous n'avons pas du cercle achevé l'étendue ;
Si donc chose nouvelle apparaît à ta vue,
Garde, en le regardant, ton œil accoutumé. »

— « Où donc le Phlégéthon et le Léthé, mon maître ? »
Dis-je encore, « de l'un tu ne fais rien connaître,
Et de l'autre tu dis qu'il est de pleurs formé. »

— « Te répondre, » dit-il, « est toujours chose douce ;
Mais le bouillonnement pourtant de cette eau rousse
T'aurait bien dû pour moi répondre cette fois [4].

Tu verras le Léthé, mais hors de ces abîmes.
Aux lieux où les esprits se lavent de leurs crimes,
Quand le pardon de Dieu leur en remet le poids

Or laissons là ce bois, » dit ensuite le sage,
« Suis-moi toujours ; ces bords nous offrent un passage,
Ils ne sont pas brûlés comme ce pauvre champ ;

Toute flamme s'éteint et meurt en les touchant. »

NOTES DU CHANT XIV

¹ Les sables de la Libye, que Caton d'Utique traversa avec les débris de l'armée de Pompée pour rejoindre Juba.

² Sources d'eaux minérales à deux milles de Viterbe, où les prostituées allaient prendre des bains.

³ Le Temps ou l'Humanité tourne le dos à Damiette, c'est-à-dire à l'Orient, au passé idolâtre et païen ; son visage est tourné vers Rome, c'est-à-dire vers l'Occident, vers le présent chrétien. Son corps est composé de quatre métaux, symboles des premiers âges ; il s'appuie sur un pied d'argile qui présage la fin prochaine du monde. Par les fissures de ces métaux coulent les pleurs du vieillard. L'or seul ne leur livre aucun passage, car l'âge d'or n'a connu ni le crime ni les larmes. Quelle touchante mélancolie dans cette idée des fleuves de l'Enfer, nés des larmes de tous les hommes !

⁴ « Tu aurais dû comprendre que c'est ce fleuve bouillonnant qui est le Phlégéthon. » L'étymologie grecque du mot indique en effet un fleuve brûlant.

ARGUMENT DU CHANT XV

Une nouvelle troupe de damnés fixe l'attention de Dante. Ce sont les Sodomites, coupables du péché qui outrage violemment les lois de la Nature. Parmi eux il reconnaît avec émotion son vieux maître Brunetto Latini, qui lui prédit sa gloire et son exil, et, au milieu de ses compagnons de douleur, clercs et savants docteurs pour la plupart, lui désigne les plus fameux.

CANTO DECIMOQUINTO

Ora cen porta l' un de' duri margini,
E 'l fummo del ruscel di sopra aduggia
Sì, che dal fuoco salva l' acqua, e gli argini.

Quale i Fiamminghi tra Guzzante e Bruggia,
Temendo 'l fiotto, che in ver lor s' avventa,
Fanno lo schermo, perchè 'l mar si fuggia;

E quale i Padovan lungo la Brenta,
Per difender lor ville, e lor castelli,
Anzi che Chiarentana il caldo senta;

A tale imagine eran fatti quelli,
Tutto che nè sì alti, nè sì grossi,
Qual che si fosse, lo maestro felli.

Già eravam dalla selva rimossi
Tanto, ch' i' non avrei visto dov' era,
Perch' io 'ndietro rivolto mi fossi;

Quando incontrammo d' anime una schiera,
Che venia lungo l' argine, e ciascuna
Ci riguardava, come suol da sera

CHANT QUINZIÈME

Or nous marchions, suivant un de ces bords de pierre.
Une épaisse vapeur qu'exhalait la rivière
Les couvrait, préservant du feu l'onde et les bords.

Ainsi que les Flamands, entre Cadsant et Bruge,
Craignant le flot qui monte, opposent au déluge
La digue où de la mer expirent les efforts ;

Et tels les Padouans, tremblants pour leurs rivages,
Le long de la Brenta construisent leurs ouvrages,
Quand fondent les glaciers de la Chiarentana :

Un puissant maître avait ainsi créé ces marges,
Hormis qu'elles étaient moins hautes et moins larges
Les berges que ce bras inconnu façonna.

Du bois derrière nous s'effaçait la lisière ;
Déjà, si j'eusse osé regarder en arrière,
Mes yeux l'auraient au loin cherché sans le revoir.

Quand vint à notre encontre un essaim pressé d'ombres
Qui côtoyaient le bord ; chacun en ces pénombres
Semblait nous regarder, comme souvent le soir

Guardar l' un l' altro sotto nuova luna ;
E sì ver noi agguzavan le ciglia,
Come vecchio sartor fa nella cruna.

Così adocchiato da cotal famiglia ?
Fui conosciuto da un, che mi prese
Per lo lembo, e gridò : Qual maraviglia ?

Ed io, quando 'l suo braccio a me distese,
Ficcai gli occhi per lo cotto aspetto,
Sì che 'l viso abbruciato non difese

La conoscenza sua al mio 'ntelletto :
E chinando la mano alla sua faccia
Risposi : Siete voi qui, ser Brunetto ?

E quegli : O figliuol mio, non ti dispiaccia
Se Brunetto Latini un poco teco
Ritorna in dietro, e lascia 'ndar la traccia.

Io dissi lui : Quanto posso, ven' preco ;
E se volete, che con voi m' asseggia,
Faròl, se piace a costui; chè vo seco

O Figliuol, disse, qual di questa greggia
S' arresta punto, giace poi cent' anni
Senz arrostarsi quando 'l fuoco il feggia.

Però va oltre : i' ti verrò a' panni,
E poi rigiugnerò la mia masnada,
Che va piangendo i suoi eterni danni.

I' non osava scender della strada,
Per andar par di lui : ma 'l capo chino
Tenea, com' uom, che riverente vada.

On se cherche aux lueurs de la nuit qui scintille ;
Comme un vieil artisan sur le chas de l'aiguille,
Elles écarquillaient leurs yeux fixés sur nous.

Tandis que je servais de mire à cette bande,
Par le pan de ma robe un d'entre eux m'appréhende.
Il m'avait reconnu : « Ciel ! » cria-t-il, « c'est vous ! »

Tandis qu'il étendait les bras sur mon passage,
Je fixais mes regards sur ce pauvre visage ;
Et si défiguré qu'il parût à mes yeux,

A mon tour cependant je pus le reconnaître ;
Et m'inclinant vers lui, je répondis : « O maître,
O messer Brunetto ! vous ici, dans ces lieux !

Et lui : « Permets, mon fils, qu'un instant, en arrière,
Et laissant cette file aller dans la carrière,
Brunetto Latini [1] s'en vienne près de toi. »

Je répondis : « C'est là ma plus vive prière.
Voulez-vous nous asseoir ici sur cette pierre ?
Si cet homme y consent, car il est avec moi. »

— « Mon fils, celle, » dit-il, « de ces ombres damnées,
Qui s'arrête un instant, demeure cent années
Gisant sans se tourner sous ce feu dévorant.

Va donc ; nous marcherons tous les deux côte à côte,
Et puis, je rejoindrai mes compagnons de faute,
Condamnés éternels qui s'en vont en pleurant. »

Pour moi je n'osais pas descendre la chaussée
Pour marcher près lui, mais la tête baissée,
J'allais respectueux et suivais sans péril.

Ei cominciò : Qual fortuna, o destino
Anzi l' ultimo dì quaggiù ti mena?
E chi è questi, che mostra 'l cammino?

Lassù di sopra in la vita serena,
Rispos' io lui, mi smarri' in una valle,
Avanti che l' età mia fosse piena.

Pur jer mattinà le volsi le spalle :
Questi m'apparve, ritornando in quella,
E riducemi a ca per questo calle.

Ed egli a me : Se tu segui tua stella,
Non puoi fallire a glorïoso porto,
Se ben m' accorsi nella vita bella :

E s' io non fossi sì per tempo morto,
Veggendo 'l Cielo a te così benigno,
Dato t' avrei all' opera conforto.

Ma quello ingrato popolo maligno,
Che discese di Fiesole ab antico ;
E tiene ancor del monte e del macigno,

Ti si farà, per tuo ben far, nimico :
Ed è ragion: chè tra gli lazzi sorbi
Si disconvien fruttare al dolce fico.

Vecchia fama nel mondo li chiama orbi;
Gente avara, invidiosa, e superba :
Da' lor costumi fa che tu ti forbi.

La tua fortuna tanto onor ti serba,
Che l' una parte, e l' altra avranno fame
Di te: ma lungi fia dal becco l' erba.

— « Quelle chance, » dit-il « douce ou bien inhumaine
Avant le jour suprême en ces bas lieux te mène ?
Et ce guide avec qui tu marches, quel est-il ? »

Je répondis : « Là-haut, sur la terre étoilée,
J'étais perdu, j'errais au fond d'une vallée.
Avant d'avoir atteint le sommet de mes jours.

Mais hier au matin, je faisais volte face ;
Il vint à moi, tandis que je cherchais ma trace,
Et me ramène au monde en suivant ces détours. »

L'ombre reprit alors : « Si tu suis ton étoile,
Glorieux est le port où doit entrer ta voile,
Si j'ai bien dans le monde interrogé ton sort[2] ;

Et si je n'étais mort avant l'âge à la terre,
Voyant le Ciel pour toi si doux et si prospère,
Je t'aurais au travail donné cœur et confort.

Mais cette nation méchante, ingrate et folle,
Ce peuple qui sortit autrefois de Fiésole [3]
Et qui de ses rochers a gardé l'âpreté,

Payera tes bienfaits par sa haine et sa rage ;
Quoi d'étonnant ? Jamais près du sorbier sauvage
Le doux figuier fut-il impunément planté ?

Aveugles [4], comme dit leur vieille renommée,
Race avare, d'envie et d'orgueil consumée,
De leurs mœurs, ô mon fils, garde-toi pour toujours ?

Ton destin te promet des grâces si splendides,
Que tous les deux partis de toi seront avides.
Mais demeure à l'écart, loin du bec des vautours !

Faccian le bestie Fiesolane strame
Di lor medesme, e non tocchin la pianta;
S' alcuna surge ancor nel lor letame,

In cui riviva la sementa santa
Di quei Roman, che vi rimaser, quando
Fu fatto il nido di malizia tanta.

Se fosse pieno tutto 'l mio dimando,
Risposi lui, voi non sareste ancora
Dell' umana natura posto in bando:

Chè in la mente m' è fitta, ed or m' accora,
La cara buona imagine paterna
Di voi, quando nel mondo ad ora ad ora

M' insegnavate, come l' uom s' eterna:
E quant' io l' abbo in grado, mentr' io vivo
Convien, che nella mia lingua si scerna.

Ciò che narrate di mio corso, scrivo,
E serbolo a chiosar con altro testo
A donna, che 'l saprà, s' a lei arrivo.

Tanto vogl' io, che vi sia manifesto,
Pur che mia coscienza non mi garra,
Ch' alla Fortuna, come vuol, son presto.

Non è nuova agli orecchi miei tale arra:
Però giri Fortuna la sua ruota,
Come le piace, e 'l villan la sua marra.

Lo mio maestro allora in su la gota
Destra si volse 'ndietro, e riguardommi:
Poi disse: Bene ascolta, chi la nota.

Brutaux, que de leurs corps ils se fassent litière !
Ils le peuvent, mais non toucher la plante altière,
S'il est un rejeton sur leur fumier resté

En qui revive encor la semence sacrée
Des Romains demeurés dans leur triste contrée,
Quand fut construit le nid de leur perversité ! [5] »

Je lui répondis : « Ah ! si le Ciel que j'implore
Exauçait tous mes vœux, vous ne seriez encore
Loin de l'humanité mis à ce ban cruel ;

Car je garde en mon âme, à présent déchirée,
Votre image excellente et chère et révérée !
O mon père, c'est vous, dans le monde mortel,

Qui m'appreniez comment l'homme s'immortalise !
Et je veux qu'on le sache et que ma bouche dise
Tout le gré que j'en ai, jusqu'à mon dernier jour !

Votre prédiction, je la garde fidèle,
Pour la faire expliquer, avec une autre [6], à celle
Qui le peut, si j'arrive à son divin séjour.

Seulement, Brunetto, connaissez ma pensée :
Que notre conscience en rien ne soit blessée :
Aux caprices du sort je suis tout préparé.

D'un augure pareil j'ai déjà reçu l'arrhe.
Que le paysan donc en paix tourne sa marre,
Et la fortune aussi notre roue à son gré ! »

Mon maître, à ce moment, sérieux, me regarde,
Et tournant en arrière à droite : « Prends-y garde, »
Dit-il, « bon souvenir fait le bon entendeur. »

Nè per tanto di men parlando vommi
Con ser Brunetto, e dimando, chi sono
Li suoi compagni più noti e più sommi.

Ed egli a me: Saper d' alcuno è buono;
Degli altri fia laudabile tacerci,
Chè 'l tempo saria corto a tanto suono.

In somma sappi, che tutti fur cherci,
E letterati grandi, e di gran fama,
D' un medesmo peccato al mondo lerci.

Priscian sen' va con quella turba grama,
E Francesco d' Accorso anco; e vedervi,
S' avessi avuto di tal tigna brama,

Colui potèi, che dal servo de' servi
Fu trasmutato d' Arno in Bacchiglione,
Ove lasciò li mal protesi nervi.

Di più direi: ma 'l venir, e 'l sermone
Più lungo esser non può, però, ch' io veggio
Là surger nuovo fummo dal sabbione.

Gente vien, con la quale esser non deggio:
Siati raccomandato 'l mio Tesoro,
Nel quale io vivo ancora, e più non cheggio:

Poi si rivolse, e parve di coloro,
Che corrono à Verona 'l drappo verde,
Per la campagna; e parve di costoro

Quegli, che vince, e non colui, che perde.

Près de l'ombre toujours le long des bords funèbres
Je marchais, demandant les noms les plus célèbres
Parmi ces compagnons de la même douleur.

Brunetto dit : « Plusieurs valent bien qu'on les cite ;
Mais il nous faut passer ceux de moindre mérite,
Car le temps serait court pour de si longs récits.

Bref, apprends qu'ils sont tous gens de robe ou d'Église.
Et malgré le renom qui les immortalise,
Par le même péché dans le monde noircis.

Vois dans ces tristes rangs Priscien [7] qui chemine
Avec François d'Accurse, et de telle vermine
Si tes yeux un instant pouvaient être affamés,

Vois celui que le pape éloignant de son trône
Fit des bords de l'Arno partir au Bacchiglione
Où l'infâme a laissé ses membres déformés [8].

Mais je voudrais en vain t'en dire davantage.
Je me tais, car je vois monter, comme un nuage,
De nouvelles vapeurs hors du sable de feu ;

Et près de nous arrive une nouvelle bande ;
Je ne puis m'y mêler. Va, je te recommande
Mon Trésor où je vis encor, c'est mon seul vœu. »

Alors il se tourna courant à perdre haleine.
Tels, à Vérone, on voit élancés dans la plaine
Les coureurs disputer la pièce de drap vert :

Il semblait le vainqueur et non celui qui perd.

NOTES DU CHANT XV.

¹ Brunetto Latini, poëte, orateur et savant, était à la tête d'une école célèbre d'où sortirent Guido Cavalcante et Dante. Exilé et reçu à Paris à la cour de saint Louis, il composa en français un livre intitulé le Trésor, véritable encyclopédie, dont il parle avec orgueil un peu plus loin.

² Brunetto Latini était aussi astronome et astrologue.

³ Petite ville située au-dessous de Florence et regardée comme son berceau.

⁴ Allusion à une épithète donnée aux Florentins. Les Pisans, leurs alliés, leur avaient envoyé, en leur laissant le choix, deux colonnes de porphyre et deux portes de bronze travaillées avec art. Les Florentins préférèrent les colonnes qui étaient enveloppées de riches étoffes ; mais quand on les eut dépouillées de leur enveloppe, on vit trop tard qu'elles étaient à demi-brûlées.

⁵ Dante prétendait descendre des plus anciennes familles romaines qui avaient conservé leurs titres au milieu des différentes invasions des Barbares.

⁶ La prédiction de Farinata (au chant X), qui sera expliquée par Béatrix.

⁷ Priscien, grammairien de Césarée. François d'Accurse, jurisconsulte de Florence.

⁸ André de Mozzi, dépossédé de l'évêché de Florence pour ses mœurs dépravées, et envoyé à Vicence où coule le Bacchiglione.

ARGUMENT DU CHANT XVI

Parvenu presque aux limites du troisième et dernier degré où déjà il entend le fracas de l'eau qui tombe en bouillonnant dans le huitième cercle, le poëte rencontre les ombres de quelques guerriers florentins qu'a souillés aussi le péché contre nature. Il l'interrogent avec inquiétude sur le sort de leur patrie et Dante leur confirme la triste vérité. Puis il continue sa route; le bruit de l'eau se rapproche; enfin il arrive au bord d'un gouffre profond. Virgile y jette une corde; à ce signal un monstre, épouvantable apparition se lève du gouffre.

CANTO DECIMOSESTO

Già era in loco, ove s' udia 'l rimbombo
Dell' acqua, che cadea nell' altro giro,
Simile a quel, che l' arnie fanno, rombo;

Quando tre ombre insieme si partiro,
Correndo, d' una torma che passava,
Sotto la piogga dell' aspro martiro.

Venian ver noi; e ciascuna gridava:
Sostati tu, che all' abito ne sembri
Essere alcun di nostra terra prava.

Aimè, che piaghe vidi ne' lor membri,
Recenti e vecchie dalle fiamme incese!
Ancor men duol, pur ch' io me ne rimembri.

Alle lor grida il mio Dottor s'attese;
Volse 'l viso ver me, e: Ora aspetta,
Disse, a costor si vuole esser cortese:

E se non fosse il fuoco, che saetta
La natura del luogo, i' dicerei,
Che meglio stesse a te, ch' a lor, la fretta.

CHANT SEIZIÈME

Déjà nous entendions le bruit confus de l'onde
Qui tombait dans une autre enceinte de ce monde,
Et pareil à celui de ruches bruissant,

Quand trois ombres ensemble, et formant comme un groupe,
Sortirent en courant du milieu d'une troupe
Qui sous le feu maudit passait en gémissant.

Et de venir vers nous, et de crier ensemble :
« Arrête ! à tes habits, à ton air, il nous semble
Qu'à notre ingrat pays tu dois appartenir. »

Ah ! quels sillons je vis sur leurs chairs enflammées !
Que de blessures, ciel ! ouvertes ou fermées !
J'en suis encor navré, rien qu'à m'en souvenir.

Mon maître, à cet appel que nous venions d'entendre,
S'arrête et me regarde : « Il nous faut les attendre, »
Me dit-il, « si pour eux tu veux être courtois.

Et, sans ces traits brûlants, sans les mortelles flammes
Qui tombent dans ces lieux, je dirais qu'à ces âmes
L'empressement, mon fils, convient bien moins qu'à toi. »

Ricominciâr, come noi ristemmo, ei
L'antico verso; e quando a noi fur giunti,
Fenno una ruota di se tutti e trei.

Qual soleano i campion far nudi e unti,
Avvisando lor presa, e lor vantaggio,
Prima che sien tra lor battuti, e punti;

Così, rotando ciascuna il visaggio
Drizzava a me, sì che 'n contrario il collo
Faceva ai piè continuo viaggio:

E, se miseria d' esto loco sollo
Rende in dispetto noi, e nostri preghi,
Cominciò l'uno, e 'l tristo aspetto e brollo;

La fama nostra il tuo animo pieghi
A dirne, chi tu se', che i vivi piedi
Così sicuro per lo 'nferno, freghi.

Questi, l'orme di cui pestar mi vedi,
Tutto che nudo, e dipelato vada,
Fu di grado maggior, che tu non credi:

Nepote fu della buona Gualdrada:
Guidoguerra ebbe nome, ed in sua vita
Fece col senno assai, e con la spada.

L' altro, ch' appresso me la rena trita,
È Thegghiaio Aldobrandi, la cui voce
Nel mondo su dovrebbe esser gradita:

Ed io, che posto son con loro in croce,
Iacopo Rusticucci fui; e certo
La fiera moglie, più ch' altro, mi nuoce.

Nous voyant arrêtés, elles recommencèrent
Leur complainte, et, vers nous dès qu'elles arrivèrent,
En cercle toutes trois se mirent à tourner.

Comme on voit les lutteurs, le corps nu, frotté d'huile,
Pour trouver le point faible et la prise facile,
Avant les premiers coups, longtemps s'examiner,

Elles tournaient, sur moi dirigeant leur visage,
Et faisaient de la sorte un étrange voyage,
Leurs pieds tournant de ci, tournant de là leurs cous.

L'une alors commença : « Si cet horrible sable,
Nos traits noircis, brûlés, notre aspect misérable,
Condamnent au mépris nos prières et nous,

Qu'à notre renommée au moins tu t'attendrisses !
Quel es-tu pour venir aux éternels supplices
Poser tes pieds vivants de cet air assuré ?

Celui-ci, dont je suis la trace sur l'arène,
Quoiqu'il aille tout nu, tout écorché se traîne,
Fut, plus que tu ne crois, grand et considéré.

Petit-fils de Gualrade, il eut nom Guidoguerre [1],
Et ce fut un guerrier vaillant, qui sur la terre
S'illustra par la tête autant que par le bras.

Et cet autre, après moi, broyant l'arène ardente,
C'est Aldobrandini [2], dont la voix fut prudente,
Mais donna des conseils que l'on ne suivit pas.

Moi qui porte avec eux cette croix misérable,
Je suis Rusticucci [3] ; ma femme détestable
Fut l'artisan du mal que l'on m'a reproché. »

S' i' fussi stato dal fuoco coverto,
Gittato mi sarei tra lor disotto,
E credo, che 'l Dottor l' avria sofferto;

Ma perch' i' mi sarei bruciato e cotto,
Vinse paura la mia buona voglia,
Che di loro abbracciar mi facea ghiotto.

Poi cominciai: Non dispetto, ma doglia
La vostra condizion dentro mi fisse
Tanto, che tardi tutta si dispoglia:

Tosto che questo mio signor mi disse
Parole, per le quali io mi pensai,
Che qual voi siete, tal gente venisse.

Di vostra terra sono: e sempre mai
L'ovra di voi, e gli onorati nomi
Con affezion ritrassi, ed ascoltai.

Lascio lo fele, e vo pei dolci pomi
Promessi a me per lo verace Duca:
Ma fino al centro pria convien ch' io tomi.

Se lungamente l' anima conduca
Le membra tue, rispose quegli allora,
E se la fama tua dopo te luca;

Cortesia e valor, di', se dimora
Nella nostra Città, sì come suole,
O se del tutto se n' è gito fuora?

Chè Guglielmo Borsiere, il qual si duole
Con noi per poco, e va là coi compagni,
Assai ne cruccia con le sue parole.

Si j'avais pu me mettre à couvert de leurs flammes,
Je me serais du bord jeté parmi ces âmes,
Et mon maître, je crois, ne m'en eût empêché;

Mais j'eusse été brûlé, calciné par la pluie,
Et la peur l'emporta sur cette bonne envie
Qui m'avait pris soudain d'aller les embrasser.

— « Ce n'est pas le mépris qu'en mon cœur je sens naître, »
Dis-je alors, « votre sort de douleur me pénètre,
Et cette émotion ne pourra s'effacer.

J'en fus saisi sitôt qu'aux paroles du maître
Je compris, même avant de vous bien reconnaître,
Que des morts tels que vous allaient se présenter.

Je suis de votre terre, et votre œuvre accomplie,
Et vos noms, honorés toujours dans la patrie,
Tendrement je les cite ou les entends citer.

Je vais par l'amertume au jardin angélique
Qu'a promis à mon cœur ce guide véridique;
Mais je dois jusqu'au fond descendre auparavant. »

— « Que la vie en ton corps longtemps reste allumée, »
Repartit l'ombre alors, « et que ta renommée
Resplendisse durable après ton corps vivant!

Mais dis-nous, le courage et la chevalerie
Ont-ils continué d'habiter la patrie?
Se peut-il qu'ils en soient tout à fait exilés?

Car Borsière, nouveau venu dans ces campagnes,
Qui là-bas suit, pleurant, ces ombres nos compagnes,
De ses navrants récits nous a bien désolés. »

La gente nuova, e i subiti guadagni
Orgoglio, e dismisura han generata,
Fiorenza, in te, sì che tu già ten' piagni,

Così gridai colla faccia levata:
E i tre, che ciò inteser per riposta,
Guardâr l'un l'altro, come al ver si guata.

Se l'altre volte sì poco ti costa,
Risposer tutti, il soddisfare altrui,
Felice te, che sì parli a tua posta!

Però, se campi d'esti luoghi bui,
E torni a riveder le belle stelle,
Quando ti gioverà dicere: I' fui,

Fa che di noi alla gente favelle:
Indi rupper la ruota, ed a fuggirsi
Ale sembiaron le lor gambe snelle.

Un amen non saria potuto dirsi
Tosto così, com' ei furo spariti:
Perchè al Maestro parve di partirsi.

Io lo seguiva, e poco eravam' iti,
Che 'l suon dell' acqua n' era sì vicino,
Che per parlar saremmo appena uditi.

Come quel fiume, c' ha proprio cammino,
Prima da monte Veso in ver levante,
Dalla sinistra costa d'Appennino,

Che si chiama Acquacheta suso, avante,
Che si divalli giù nel basso letto,
E a Forlì di quel nome è vacante,

— « Ah! tes nouveaux colons, tes fortunes rapides
Ont tant produit d'orgueil, tant d'appétits avides,
Florence, qu'à la fin toi-même t'en émeus! »

Ainsi criai-je, au ciel en levant mon visage.
Les trois morts, comprenant le sens de ce langage,
Tristement éclairés, se regardaient entre eux.

— « Si tu réponds toujours avec même franchise,
Et toujours sans péril t'exprimes à ta guise,
Bienheureux, toi qui peux parler comme cela!

C'est pourquoi, si tu sors de la sombre carrière,
Si tu revois le ciel et la belle lumière,
Alors qu'avec plaisir tu diras : J'étais là!

Fais au moins que de nous l'on parle dans le monde! »
Les esprits, à ces mots, interrompant leur ronde,
Fuirent comme emportés sur des ailes d'oiseau.

Un *amen* est plus long dans la bouche du prêtre
Qu'il ne leur a fallu de temps pour disparaître :
Et mon maître se mit en marche de nouveau.

Moi, je suivais ses pas; nous commencions à peine
Quand le bruit retentit de l'onde si prochaine,
Que le son de nos voix se perdait tout à fait.

Tel ce fleuve qui prend au mont Viso sa source,
Et, laissant l'Apennin à gauche, suit sa course,
Fuyant vers l'Orient par le lit qu'il s'est fait :

Acquachète est le nom qu'aux hauts lieux on lui donne,
Avant qu'en la vallée il descende et bouillonne;
Bientôt il a perdu ce nom près de Forli,

Rimbomba là sovra San Benedetto,
Dall' alpe, per cadere ad una scesa,
Dove dovria per mille esser ricetto;

Così giù d' una riva discoscesa
Trovammo risonar quell' acqua tinta,
Sì che 'n poca ora avria l' orecchia offesa.

Io aveva una corda intorno cinta,
E con essa pensai alcuna volta
Prender la lonza alla pelle dipinta.

Poscia, che l' ebbi tutta da me sciolta,
Sì come 'l Duca m' avea comandato,
Porsila a lui aggroppata e ravvolta;

Ond' ei si volse inver lo destro lato,
E alquanto di lungi dalla sponda
La gittò giuso in quell' alto burrato.

E pur convien, che novità risponda,
Dicea fra me medesmo, al nuovo cenno,
Che 'l Maestro con l' occhio sì seconda.

Ahi quanto cauti gli uomini esser denno
Presso a color, che non veggon pur l' opra,
Ma per entro i pensier miran col senno!

E disse a me: Tosto verrà di sopra
Ciò ch' i' attendo; e che 'l tuo pensier sogna;
Tosto convien ch' al tuo viso si scuopra.

Sempre a quel ver, c' ha faccia di menzogna,
De' l' uom chiuder le labbra quant' ei puote;
Però che senza colpa fa vergogna:

Et mugissant il tombe en une seule masse
Auprès de Saint-Benoît, ce beau séjour de grâce,
Où mille hommes au moins devraient trouver abri⁴;

Pareillement au pied d'une roche escarpée,
J'entendais retentir cette eau de sang trempée,
Et j'en fus assourdi dès le premier moment.

Or, je portais sur moi la corde que naguère
Je voulais employer pour prendre la panthère
Dont j'avais convoité le pelage charmant.

De mes reins aussitôt que je l'eus dépouillée,
Sur l'ordre de mon guide, et l'ayant repliée,
Je la lui présentai comme il me l'avait dit.

Lors il se tourne à droite, et, prenant sa distance,
Tient par-dessus le bord la corde, et puis la lance
Assez loin de la rive en ce gouffre maudit.

Quelque prodige encor sans doute va paraître,
Me disais-je en moi-même, à ce signal du maître ;
Il semble qu'il l'appelle et l'assiste des yeux.

Ah ! que l'on devrait être avisé près d'un sage !
Il ne nous juge pas seulement à l'ouvrage,
Il lit dans nos pensers les plus mystérieux.

Il me dit : « A l'instant de ce gouffre se lève
Ce que j'attends, et toi, ce que ton esprit rêve
Va tenir dans l'instant ton regard attaché. »

De toute vérité qui semble une imposture,
Il faut, autant qu'on peut, garder sa lèvre pure.
Car c'est gagner la honte encor qu'on n'ait péché

Ma qui tacer nol posso: e per le note
Di questa commedia, lettor, ti giuro,
S' elle non sien di lunga grazia vote,

Ch' io vidi per quell' aere grosso e scuro
Venir notando una figura in suso,
Meravigliosa ad ogni cuor sicuro;

Sì come torna colui, che va giuso
Talora a solver l' ancora, ch' aggrappa
O scoglio, od altro, che nel mare è chiuso,

Che' n su si stende, e da piè si rattrappa.

Et pourtant je ne puis me taire ici, moi-même.
Je le jure, lecteur, la main sur ce poëme.
Ote-lui, si je mens, ta durable faveur!

Je vis, dans l'épaisseur de l'atmosphère obscure,
Arriver, en nageant vers nous, une figure
Monstrueuse vraiment pour le plus ferme cœur;

Tel revient le plongeur descendu sous les ondes,
Pour détacher une ancre au sein des mers profondes,
Et, quand il l'a reprise à quelque écueil perdu,

Monte, pieds ramassés, et le bras étendu

NOTES DU CHANT XVI

¹ Guidoguerra, petit-fils de la belle Gualrade, fut un valeureux chevalier. A la bataille de Benevento, entre Charles Ier et Manfrède, il fut réputé le principal motif de la victoire. (GRANGIER.)

² Tegghiajo Aldobrandini, de la famille des Adimar, déconseilla l'entreprise des Florentins contre les Siennois, qui eut pour résultat la malheureuse défaite d'Arbia.

³ Jacopo Rusticucci touche ici en mauvaise part de sa femme pour ce qu'elle fut si meschante qu'il fut forcé de se séparer d'elle. (GRANGIER.)

⁴ Trait de satire. Il y avait là une abbaye qui eût pu recevoir mille religieux, si ses biens avaient été honnêtement administrés.

ARGUMENT DU CHANT XVII

Description du monstre Géryon, qui vient d'apparaître, comme une image de la Fourbe. Tandis que Virgile s'arrête auprès de lui pour réclamer le secours de ses larges épaules, Dante s'avance un peu plus loin pour considérer les usuriers, ces pécheurs qui ont outragé violemment la Nature et l'Art, et Dieu par conséquent. Couchés misérablement sur le sable brûlant et sous la pluie de feu, ils portent à leur cou une bourse dont ils semblent repaître leur vue. Chaque bourse est marquée des armoiries du damné et sert à le faire reconnaître. Dante rejoint Virgile et, non sans effroi, descend avec lui dans le huitième cercle sur le dos de Géryon.

CANTO DECIMOSETTIMO

Ecco la fiera con la coda aguzza,
Che passa i monti, e rompe i muri ed armi:
Ecco colei, che tutto 'l mondo appuzza:

Sì cominciò lo mio Duca a parlarmi,
E accennolle, che venisse a proda,
Vicino al fin de' passeggiati marmi:

E quella sozza immagine di froda
Sen' venne, ed arrivò la testa e 'l busto:
Ma 'n su la riva non trassela coda.

La faccia sua era faccia d' uom giusto,
Tanto benigna avea di fuor la pelle,
E d'un serpente tutto l'altro fusto.

Duo branche avea pilose infin l' ascelle:
Lo dosso, e' l petto, ed amenduo le coste
Dipinte avea di nodi e di rotelle,

Con più color sommesse e soprapposte
Non fèr mai in drappo Tartari, nè Turchi.
Nè fur tai tele per Aragne imposte.

CHANT DIX-SEPTIÈME

« Voici qu'il vient, le monstre à la queue affilée,
Qui passe monts, qui brise armes, tour crénelée,
Et de son souffle impur pourrit le monde entier. »

Mon maître, en même temps qu'il me tint ce langage,
A la bête du geste indiqua le rivage,
L'invitant à monter jusqu'au pierreux sentier.

Et de la Fourbe alors cette hideuse image
S'en vint ; elle avança le torse et le visage,
Laissant pendre sa queue en arrière des bords.

Ses traits semblaient d'abord les traits d'un homme honnête,
Tant douce était la peau qui recouvrait sa tête ;
En serpent s'allongeait le tronc et tout le corps.

Elle avait deux grands bras velus jusqu'aux aisselles,
Et des nœuds tachetés en forme de rondelles
Émaillaient sa poitrine et son dos et ses flancs.

Avec tant de couleurs jamais Turcs ni Tartares
N'ont brodé le dessin de leurs étoffes rares ;
Même Arachné filait des tissus moins brillants.

Come tal volta stanno a riva i burchi,
Che parte sono in acqua, e parte in terra,
E come in là tra li Tedeschi lurchi,

Lo bevero s'assetta a far sua guerra;
Così la fiera pessima si stava
Su l'orlo, che di pietra, il sabbion serra.

Nel vano tutta sua coda guizzava,
Torcendo 'n su la venenosa forca,
Ch'a guisa di scorpion la punta armava.

Lo Duca disse: Or convien che si torca
La nostra via un poco, infino a quella
Bestia malvagia, che colà si corca.

Però scendemmo alla destra mammella,
E dieci passi femmo in su lo stremo,
Per ben cessar la rena e la fiammella:

E quando noi a lei venuti semo,
Poco più oltre veggio in su la rena
Gente seder propinqua al luogo scemo.

Quivi 'l Maestro: Acciocchè tutta piena
Esperïenza d'esto giron porti,
Mi disse, or va, e vedi la lor mena.

Li tuoi ragionamenti sien là corti:
Mentre che torni, parlerò con questa,
Che ne conceda i suoi omeri forti.

Così ancor su per la strema testa
Di quel settimo cerchio tutto solo
Andai, ove sedea la gente mesta.

Comme on voit quelquefois une barque captive :
La poupe est dans les flots, la proue est sur la rive ;
Ou comme sous le ciel du vorace Germain

Le castor pour chasser s'accroupit au rivage ;
Ainsi vint s'aplatir cette bête sauvage
Sur le roc qui bordait le sablonneux chemin.

Elle tordait sa queue énorme dans le vide
Et dressait une fourche au venin homicide.
Vrai dard de scorpion à sa queue attaché.

— « Il faut nous détourner un peu, » dit le poëte,
« Et marcher jusqu'auprès de la cruelle bête,
De ce monstre là-bas sur la berge couché. »

Nous descendîmes donc en tournant vers la droite,
Et faisant quelques pas sur la margelle étroite
Pour éviter la flamme et le sable brûlant.

Près du monstre hideux lorsque nous arrivâmes,
Je vis un peu plus loin, sur le sable, des âmes
Assises presque au bord de l'abîme béant.

— « De ce giron du cercle, il faut que tu connaisses
Et tous les habitants et toutes les tristesses, »
Dit mon maître, « va donc et vois quel est leur sort !

Mais dans cet entretien trop longtemps ne t'arrête !
Et moi dans l'intervalle irai sommer la bête
De nous prêter l'appui de son dos souple et fort. »

Je m'avançai donc seul sur le rebord extrême
De ce cercle d'Enfer, lequel est le septième,
Allant où se tenaient les malheureux pécheurs.

Per gli occhi fuori scoppiava lor duolo:
Di qua, di là soccorean con le mani,
Quando a' vapori, e quando a caldo suolo.

Non altrimenti fan di state in cani
Or col ceffo, or col piè, quando son morsi
O da pulci, o da mosche, o da tafani.

Poi che nel viso a certi gli occhi porsi,
Ne' quali il doloroso fuoco casca,
Non ne conobbi alcun; ma io m'accorsi

Che dal collo a ciascun pendea una tasca.
Ch'avea certo colore, e certo segno;
E quindi par che 'l loro occhio si pasca.

E com' io riguardando tra lor vegno,
In una borsa gialla vidi azzurro,
Che di lione avea faccia, e contegno.

Poi procedendo di mio sguardo il curro,
Vidine un' altra, più che sangue rossa,
Mostrare un' oca bianca, più che burro.

E un, che d'una scrofa azzurra e grossa
Segnato avea lo suo sacchetto bianco,
Mi disse: Che fai tu in questa fossa?

Or te ne va: e perchè se' viv' anco,
Sappi, che 'l mio vicin Vitaliano
Sederà qui dal mio sinistro fianco.

Con questi Fiorentin son Padovano:
Spesse fiate m' intruonan gli orecchi,
Gridando: Vegna il cavalier sovrano,

Leurs pleurs qui jaillissaient trahissaient leurs tortures,
En s'aidant des deux mains, ces pauvres créatures
Luttaient de ci, de là, contre sable et vapeurs.

Tels on voit les grands chiens pendant la canicule,
De mouches et de taons lorsque tout leur corps brûle,
Fatiguer griffe et dents contre l'immonde essaim.

En vain j'en regardais quelques-uns au visage.
Sous le feu qui pleuvait sur eux comme un orage,
Je n'en pus reconnaître aucun; mais à leur sein,

Au cou de chacun d'eux, j'aperçus suspendue
Une bourse; ils semblaient en repaître leur vue.
Chacun avait un signe autrement coloré.

Pour les considérer, je m'avançai plus proche,
Et du premier d'entre eux regardant la sacoche,
J'aperçus sur champ d'or un lion azuré[1].

Et poursuivant, j'en vis, à nulle autre pareille,
Une qui paraissait comme du sang vermeille.
Une oie y ressortait blanche comme du lait[2].

Une troisième portait sur sa besace blanche
Une truie azurée et grosse[3]; or, il se penche
Et me dit : « Que fais-tu sur ce pierreux ourlet?

Va-t-en, et souviens-toi, pour le dire à la terre,
Que Vitaliano, mon voisin, comme un frère,
Un jour à mon flanc gauche, ici viendra s'asseoir.

Mêlé, moi Padouan, à ces morts de Florence,
Je les entends aussi crier pleins d'espérance :
Vienne le chevalier! Quand pourrons-nous le voir,

Che recherà la tasca co' tre becchi :
Quindi storse la bocca, e di fuor trasse
La lingua, come bue che 'l naso lecchi.

Ed io temendo, nol più star crucciasse
Lui, che di poco star m' avea ammonito;
Tornàmi indietro dall' anime lasse.

Trovai lo Duca mio, ch' era salito
Già su la groppa del fiero animale,
E disse a me : Or sie forte ed ardito.

Omai si scende per sì fatte scale :
Monta dinanzi, ch' i' voglio esser mezzo,
Sì che la coda non possa far male.

Qual' è colui, c' ha sì presso 'l riprezzo
Della quartana, c' ha già l' unghie smorte,
E trema tutto, pur guardando il rezzo :

Tal divenn' io alle parole porte :
Ma vergogna mi fêr le sue minacce,
Che 'nnanzi a buon signor fa servo forte.

I' m' assettai in su quelle spallacce :
Sì volli dir, ma la voce non venne
Com' io credetti : fa che tu m' abbracce.

Ma esso, ch' altra volta mi sovvenne
Ad alto forte, tosto ch' io montai,
Con le braccia m' avvinse e mi sostenne :

E disse : Gerïon, muoviti omai :
Le ruote larghe, e lo scender sia poco :
Pensa la nuova soma, che tu hai.

Et sa bourse aux trois becs! » Au bout de sa harangue
L'ombre tordit sa bouche et puis sortit sa langue,
Ainsi que fait un bœuf pour lécher ses naseaux.

Et moi, me souvenant des paroles du sage,
Craignant de l'irriter en restant davantage,
Je laissai ces damnés à leurs terribles maux.

En arrivant, je vis déjà le doux poëte
Établi sur le dos de la farouche bête,
Et qui me dit : « Allons, viens vite, et point d'effroi !

On ne descend ici que par semblable échelle.
Monte au cou de la bête, et, pour être sûr d'elle,
Moi je vais me placer entre la queue et toi.

Tel un homme aux accès de la fièvre quartaine,
Les ongles déjà bleus, grelottant, sans haleine,
Rien qu'à voir l'ombre, est pris d'une froide sueur,

Un frisson à ces mots agita tout mon être ;
Mais devant lui ma peur eut honte de paraître :
Un maître courageux impose au serviteur.

Force fut de m'asseoir sur cette large échine.
J'essayai de parler : la voix dans ma poitrine
Manqua ; je murmurai : « Par grâce, tiens-moi bien ! »

Mais lui, le guide tendre et toujours secourable,
Dès que j'eus enfourché le dragon redoutable,
M'entoure de ses bras qui me font un soutien,

Et dit : « Va, Géryon ; d'une aile obéissante,
Par de larges circuits adoucis la descente :
Songe au fardeau nouveau dont tu t'en vas chargé. »

Come la navicella esce di loco
In dietro in dietro, sì quindi si tolse;
E poi ch' al tutto si sentì a giuoco,

Là 'v' era 'l petto la coda rivolse,
E quella tesa, como anguilla, mosse,
E con le branche l' aere a sè raccolse.

Maggior paura non credo che fosse,
Quando Fetonte abbandonò gli freni,
Perchè 'l Ciel, come pare ancor, si cosse:

Nè quando Icaro misero le reni
Sentì spennar per la scaldata cera,
Gridando 'l padre a lui: Mala via tieni,

Che fu la mia, quando vidi ch' io era
Nell' aere d' ogni parte, e vidi spenta
Ogni veduta, fuor che della fiera.

Ella sen' va notando lenta lenta:
Ruota, e discende, ma non me n' accorgo,
Se non ch' al viso e disotto mi venta.

Io sentia già dalla man destra il gorgo
Far sotto noi un orribile stroscio;
Perchè con gli occhi in giù la testa sporgo.

Allor fu' io più timido allo scoscio:
Perrocch' i' vidi fuochi, e sentì' pianti;
Ond' io tremando tutto mi raccoscio.

E vidi poi, che nol vedea davanti,
Lo scendere e 'l girar, per li gran mali,
Che s' appressavan da diversi canti.

Comme une barque à flot qui s'éloigne de terre,
Le monstre lentement de la rive en arrière
Recule, et quand du bord il se sent dégagé,

Il se tourne à demi, puis semblable à l'anguille,
Il agite sa queue allongée, et frétille,
Et de sa double griffe il fend l'air embrasé.

Phaéton trembla moins dans les célestes plaines,
Quand de ses faibles mains laissant tomber les rênes,
Il mit en feu le Ciel, encor cicatrisé [6] ;

Icare eut moins d'effroi, moins d'angoisses mortelles,
Sentant fondre la cire et s'échapper ses ailes,
Son père lui criant : « Tu te perds, malheureux ! »

Que je ne tremblai, moi, quand je sentis la terre
Autour de moi manquer, et que dans l'atmosphère
Plus rien ne vis, plus rien, que le monstre hideux !

Lentement, lentement il nage dans le vide
Et descend en tournant, car je sens l'air humide
Qui me frappe au visage et qui souffle sous moi.

Et déjà j'entendais comme un fracas horrible,
A ma droite, monter de l'abîme invisible.
Je plongeai dans le gouffre un regard plein d'émoi.

Ce coup d'œil dans l'abîme augmenta bien mes craintes !
J'avais vu si grands feux, ouï si grandes plaintes
Que je me ramassai sur moi-même en tremblant.

Et je vis, jusqu'alors resté dans l'ignorance,
Que j'étais descendu dans plus vive souffrance
Qui de tous les côtés venait se rapprochant.

Come 'l falcon, ch' è stato assai su l' ali,
Che senza veder logoro o uccello,
Fa dire al falconiere : oimè tu cali :

Discende lasso, onde si muove snello
Per cento ruote, e da lungi si pone
Dal suo maestro, disdegnoso e fello :

Così ne pose al fondo Gerïone,
A piede a piè della stagliata rocca,
E, discarcate le nostre persone,

Si dileguò, come da corda cocca.

Tel un faucon lassé de déployer son aile
Sans découvrir d'oiseau, sans qu'un leurre l'appelle,
En vain le fauconnier lui crie : « Ah, scélérat! »

Il descend fatigué de ses hauteurs limpides,
Et, traçant dans les airs mille cercles rapides,
Maussade et révolté loin du chasseur s'abat;

Tel Géryon au pied de la roche brûlée
Descend, et nous dépose au creux de la vallée :
Et délivré du poids qu'il portait à regret,

Il s'enfuit, et dans l'air s'échappe comme un trait.

NOTES DU CHANT XVII

[1] C'étaient les armoiries des Gianfigliazzi de Florence.
[2] L'oie blanche rappelle les armes de Ubriacchi.
[3] L'écusson des Scrovigni.
[4] Vitaliano del Dente, insigne usurier de Padoue.
[5] Cet autre usurier est le Florentin Buiamoute.
[6] Allusion à la voie lactée.

ARGUMENT DU CHANT XVIII

Dante et Virgile sont descendus dans le huitième cercle, le cercle de la fourbe, appelé *Malebolge* (fosses maudites). Il est divisé en dix fossés concentriques creusés sur un plan incliné et aboutissant à un puits large et profond. Des rochers s'élèvent en arc au-dessus de ces fossés et les relient entre eux jusqu'au puits qui les termine. Descendu du dos du monstre Géryon, Dante s'engage avec Virgile sur ce pont naturel, et sous ses arches il va voir circuler successivement les damnés des dix *bolges* ou fossés.

Dans le premier *bolge*, les pécheurs marchent ou plutôt ils courent harcelés et fouettés par des démons. Dante reconnaît un citoyen de Bologne, une sorte de fourbe entremetteur qui avait fait marché de sa sœur. Plus loin, au milieu des fourbes qui ont pratiqué la séduction, Jason se fait remarquer par son grand air et sa royale attitude.

Les deux poëtes, en suivant toujours le pont de rochers, atteignent le second *bolge*, hideux cloaque d'immondices où sont plongés les flatteurs.

CANTO DECIMOTTAVO

Luogo è in inferno detto Malebòlge,
Tutto di pietra e di color ferrigno,
Come la cerchia, che d' intorno 'l volge.

Nel dritto mezzo del campo maligno
Vaneggia un pozzo assai largo e profondo,
Di cui suo luogo conterà l' ordigno.

Quel cinghio, che rimane, adunque è tondo,
Tra 'l pozzo e 'l piè dell' alta ripa dura,
Ed ha distinto in dieci valli il fondo.

Quale, dove per guardia delle mura
Più, e più fossi cingon li castelli,
La parte dov' ei son rendon sicura :

Tale immagine quivi facean quelli :
E come a tai fortezze da' lor sogli
Alla ripa di fuor son ponticelli,

Così da imo della roccia scogli
Movén, che ricidean gli argini e i fossi
Infino al pozzo, ch' ei tronca, e raccogli.

CHANT DIX-HUITIÈME

Il est dedans l'Enfer une sombre carrière :
Malebolge est son nom : de couleur fer, en pierre,
Et telle que l'enceinte arrondie à l'entour.

Dans le milieu précis de la plaine livide,
D'un puits large et profond l'œil mesure le vide ;
En son lieu j'en dirai la structure et le tour.

L'enceinte qui s'étend du puits, gorge profonde,
Jusqu'au pied de la roche, est, je le disais, ronde,
Et dix fossés distincts s'en partagent le fond.

Tels, pour garder les murs des hautes citadelles,
Ces fossés que l'on creuse en grand nombre autour d'elles
Protégeant tous les points et de flanc et de front :

Tels ces gouffres ici cavés de même sorte.
Et comme aussi les ponts-levis qui de la porte
Au bord extérieur mènent en s'abaissant :

De même au pied du mur nous offrant une marche,
Sur chaque fosse un pont de rochers, comme une arche,
Montait, et jusqu'au puits allait aboutissant.

In questo luogo, dalla schiena scossi
Di Gerïon, trovammoci: e 'l Poeta
Tenne a sinistra, ed io dietro mi mossi.

Alla man destra vidi nuova piéta,
Nuovi tormenti, e nuovi frustatori,
Di che la prima bolgia era repleta.

Nel fondo erano ignudi i peccatori:
Dal mezzo in qua ci venian verso 'l volto,
Di là con noi, ma con passi maggiori:

Come i Roman, per l'esercito molto;
L'anno del giubbileo, su per lo ponte,
Hanno a passar la gente modo tolto:

Che dall'un lato tutti hanno la fronte
Verso 'l castello, e vanno a santo Pietro:
Dall'altra sponda vanno verso 'l monte.

Di qua, di là, su per lo sasso tetro
Vidi Dimon cornuti con gran ferze,
Che li battean crudelmente di retro.

Ahi come facean lor levar le berze
Alle prime percosse! e già nessuno
Le seconde aspettava, nè le terze.

Mentr'io andava, gli occhi miei in uno
Furo scontrati, ed io sì tosto dissi:
Già di veder costui non son digiuno.

Perciò a figurarlo gli occhi affissi:
E 'l dolce Duca meco si ristette,
Ed assentì, ch'alquanto indietro gissi:

C'est là que nous étions, quand du dos de la bête
Nous fûmes brusquement mis à bas : le poëte
Marcha, tournant à gauche, et par moi fut suivi.

A main droite, je vis alors larmes nouvelles,
Nouveaux bourreaux, douleurs neuves et plus cruelles,
Dont le premier fossé me parut tout rempli.

Les pécheurs étaient nus au fond de la tranchée :
Une moitié venait vers nous, l'autre cachée
S'avançait avec nous, mais d'un pas plus pressé.

Tel, l'an du jubilé, les Romains, quand la foule
Couvre tout le grand pont et lentement s'écoule,
Cheminent dans un ordre à l'avance fixé :

D'un côté marchent ceux qui s'en vont à Saint-Pierre,
Et ceux qui revenant de dire leur prière
Retournent vers le mont, vont sur un autre rang.

De çà; de là, debout sur les noirâtres berges,
D'affreux démons cornus, avec de grandes verges,
Quand les pécheurs passaient, les fouettaient jusqu'au sang.

Ah ! ces infortunés, comme ils levaient les jambes !
Au premier coup de gaule ils s'enfuyaient ingambes,
Et pas un n'attendait le cadeau d'un second.

Tandis que je marchais à côté de mon maître,
J'en vis un tout à coup que je crus reconnaître :
« J'ai, dis-je, vu cet homme ailleurs qu'en ce bas fond. »

Et je tenais mes yeux fixés sur son visage.
Aussitôt près de moi s'arrête mon doux sage
Et me laisse en arrière aller de quelques pas.

E quel frustato celar si credette,
Bassando 'l viso, ma poco gli valse :
Ch' io dissi :Tu, che l' occhio a terra gette,

Se le fazion, che porti, non son false,
Venedico se' tu Caccianimico ;
Ma che ti mena a sì pungenti salse?

Ed egli a me : Mal volentier lo dico :
Ma sforzami la tua chiara favella,
Che mi fa sovvenir del mondo antico.

I' fui colui, che la Ghisola bella
Condussi a far la voglia del Marchese,
Come che suoni la sconcia novella

E non pur' io qui piango Bolognese :
Anzi n' è questo luogo tanto pieno,
Che tante lingue non son' ora apprese

A dicer sipa, tra Savena e 'l Reno :
E se di ciò vuoi fede, o testimonio,
Recati a mente il nostro avaro seno.

Così parlando il percosse un demonio
Della sua scuriada, e disse, via
Ruffian, qui non son femmine da conio.

I' mi raggiunsi con la scorta mia :
Poscia con pochi passi divenimmo
Dove uno scoglio de la ripa uscia.

Assai leggeramente quel salimmo,
E, volti a destra sopra la sua scheggia,
Da quelle cerchie eterne ci partimmo.

Le flagellé baissait la tête avec contrainte,
Essayant d'éviter mon regard : vaine feinte!
Je lui criai : « Toi là, qui portes le front bas,

Si tes traits ne sont pas trompeurs, spectre d'un homme,
C'est Caccianamico Venedic qu'on te nomme!
Dans ce bassin de fiel quel crime payes-tu? »

Et le pécheur à moi : « J'aimerais mieux me taire,
Mais je me sens contraint par ta voix pure et claire
Qui me fait souvenir du monde où j'ai vécu.

C'est moi, quoi qu'on ait dit sur cette immonde histoire,
Qui poussai Ghisola, prompte, hélas! à me croire,
A céder aux désirs du marquis d'Obizzo.

Bologne a plus d'un fils ici qui souffre et pleure.
Ce gouffre en est si plein, que, peut-être, à cette heure,
Moins de bouches, depuis la Savène au Réno [1],

Parlent en écorchant le *si* [2] dans leur langage.
De ma véracité faut-il un témoignage?
Rappelle à ton esprit combien l'or nous est cher. »

Il me parlait encor, quand un démon s'élance,
Et lui cinglant les reins d'un coup de fouet : « Avance,
Rufien, on ne vend plus de femmes en Enfer! »

Le damné s'éloigna : je rejoignis mon guide.
Après quelques instants d'une marche rapide,
Un roc s'offrit à nous qui s'élevait du bord.

Sur ce pont escarpé qu'aisément nous gravîmes,
Nous tournâmes à droite au-dessus des abîmes,
Laissant derrière nous cette enceinte de mort.

Quando noi fummo là, dov' ei vaneggia
Di sotto, per dar passo agli sferzati,
Lo Duca disse : Attienti, e fa che feggia

Lo viso in te di quest' altri mal nati,
A' quali ancor non vedesti la faccia,
Perocchè son con noi insieme andati.

Dal vecchio ponte guardavam la traccia,
Che venia verso noi dall' altra banda,
E che la ferza similmente schiaccia.

Il buon Maestro, senza mia dimanda,
Mi disse : Guarda quel grande, che viene,
E per dolor non par lagrima spanda,

Quanto aspetto reale ancor ritiene !
Quegli è Jason, che per cuore, per senno,
Li Colchi del monton privati fene.

Ello passò per l' isola di Lenno,
Poi che l' ardite femmine spietate,
Tutti li maschi loro a morte dienno.

Ivi con segni, e con parole ornate
Isifile ingannò, la giovinetta,
Che prima tutte l' altre avea 'ngannate.

Lasciolla quivi gravida, e soletta ;
Tal colpa a tal martiro lui condanna :
Ed anche di Medea si fa vendetta.

Con lui sen' va, chi da tal parte inganna :
E questo basti della prima valle
Sapere, e di color, che 'n sè assanna.

Quand nous fûmes au point où la roche sauvage
Fait voûte aux fustigés pour leur donner passage,
Mon maître dit : « Arrête, et regarde-les tous,

Ces autres condamnés dont la peine est semblable.
Et dont tu n'as pu voir encor le front coupable,
Parce qu'ils avançaient du même sens que nous! »

Et du vieux pont alors nous regardons la file
Qui de l'autre côté vient vers nous et défile
Et que sanglent aussi les noirs fustigateurs.

Le bon maître, sans même attendre ma demande,
Me dit : « Vois arriver cette ombre, la plus grande,
Qui passe, le front haut, en dévorant ses pleurs.

Quel air de roi demeure empreint sur son visage !
C'est Jason : sa prudence égale à son courage
Ravit la Toison d'Or à Colchos autrefois.

Il passa par Lemnos après la nuit impie
Où, les femmes de l'île unissant leur furie,
Les hommes furent tous massacrés à la fois.

Par sa feinte et ses soins et sa tendre éloquence,
De la jeune Hypsiphile il trompa l'innocence,
Comme elle avait trompé la rage de ses sœurs,

Il l'abandonna là seule et près d'être mère.
Ce péché le condamne à cette peine amère,
Et Médée est vengée aussi de ses douleurs [3].

Qui trompe comme lui, comme lui marche et souffre.
Mais nous avons assez regardé dans ce gouffre,
Et tu sais maintenant les péchés qu'il contient.

Già eravam là 've lo stretto calle
Con l' argine secondo s' incrocicchia,
E fa di quello ad un altr' arco spalle.

Quindi sentimmo gente, che si nicchia
Nell' altra bolgia, e che col muso sbuffa,
E sè medesma con le palme picchia.

Le ripe eran grommate d' una muffa,
Per l' alito di giù, che vi s' appasta,
Che con gli occhi, e col naso facea zuffa.

Lo fondo è cupo sì, che non ci basta
Luogo a veder, senza montare al dosso
Dell' arco, ove lo scoglio più sovrasta.

Quivi venimmo, e quindi giù nel fosso
Vidi gente attuffata in uno sterco,
Che dagli uman privati parea mosso:

E mentre ch' io laggiù con l' occhio cerco,
Vidi un col capo sì di merda lordo,
Che non parea, s' era laico, o cherco.

Quei mi sgridò: Perchè se tu sì 'ngordo
Di riguardar più me, che gli altri brutti?
Ed io a lui: Perchè se ben ricordo,

Già t' ho veduto, co' capelli asciutti,
E se' Alessio Interminei da Lucca:
Però t' adocchio più, che gli altri tutti.

Ed egli allor, battendosi la zucca:
Quaggiù m' hanno sommerso le lusinghe,
Ond' i' non ebbi mai la lingua stucca.

Nous arrivions au point où notre route étroite
Avec le second bord s'entre-croise, et s'emboîte
Sur un deuxième pont qu'elle épaule et soutient.

Et voici que j'entends de la fosse prochaine
Geindre et souffler du nez toute une foule humaine
Qui se frappe du poing, se tord et se débat.

Sur les noires parois s'est durcie et collée
Une épaisse vapeur montant de la vallée,
Qui repousse à la fois la vue et l'odorat.

Le gouffre est si profond que, pour voir dans l'abîme,
Il faut escalader le pont jusqu'à la cime,
Au point où le rocher s'élève plus altier.

J'y parvins, et, penché sur la fosse profonde,
Je vis des gens couchés dans un fumier immonde
Qui semblait le *privé* de l'univers entier.

Et, tandis que mes yeux plongeaient dans ces souillures,
J'aperçus un damné le front si plein d'ordures,
Qu'on ne pouvait savoir s'il était clerc ou non.

Il cria : « Dans la fange où le flatteur se vautre,
Pourquoi me regarder, moi, plutôt que tout autre ? »
— « C'est, lui dis-je, que si mon souvenir est bon,

Je t'ai vu des cheveux moins mouillés sur la nuque.
N'es-tu pas Alexis Interminel de Lucque ?
Voilà pourquoi sur toi mon regard s'attachait. »

A ces mots se frappant la tête, l'ombre crie :
« C'est là que m'a plongé l'ignoble flatterie,
Qui jamais sur ma langue autrefois ne séchait. »

15.

Appresso ciò lo Duca : Fa che pinghe,
Mi disse, un poco 'l viso più avante,
Sì che la faccia ben con gli occhi attinghe

Di quella sozza scapigliata fante,
Che là si graffia con l' unghie merdose,
Ed or s' accoscia, ed ora è in piede stante :

Taida è la puttana, che rispose
Al drudo suo, quando disse, Ho io grazie :
Grandi appo te ? anzi maravigliose :

E quinci sien le nostre viste sazie.

Mon guide intervenant alors : « Porte ta vue,
Dit-il, un peu plus loin dans la sombre étendue,
Et reconnais, là-bas, dans le hideux contour,

Les traits de cette fille immonde, échevelée,
Qui se déchire avec sa griffe maculée,
S'accroupissant et puis se dressant tour à tour.

C'est la fille Thaïs, la courtisane infâme [4],
Répondant au galant qui disait : Chère femme !
Ton amour est-il grand ? — Il est prodigieux !

Mais, viens ! n'avons-nous pas rassasié nos yeux ? »

NOTES DU CHANT XVIII

¹ Rivières de l'État de Bologne.
² Au lieu de *si* oui ou de *sia* soit, les Bolonais disent *sipa*.
³ Médée, que Jason avait aussi abandonnée.
⁴ Thaïs, la courtisane que Térence met en scène dans l'*Eunuque*.

ARGUMENT DU CHANT XIX

Arrivée au troisième *bolge*, où sont enfermés les simoniaques qui trafiquent des choses saintes. Ils sont plongés dans des trous étroits, la tête en bas, les pieds en l'air et flambants. A mesure qu'un pécheur arrive, comme un clou chasse l'autre, il pousse plus au fond celui qui l'a précédé. Virgile porte Dante jusqu'au bord d'un de ces trous, d'où sortent les jambes d'un damné qui s'agite plus violemment que les autres. C'est le pape Nicolas III. En entendant approcher Dante, il le prend pour Boniface VIII qui lui a succédé sur la terre et qui doit aussi le rejoindre et prendre sa place en Enfer. Le poete le détrompe, et ne pouvant contenir son indignation, il accable d'énergiques imprécations le pontife prévaricateur.

CANTO DECIMONONO

O Simon mago, o miseri seguaci,
Che le cose di Dio, che di bontate
Deono essere spose, voi rapaci,

Per oro e per argento adulterate;
Or convien che per voi suoni la tromba
Perocchè nella terza bolgia state.

Già eravamo alla seguente tomba
Montati, dello scoglio in quella parte
Ch' appunto sovra 'l mezzo fosso piomba.

O somma Sapïenza, quant' è l' arte,
Che mostri in Cielo, in terra, e nel mal mondo,
E quanto giusto tua virtù comparte!

I' vidi per le coste, e per lo fondo,
Piena la pietra livida di fori,
D'un largo tutti, e ciascuno era tondo.

Non mi parean meno ampi, nè maggiori,
Che quei che son nel mio bel san Giovanni
Fatti per luogo de' battezzatori.

CHANT DIX-NEUVIÈME

Magicien Simon [1], et vous tous misérables,
Qui, des choses de Dieu, ces dons inviolables,
Promis à la vertu, faites, cœurs de vautour,

Pour or et pour argent un trafic adultère !
Ma trompette pour vous va sonner sur la terre :
Je vous ai vus damnés au troisième contour !

Déjà notre œil plongeait au fond d'une autre tombe ;
Nous étions sur un point du rocher qui surplombe
Le milieu de la fosse ouverte à nos regards.

O Dieu, que ta sagesse est sublime et profonde,
Sur terre et dans le Ciel et dans le mauvais monde !
Comme avec équité ta grâce fait les parts !

Des trous étaient creusés dans la livide pierre,
Au fond, sur les parois, sur la surface entière,
Tous de même largeur, tous également ronds.

Ils me semblaient égaux, en leur circonférence,
A ces bassins de marbre admirés à Florence,
Qui dans mon beau Saint-Jean servent aux sacrés fonts,

L' un delli quali, ancor non è molt' anni,
Rupp' io per un, che dentro v' annegava ;
E questo fia suggel, ch' ogni uomo sganni.

Fuor della bocca a ciascun soperchiava
D' un peccator li piedi, e delle gambe
In fino al grosso, e l' altro dentro stava.

Le piante erano accese a tutti intrambe :
Perchè si forte guizzavan le giunte,
Che spezzate averian ritorte e strambe.

Qual suole il fiammeggiar delle cose unte
Muoversi pur su per l' estrema buccia,
Tal' era lì da' calcagni alle punte.

Chi è colui, Maestro, che si cruccia,
Guizzando più che gli altri suoi consorti,
Diss' io, e cui più rossa fiamma succia ?

Ed egli a me : Se tu vuoi, ch' i' ti porti
Laggiù per quella ripa, che più giace,
Da lui saprai di se, e de' suoi torti.

Ed io : Tanto m' è bel, quanto a te piace :
Tu se' signore, e sai, ch' i' non mi parto
Dal tuo volere, e sai quel, che si tace.

Allor venimmo in su l' argine quarto :
Volgemmo, e discendemmo a mano stanca
Laggiù nel fondo foracchiato ed arto.

E 'l buon Maestro ancor dalla sua anca
Non mi dipose, sin mi giunse al rotto
Di quei che sì piangeva con la zanca.

Et dont j'ai brisé l'un pour sauver, qu'on le sache,
L'enfant qui s'y noyait : que d'une injuste tache,
Par ce mot, en passant, mon honneur soit vengé [2] !

Pendant à découvert hors de chaque orifice,
Quelque damné montrait le pied jusqu'à la cuisse,
Et le reste du corps au fond gisait plongé !

Et tous ces pieds brûlaient, lançant, dans leurs tortures,
Des coups si furieux qu'ils brisaient leurs jointures,
Et qu'ils eussent rompu corde et fers à la fois.

De même un feu qui mord un corps enduit de graisse.
A l'extrême surface il s'élève et s'abaisse ;
La flamme allait, courait des talons jusqu'aux doigts.

— « Quel est ce forcené, mon maître, qui s'agite
Plus que ses compagnons dans sa fosse maudite,
Et que sucent des feux plus ardents, plus vermeils ? »

Virgile répondit : « Si la chose t'importe,
Sur ce bord-là, plus bas, veux-tu que je te porte ?
Il te dira ses torts et ceux de ses pareils. »

Et moi : « Ton bon plaisir règle seul mon envie.
Ma volonté demeure à la tienne asservie,
O maître, et mes pensers, tu les devines tous. »

Lors nous montons au haut de la côte prochaine,
Puis nous tournons à gauche et descendons sans peine
Jusqu'au niveau du sol partout semé de trous.

Et pressé sur le sein du bon maître qui m'aime,
J'arrivai dans ses bras jusqu'à la fosse même
Où semble avec les pieds gémir le malheureux.

O qual che se', che 'l di su tien di sotto,
Anima trista, come pal commessa,
Comincia' io a dir, se puoi, fa motto.

Io stava come 'l frate, che confessa
Lo perfido assassin, che poi ch' è fitto,
Richiama lui, perchè la morte cessa:

Ed ei gridò: Sè tu già costì ritto,
Se' tu già costì ritto, Bonifazio?
Di parecchi anni mi mentì lo scritto.

Se' tu sì tosto di quell' aver sazio,
Per lo qual non temesti torre a' inganno
La bella donna, e di poi farne strazio?

Tal mi fec' io, quai son color, che stanno
Per non intender ciò, ch' è lor risposto,
Quasi scornati, e risponder non sanno.

Allor Virgilio disse: Dilli tosto,
Non son colui, non son colui, che credi.
Ed io risposi, com' a me fu imposto:

Perchè lo spirto tutti storse i piedi:
Poi sospirando, e con voce di pianto
Mi disse: Dunque che a me richiedi?

Se di saper ch' io sia, ti cal cotanto,
Che tu abbi però la ripa scorsa,
Sappi, ch' io fui vestito del gran manto:

E veramente fui figliuol dell' Orsa,
Cupido sì, per avanzar gli Orsatti,
Che su l' avere, e qui me misi in borsa.

— « Qui que tu sois, ô toi qui te tiens renversée,
Plantée ainsi qu'un pal, ombre triste et blessée,
Lui dis-je en commençant, parle-moi, si tu peux ? »

J'étais là comme un moine au moment qu'il confesse
Le brigand qui l'appelle et rappelle sans cesse
Au bord du trou fatal, pour retarder la mort.

— « Est-ce toi, cria l'ombre, est-ce toi qui prends place ?
Ici déjà debout ! Est-ce toi, Boniface ?
Sur toi, de plusieurs ans, m'a donc menti le sort ?

Es-tu rassasié si tôt de ces richesses
Qui t'ont fait sans remords surprendre les caresses
De l'angélique épouse et profaner son lit ? »

A ces mots du pécheur je me sentis confondre,
Ne pouvant le comprendre, ignorant que répondre,
Et debout près de lui je restais interdit.

Virgile dit : « Réponds à l'âme criminelle :
« Point ne suis qui tu crois et que ta bouche appelle. »
Et ce qu'il me dictait fut par moi répondu.

La jambe du pécheur se tordit convulsive,
Puis avec un soupir et d'une voix plaintive,
Il dit : « Que viens-tu faire alors ? Que me veux-tu ?

Il faut que ton désir soit grand de me connaître,
Pour qu'aux creux de ce val ton pied hardi pénètre ;
Sache-le donc, j'ai ceint la tiare autrefois.

Je fus, comme on l'a dit, je fus un fils de l'Ourse[3],
Et c'est pour les oursins que j'ai tout mis en bourse.
Là-haut de l'or, ici mon corps, comme tu vois.

Di sott' al capo mio son gli altri tratti,
Che precedetter me simoneggiando,
Per la fessura della pietra piatti.

Laggiù cascherò io altresì, quando
Verrà colui, ch' io credea, che tu fossi,
Allor ch' i' feci il subito dimando.

Ma più è 'l tempo già, che i piè mi cossi,
E ch' io son stato così sottosopra,
Ch' ei non starà piantato co' piè rossi:

Che dopo lui verrà di più laid' opra,
Di ver ponente un pastor senza legge,
Tal che convien, che lui, e me ricuopra.

Nuovo Jason sarà, di cui si legge
Ne' Maccabei: e come a quel fu molle
Suo re, così fia a lui chi Francia regge.

Io non so s' i' mi fui qui troppo folle:
Ch' io pur risposi lui a questo metro:
Deh or mi dî' quanto tesoro volle

Nostro Signore in prima da san Pietro,
Che ponesse le chiavi in sua balia?
Certo non chiese, se non, Viemmi dietro.

Nè Pier, nè gli altri chieserio a Mattia
Oro, o argento, quando fu sortito
Nel luogo, che perdè l' anima ria.

Però ti sta, chè tu se' ben punito,
E guarda ben la mal tolta moneta,
Ch' esser ti fece contra Carlo ardito:

Là, sous ma tête, gît la foule réunie
De tous ceux qu'avant moi perdit leur simonie,
Dans ce gousset de pierre entassés jusqu'au bord.

Je tomberai moi-même au fond comme les autres,
Quand viendra le pécheur qui doit être des nôtres,
Et qu'en toi j'ai cru voir quand j'ai parlé d'abord.

Mais, flambant pieds en l'air et tête dans le gouffre,
Depuis bien plus longtemps déjà je brûle et souffre,
Qu'il n'y sera planté pour de même y souffrir.

Car après lui, viendra, chargé de plus de crimes,
Un pasteur d'Occident promis à ces abîmes,
Et qui doit à son tour tous les deux nous couvrir [4]

Semblable à ce Jason qui, de son roi barbare,
Au temps de Machabée acheta la tiare,
Par le roi de la France il sera protégé.

Je ne sais si je fus de moi-même assez maître,
Mais je lui répondis : « Çà, dis-moi, mauvais prêtre
Quel argent, quel trésor avait donc exigé

Notre Seigneur Jésus quand aux mains de saint Pierre
Il remit les deux clefs du beau Ciel de son Père?
Certe, il ne lui dit rien que ce seul mot : Suis-moi.

Ont-ils, à prix d'argent, vendu, Pierre et les autres,
Sa place à Mathias au milieu des apôtres,
Quand Judas l'eut perdue en trahissant sa foi ?

Pape, reste donc là, souffre un juste supplice,
Et garde bien cet or acquis par l'injustice
Qui t'a rendu hardi contre Charle, autrefois [5] !

E se non fosse, ch' ancor lo mi vieta
La reverenzia delle somme chiavi,
Che tu tenesti nella vita lieta,

L' userei parole ancor più gravi;
Che la vostra avarizia il mondo attrista,
Calcando i buoni, e sollevando i pravi.

Di voi pastor s' accorse il Vangelista,
Quando colei, che siede sovra l' acque,
Puttaneggiar co' regi, a lui fu vista:

Quella, che con le sette teste nacque,
E dalle diece corna ebbe argomento,
Fin che virtute al suo marito piacque.

Fatto v' avete Dio d' oro, e d' argento:
E che altro è da voi all' idolatre,
Se non ch' egli uno, e voi n' orate cento?

Ahi, Costantin, di quanto mal fu matre,
Non la tua conversion, ma quella dote,
Che da te prese il primo ricco Patre!

E mentre io gli cantava cotai note,
O ira, o coscienza che il mordesse
Forte spingava con ambo le piote.

I' credo ben, ch' al mio Duca piacesse,
Con sì contenta labbia sempre attese
Lo suon delle parole vere espresse.

Però con ambo le braccia mi prese,
E poi che tutto su mi s' ebbe al petto,
Rimontò per la via, onde discese:

Et n'était le respect qui près de toi m'enchaîne
Pour ces augustes clefs que ta main souveraine
Tenait dans le doux monde à l'ombre de la Croix,

Ma voix serait encore plus rude et plus sévère ;
Car votre avidité fait le deuil de la terre,
Foulant aux pieds les bons, élevant les pervers.

Saint Jean songeait à vous, quand parut à sa vue,
Impure courtisane au lit des rois vendue,
Celle qui se tenait assise sur les mers,

Qui portait en naissant sept têtes et dix cornes,
Et devait y puiser une force sans bornes
Avec un époux digne et comme elle innocent [6].

L'or et l'argent, voilà les dieux que vous vous faites !
Vous damnez les païens ; ils sont ce que vous êtes.
Que dis-je ? ils n'ont qu'un dieu ; vous, vous en priez cent [7] !

Ah ! Constantin, quels maux nous préparait d'avance
Non ta conversion, mais ta munificence
Qui dota le premier des papes opulents ! »

Et comme sur ce ton je lui chantais ma gamme,
Soit l'effet du remords, soit de rage, l'infâme
Gambillait, et plus fort tordait ses pieds brûlants.

Virgile à m'écouter paraissait se complaire.
Heureux, il souriait aux accents de colère
Qui s'échappaient si vrais hors d'un cœur tout ardent.

Il m'ouvre ses deux bras, sur son sein avec joie
Me presse, et promptement remonte par la voie
Que nous avions d'abord suivie en descendant.

Nè si stancò d' avermi a sè ristretto,
Sin men' portò sovra 'l colmo d'ell' arco,
Che dal quarto al quinto argine è tragetto.

Quivi soavemente spose il carco
Soave per lo scoglio sconcio ed erto,
Che sarebbe alle capre duro varco:

Indi un altro vallon mi fu scoverto.

Et toujours me tenant, il arrive à la cime
De l'arche qui s'étend au-dessus de l'abîme
Et va du quatrième au cinquième plateau.

Là, doucement, à terre il dépose sa charge,
Sur la roche escarpée et dont l'étroite marge
Aurait fait hésiter le pied sûr d'un chevreau :

Et de là je plongeai sur un gouffre nouveau.

NOTES DU CHANT XIX

¹ Simon de Samarie, dit le Magicien, offrit de l'argent à saint Pierre pour obtenir de lui le secret de faire des miracles : de là le nom de simonie donné au trafic des choses saintes.

² Dante, pour sauver un enfant, avait brisé la grille qui couvrait un des fonts du baptistère de l'église Saint-Jean. Ses ennemis s'étaient empressés de l'accuser de sacrilége.

³ Le pape Nicolas III était de la famille des *Orsini* et fait allusion à ce nom.

⁴ Il désigne Clément V, d'abord archevêque de Bordeaux, élu pape par l'influence de Philippe-le-Bel après la mort de Boniface VIII, en 1303, et le compare pour ce motif à Jason, frère d'Osias, qui reçut d'Antiochus la dignité de grand pontife.

⁵ Charles d'Anjou, frère de saint Louis, roi de la Pouille et de la Calabre, sous le nom de Charles 1ᵉʳ. Nicolas III lui avait fait demander une de ses nièces en mariage pour son neveu. Charles lui répondit que bien qu'il eût les pieds rouges, il n'était pas digne de s'allier avec le sang de France. Le pape, irrité, enleva à Charles le vicariat de la Toscane.

⁶ Saint Jean (*Apocal.*, ch. XVII) entendit dans une de ses visions l'ange qui lui disait : « Viens, je te montrerai la damnation de la grande courtisane assise sur les eaux, qui s'est prostituée aux rois de la terre..., elle a sept têtes et dix cornes. » Les sept têtes sont les sept sacrements de l'Église, les dix cornes figurent les dix commandements.

⁷ Les païens ont plus d'un dieu, plus d'une idole, mais ces deux termes *un* et *cent* reproduits du texte marquent seulement ici une proportion. Le poete veut dire : Quel que soit le nombre des idoles adorées par les païens, ils en adorent cent fois moins que vous.

ARGUMENT DU CHANT XX

Quatrième *bolge*, où sont punis les sorciers et les devins, autre espèce de fourbes. Leur tête est disloquée et tournée du côté du dos ; ils ne peuvent plus regarder qu'en arrière, eux qui sur la terre prétendaient voir si loin devant eux. Ils s'avancent à reculons en pleurant, et les pleurs qu'ils répandent tombent derrière eux Virgile désigne à Dante les plus fameux d'entre ces damnés. Il retient son attention sur la sibylle Manto, qui a donné son nom à Mantoue, la patrie du poëte romain.

CANTO VIGESIMO

Di nuova pena mi convien far versi,
E dar materia al ventesimo canto
Della prima canzon, ch' è de' sommersi.

Io era già dispoto tutto quanto
A risguardar nello scoverto fondo,
Che si bagnava d' angoscioso pianto:

E vidi gente per lo vallon tondo
Venir, tacendo, e lagrimando, al passo,
Che fanno le letane in questo mondo.

Come 'l viso mi scese in lor più basso,
Mirabilmente apparve esser travolto
Ciascun dal mento al principio del casso:

Chè dalle reni era tornato 'l volto,
E indietro venir li convenia,
Perchè 'l veder dinanzi era lor tolto.

Forse per forza già di parlasia,
Si travolse così alcun del tutto:
Ma io nol vidi, nè credo che sia.

CHANT VINGTIÈME

Qu'un supplice nouveau s'ajoute à mon poëme !
Il sera le sujet de ce chant, le vingtième
De mon premier cantique aux damnés consacré.

Tout entière déjà mon âme était tendue
Sur la vallée ouverte, à mes pieds étendue,
Champ inondé de pleurs, d'angoisse dévoré.

Et je vis, par le val circulaire, une file
Qui venait en pleurant, d'un pas lent et tranquille,
Telle que sur la terre une procession.

Tandis que dans le fond, plus bas plongeait ma vue,
J'admirai que chaque ombre, étrangement tordue,
En arrière du col inclinait le menton.

Tout leur visage était retourné par derrière,
Ils étaient obligés de marcher en arrière,
Car ils ne portaient plus devant eux leur regard.

Par l'effet violent de la paralysie
Un corps fût-il ainsi retourné dans la vie ?
J'en doute, et je n'en ai jamais vu, pour ma part.

Se Dio ti làsci, Lettor, prender frutto
Di tua lezione, or pensa per te stesso,
Com' io potea tener lo viso asciutto,

Quando la nostra immagine da presso
Vidi sì torta, che 'l pianto degli occhi
Le natiche bagnava per lo fesso.

Certo io piangea, poggiato a un de' rocchi
Del duro scoglio, sì che la mia scorta
Mi disse: Ancor se' tu degli altri sciocchi?

Qui vive la pietà quand' è ben morta.
Chi è più scellerato di colui,
Ch' al giudicio divin passion porta?

Drizza la testa, drizza, e vedi a cui
S' aperse agli occhi de' Teban la terra,
Perchè gridavan tutti: Dove rui,

Anfiarao? perchè lasci la guerra?
E non restò di ruinare a valle
Fino a Minos, che ciascheduno afferra.

Mira, c' ha fatto petto delle spalle:
Perchè volle veder troppo davante,
Dirietro guarda, e fa ritroso calle.

Vedi Tiresia, che mutò sembiante
Quando di maschio femmina divenne,
Cangiandosi le membra tutte quante:

E prima poi ribatter le convenne
Li duo serpenti avvolti con la verga,
Che riavesse le maschili penne.

Dieu te fasse tirer bon fruit de ce poëme,
Ami lecteur ! mais juge, en attendant, toi-même,
Si je pouvais rester les yeux secs, les voyant

De près, ces malheureux, formés à notre image,
Si tordus que les pleurs coulant de leur visage
Ruisselaient au défaut des fesses en tombant !

Ah ! certes, m'appuyant à l'angle d'une roche,
Je pleurais, et si fort, que mon guide s'approche
Et me dit : « As-tu donc aussi perdu l'esprit ?

La pitié même ici demeure impitoyable.
Quel homme est plus impie et lequel plus coupable
Qu'au jugement de Dieu celui qui s'attendrit ?

Allons, lève le front : vois cet homme de guerre.
Sous les yeux des Thébains il s'abîma sous terre.
En vain ils criaient tous : Où cours-tu t'engloutir,

Amphiaraüs ? Pourquoi quittes-tu la mêlée ?
Il tombait, il roulait de vallée en vallée
Jusqu'aux mains de Minos qui l'ont fait repentir.

Regarde : au lieu du sein c'est le dos qu'il avance ;
Et pour s'être piqué de trop de clairvoyance,
Il ne voit qu'en arrière et marche à reculons.

Voici Tirésias qui changea de nature,
Et d'une femme prit le corps et la figure,
Transformé tout entier de la tête aux talons.

Il lui fallut encor, de sa verge magique,
Briser de deux serpents le couple symbolique
Pour recouvrer les traits et le sexe perdus.

Aronta è quei, ch' al ventre gli s' atterga,
Che ne' monti di Luni, dove ronca
Lo Carrarese che di sotto alberga,

Ebbe tra bianchi marmi la spelonca
Per sua dimora: onde a guardar le stelle,
E 'l mar non gli era la veduta tronca.

E quella, che ricuopre le mammelle,
Che tu non vedi, con con le treccie sciolte,
Ed ha di là ogni pilosa pelle,

Manto fu, che cercò per terre molte,
Poscia si pose là, dove nacqu' io;
Onde un poco mi piace, che m' ascolte.

Poscia che 'l padre suo di vita uscio,
E venne serva la città di Baco,
Questa gran tempo per lo mondo gìo.

Suso in Italia bella giace un laco
Appiè dell' Alpe, che serra Lamagna,
Sovra Tiralli, ed ha nome Benaco;

Per mille fonti, credo, e più si bagna,
Tra Garda, e val Camonica, e Apennino
Dell' acqua, che nel detto lago stagna.

Luogo è nel mezzo là, dove 'l Trentino
Pastore, e quel di Brescia, e 'l Veronese
Segnar poria, se fesse quel cammino.

Siede Peschiera, bello e forte arnese,
Da fronteggiar Bresciani e Bergamaschi,
Onde la riva intorno più discese.'

Et cet autre tournant le dos à sa poitrine,
C'est Aruns[1]. Dans le mont de Luni qui domine
Les champs des Carrarais à ses pieds étendus,

Au sein d'une carrière il fixa sa demeure,
Parmi les marbres blancs d'où ses yeux à toute heure
Interrogeaient la mer et le ciel étoilé.

Et cette femme-là dont les tresses flottantes
Couvrent le sein caché de nappes ondoyantes,
Et dont le corps par là d'un poil noir est voilé,

C'est Manto qui, longtemps errante et vagabonde,
Se fixa dans les lieux où je naquis au monde.
Pour l'amour du pays, or donc, écoute un peu.

Quand son père eut perdu la lumière et la vie,
Lorsque fut la cité de Bacchus asservie,
Par le monde elle erra longtemps sans feu ni lieu.

Un lac s'étend au nord de la belle Italie,
Au pied des monts Alpins, bordant la Germanie
Au-dessus du Tyrol ; son nom est le Bénac.

De milliers de ruisseaux le tribut magnifique
Vient, entre l'Apennin, Garde et Val-Camonique
Accroître et gonfler l'eau qui dort dans ce beau lac.

Une île est au milieu que le flot environne ;
Les pasteurs de Brescia, de Trente et de Vérone
Peuvent s'y rassembler, ont le droit d'y bénir[2].

Sur la pente où le bord s'abaisse davantage,
S'élève Peschiera, fort puissant dont l'ouvrage
A Bergame et Brescia de rempart peut servir.

Ivi convien, che tutto quanto caschi
Ciò, che 'n grembo a Benaco star non può
E fassi fiume giù pe' verdi paschi.

Tosto che l'acqua a correr mette co',
Non più Benaco, ma Mincio si chiama
Fino a Governo, dove cade in Pò.

Non molto a corso, che truova una lama,
Nella qual si distende, e la impaluda,
E suol di state talora esser grama.

Quindi passando la vergine cruda
Vide terra nel mezzo del pantano,
Senza cultura, e d'abitanti nuda.

Lì, per fuggire ogni consorzio umano,
Ristette co' suoi servi a far sue arti,
E visse, e vi lasciò suo corpo vano.

Gli uomini poi, che 'ntorno erano sparti,
S'accolsero a quel luogo, ch'era forte
Per lo pantan, ch'avea da tutte parti,

Fèr la città sovra quell' ossa morte,
E per colei, che 'l luogo prima elesse,
Mantova l'appellâr senz' altra sorte.

Già fur le genti sue dentro più spesse,
Prima che la mattia da Casalodi
Da Pinamonte inganno ricevesse.

Però t'assenno, che se tu mai odi
Originar la mia terra altrimenti,
La verità nulla menzogna frodi.

C'est là que le Bénac épanche dans la plaine
Les flots mal contenus dans sa gorge trop pleine.
Par les champs verdoyants l'onde prend son élan ;

Elle change de nom en commençant sa course,
Prend celui de Mincio, fuit bien loin de sa source,
Et court à Governo tomber dans l'Éridan.

Mais trouvant en chemin une lande stérile,
Le fleuve y laisse une eau qui croupit immobile,
Marais empoisonné dans les feux de l'été.

Or, passant là, Manto, cette vierge sauvage,
Aperçut au milieu du vaste marécage
Un terrain sans culture, un sol inhabité.

Avec ses serviteurs la sibylle thébaine
Se fixa là pour fuir toute rencontre humaine,
Y pratiqua son art, y vécut, y mourut.

Et plus tard, comprenant quelle forte défense
Offrait en cet endroit le marécage immense,
La foule dispersée à l'entour accourut.

Sur les os de la morte on bâtit une ville ;
Et, Manto, la première, ayant choisi l'asile,
Mantoue on l'appela sans autre appel au sort.

Jadis plus d'habitants en ont peuplé l'enceinte,
Avant que Pinamont, par une indigne feinte,
Eût joué Casalot, qu'on dupait sans effort[3].

Te voilà bien instruit ; et si quelqu'un peut-être
Donne une autre origine aux lieux qui m'ont vu naître,
Nulle erreur ne pourra faire tort à ta foi. »

Ed io : Maestro, i tuoi ragionamenti
Mi son sì certi, e prendon sì mia fede,
Che gli altri mi sarien carboni spenti.

Ma dimmi della gente, che procede,
Se tu ne vedi alcun degno di nota :
Che solo a ciò la mia mente risiede.

Allor mi disse : Quel, che dalla gota.
Porge la barba in su le spalle brune,
Fu, quando Grecia fu di maschi vota

Sì, ch' appena rimaser per le cune,
Augure, e diede 'l punto con Calcanta
In Aulide, a tagliar la prima fune.

Euripilo ebbe nome, e così 'l canta
L' alta mia tragedia in alcun loco :
Ben lo sai tu, che la sai tutta quanta.

Quell' altro, che ne' fianchi è così poco,
Michele Scotto fu, che veramente
Delle magiche frode seppe il giuoco.

Vedi Guido Bonatti, vedi Asdente,
Ch' avere inteso ad cuoio e allo spago
Ora vorrebbe, ma tardi si pente.

Vedi le triste, che lasciaron l' ago,
La spuola, e 'l fuso, e fecersi indovine :
Fecer malie con erbe e con immago.

Ma vienne omai, chè già tiene 'l confine
D' amenduo gli emisperi, e tocca l' onda.
Sotto Sibilia, Caino, e le spine.

— « O maître, en tes discours telle est ma confiance,
Ils ont pour s'emparer de moi tant de puissance,
Que tous autres seraient charbons éteints pour moi.

Mais, dis-moi, dans les rangs de la gent qui s'avance
Ne distingues-tu pas quelque ombre d'importance ?
Car c'est là ce qui tient mes esprits éveillés. »

Lors il me dit : « Celui dont la barbe touffue
Descend comme un manteau sur son épaule nue,
Quand la Grèce perdait tant de sang, de guerriers,

Qu'à peine les berceaux en gardaient pour les mères,
Fut augure, et c'est lui qui pour les grandes guerres
Avec Calchas donna l'ordre d'appareiller.

Eurypile est son nom : tel ma muse tragique
L'a nommé dans un coin de mon poëme épique[4] ;
Tu le sais bien, puisque tu le sais tout entier.

Cet autre chancelant sur sa hanche amaigrie,
C'est Michel Scot[5], passé maître en sorcellerie
Et qui de la magie a vraiment connu l'art.

Vois Guido Bonatti ; vois Adsent[6] qui regrette
D'avoir abandonné son cuir et sa navette,
Mais hélas, l'imprudent ! il se repent trop tard.

Vois ces femmes plus loin : à leurs mains meurtrières
L'aiguille et le fuseau répugnaient ; les sorcières
Avec l'herbe et la cire on fait œuvre d'Enfer.

Mais viens : déjà Caïn, son fagot sur l'épaule,
Occupe les confins de l'un et l'autre pôle[7],
Au-dessous de Séville il a touché la mer.

E già jernotte fu la luna tonda :
Ben ten' dee ricordar, che non ti nocque
Alcuna volta per la selva fonda.

Sì mi parlava, e andavamo introcque.

Hier déjà la lune en son plein était ronde.
Tu dois t'en souvenir : dans la forêt profonde
L'astre plus d'une fois t'a prêté du secours. »

Ainsi parlait Virgile, et nous allions toujours.

NOTES DU CHANT XX

¹ Aruns, devin toscan.

² Ces trois évêques avaient en ce lieu les limites de leurs diocèses, ils pouvaient donc de là exercer tous les trois leur droit épiscopal, ou, comme dit Dante, *segnar*, donner la bénédiction.

³ *Pinamonte* engagea *Casalodi*, comte de Mantoue, à exiler beaucoup de nobles pour plaire au peuple, puis il le renversa lui-même.

⁴ Au livre II de l'Énéide :

Suspensi Eurypilum scitatum oracula Phœbi
    Mittimus.

⁵ Michel Scot, astrologue de l'empereur Frédéric II.

⁶ Bonatti, astrologue du comte de Montefeltro. Adsent, astrologue de Parme, qui avait commencé par être savetier.

⁷ Dans ce temps-là, le peuple croyait voir dans les taches de la lune Caïn chargé d'un fardeau d'épines.

ARGUMENT DU CHANT XXI

Cinquième *bolge* : autres fourbes, fripons et prévaricateurs. Ils sont plongés dans une poix bouillante, des troupes de démons les surveillent du bord et repoussent à coups de fourche au fond de l'ardent bitume les malheureux qui essaient de remonter à la surface. En voyant approcher Dante et Virgile, ces démons se précipitent sur eux en fureur; Virgile les apaise. Le chef de la troupe noire apprend alors aux voyageurs que le pont de rochers est brisé un peu plus loin et ne peut plus leur servir de passage. Il leur indique un détour qu'ils devront suivre, et leur donne une escorte.

CANTO VIGESIMOPRIMO

Così di ponte in ponte altro parlando,
Che la mia commedia cantar non cura,
Venimmo, e tenevamo 'l colmo, quando

Ristemmo, per veder l' altra fessura
Di Malebolge, e gli altri pianti vani:
E vidila mirabilmente oscura.

Quale nell' Arzanà de' Viniziani
Bolle l' inverno la tenace pece,
A rimpalmar li legni lor non sani,

Che navicar non ponno, e' n quella vece
Chi fa suo legno nuovo, e chi ristoppa
Le coste a quel, che più viaggi fece:

Chi ribatte da proda, e chi da poppa:
Altri fa remi, ed altri volge sarte,
Chi terzeruolo, ed artimon rintoppa:

Tal, non per fuoco, ma per divina arte,
Bollìa laggiuso una pegola spessa,
Che 'nviscava la ripa d' ogni parte.

CHANT VINGT-UNIÈME

Ainsi, de pont en pont, il va, moi sur sa trace,
Tenant d'autres propos encor, mais que je passe,
Et d'une arche nouvelle atteignant le sommet,

Nous arrêtons nos pas pour voir une autre enceinte,
Gouffre de Malebolge où s'exhale autre plainte,
Et je vis un fossé plus noir qu'une forêt.

Comme à Venise, au temps du givre et de la glace,
Bout, dans les arsenaux, la résine tenace
Qui sert à radouber les bois avariés

Pour les rendre à la mer. L'un refait son navire
A neuf; on voit un autre avec la poix l'enduire
Et calfater ses flancs que la vague a rayés.

La scie est à la proue, à la poupe la hache;
Là des rames, ici des câbles qu'on rattache;
On recoud la misaine et le mât d'artimon.

Telle, par l'art divin, dans ce bas-fond s'allume
Et bout, sans feu visible, un fleuve de bitume;
Engluant les deux bords de son épais limon.

I' vedea lei, ma non vedeva in essa
Ma che le bolle, che 'l bollor levava,
E gonfiar tutta, e riseder compressa.

Mentr' io laggiù fissamente mirava,
Lo Duca mio, dicendo: Guarda, guarda,
Mi trasse a se del luogo, dov' io stava.

Allor mi volsi come l' uom, cui tarda
Di veder quel che gli convien fuggire,
E cui paura subita sgagliarda:

Che per veder, non indugia 'l partire:
E vidi dietro a noi un Diavol nero,
Correndo su per lo scoglio, venire.

Ahi quant' egli era nell' aspetto fiero!
E quanto mi parea nell' atto acerbo,
Con l' ale aperte, e sovra i piè leggiero!

L' omero suo, ch' era acuto e superbo,
Carcava un peccator con ambo l' anche,
Ed ei tenea de' piè ghermito il nerbo.

Del nostro ponte, disse: O Malebranche,
Ecc' un degli Anzïan di santa Zita:
Mettetel sotto, ch' i' torno per anche

A quella terra, che n' è ben fornita.
Ogni uom v' è barattier, fuor che Buonturo:
Del no per li denar vi si fa ita.

Laggiù 'l buttò, e per lo scoglio duro
Si volse, e mai non fu mastino sciolto,
Con tanta fretta a seguitar lo furo

Je voyais bien la poix, mais rien qu'à la surface.
Et le flot bouillonnant qui s'élève et s'efface,
Qui se gonfle écumant et retombe soudain.

Tandis que dans le fond, l'œil fixe, je regarde,
Mon guide s'écriant : « Prends garde à toi, prends garde ! »
De l'endroit où j'étais me tire par la main.

Je me tourne aussitôt comme un homme à qui tarde
De connaître d'où vient le danger, qui regarde,
Et d'un subit effroi se sentant défaillir,

N'attend pas d'avoir vu pour faire sa retraite.
Et je vis un démon, noir des pieds à la tête,
En arrière de nous par le pont accourir

Dieu ! quel terrible aspect, quel féroce visage !
De quel air il venait menaçant, plein de rage,
L'aile ouverte et dressé sur ses pieds vigoureux !

Les jambes d'un pécheur, comme un cep à deux branches,
Chargeaient sa large épaule et lui battaient les hanches ;
Il tenait par le nerf les pieds du malheureux.

Arrivé près de nous : « Voici, prenez-le vite,
Griffes du Malebolge ! un mort de sainte Zite [1],
Plongez-le dans la poix ; que je retourne encor

En pêcher au pays où le diable est si riche !
Là, hormis Bonturo [2], personne qui ne triche ;
D'un *non* on fait un *oui* là-bas pour un peu d'or. »

Et dans le fond du gouffre il jette l'ombre humaine,
Et retourne. Jamais mâtin brisant sa chaîne
Aux trousses d'un voleur n'ai vu courir ainsi.

Quei s' attuffò, e tornò su convolto :
Ma i Demon, che del ponte avean coverchio
Gridâr : Qui non ha luogo il santo Volto :

Qui si nuota altrimenti, che nel Serchio :
Però se tu non vuoi de' nostri graffi,
Non far sovra la pegola soverchio.

Poi l' addentâr con più di cento raffi :
Disser : Coverto convien, che qui balli,
Sì che, se puoi, nascosamente accaffi.

Non altrimenti i cuochi a' lor vassalli
Fanno attuffare in mezzo la caldaia
La carne con gli uncin, perchè non galli.

Lo buon Maestro : Acciochè non si paia,
Che tu ci sii, mi disse, giù t'acquatta
Dopo uno scheggio, che alcun schermo t' aia ;

E per nul' offension, ch'a me sia fatta,
Non temer tu, ch' io ho le cose conte,
Perch' altra volta fui a tal baratta.

Poscia passò di là dal co' del ponte,
E com' ei giunse in su la ripa sesta,
Mestier gli fu d' aver sicura fronte.

Con quel furore, et con quella tempesta,
Ch' escono i cani addosso al poverello,
Che di subito chiede, ove s'arresta ;

Usciron quei di sotto 'l ponticello,
E volser contra lui tutti i roncigli :
Ma ei gridò : Nessun di voi sia fello.

Le damné s'abîma, puis releva la tête.
Mais les démons couverts par le pont : « Malebête !
On ne peut invoquer la sainte Image ici ³.

Ce n'est pas dans les eaux du Serchio ⁴ qu'on te baigne.
Et si tu ne veux pas qu'on te gratte la teigne,
Il ne faut pas ainsi mettre la tête à l'air.

Et de cent coups de fourche ils harponnent l'infâme,
Disant : « C'est à couvert qu'on danse ici, chère âme !
Il faut se bien cacher pour voler en Enfer. »

Ainsi les marmitons, ces vassaux de cuisine,
A grands coups de fourchette au fond de la bassine
Repoussent le bouilli qui cherche à surnager.

Mon bon maître me dit : « Prends garde qu'on te sache
Si près, et cherche vite un abri qui te cache.
Un de ces rochers-là pourra te protéger.

Si je dois, moi, subir de leur part quelque outrage,
Ne t'inquiète pas ; car je connais leur rage.
J'ai déjà, tu le sais, bravé ces furieux. »

Il dit, et jusqu'au bout du pont poursuit sa marche ;
Mais quand il arriva près de la sixième arche,
Il lui fallut s'armer d'un front bien courageux.

Comme on voit quand un pauvre au seuil de quelque riche
S'arrête suppliant, les chiens hors de leur niche
S'élancer pleins de rage et le mordre aux talons ;

Tel de dessous le pont tous ces démons sortirent,
Et sur lui, menaçants, griffe et fourche brandirent
Mais lui de leur crier : « Ne soyez pas félons !

Innanzi che l'uncin vostro mi pigli,
Traggasi avanti l'un di voi, che m'oda,
E poi di roncigliarmi si consigli.

Tutti gridavan: Vada, Malacoda:
Perch'un si mosse, e gli altri stetter fermi,
E venne a lui dicendo, che gli approda.

Credi tu, Malacoda, qui vedermi
Esser venuto, disse 'l mio Maestro,
Securo già da tutti i vostri schermi

Senza voler divino, e fato destro?
Lasciami andar, che nel Cielo è voluto,
Ch'io mostri altrui questo cammin silvestro.

Allor gli fu l'orgoglio sì caduto,
Che si lasciò cascar l'uncino a' piedi,
E disse agli altri: Omai non sia feruto.

E 'l Duca mio a me: O tu, che siedi
Tra gli scheggion del ponte quatto quatto,
Sicuramente omai a me ti riedi.

Perch'io mi mòssi, e a lui venni ratto:
E i diavoli si fecer tutti avanti,
Sì ch'io temetti non tenesser patto.

E così vid'io già temer li fanti,
Ch'uscivan patteggiati di Caprona
Veggendo sè tra nemici cotanti.

Io m'accostai con tutta la persona,
Lungo 'l mio Duca, e non torceva gli occhi
Dalla sembianza lor, ch'era non buona.

Avant qu'aucun de vous sur ses crocs ne m'embroche,
Que l'un de vous ici pour m'écouter s'approche,
Puis, s'il veut, qu'il me pende à son harpon aigu.

« Vas-y, Malacoda ! cria toute la troupe.
Et l'un d'eux sur-le-champ se détacha du groupe
Et vint droit à mon maître en disant : « Que veux-tu ? »

— « Crois-tu, Malacoda, lui dit alors mon maître,
Que tu m'aurais pu voir dans ce gouffre paraître
Sain et sauf au milieu de vos fers meurtriers

Sans le vouloir divin, sans le destin propice ?
Laisse-moi m'avancer ! Le Ciel, puissant complice,
Veut que je guide un homme en ces âpres sentiers. »

Son arrogance expire à ces mots du poëte,
Sa fourche à ses pieds tombe, et détournant la tête :
« Nous ne pouvons, dit-il aux autres, le toucher. »

Et le poëte à moi : « Désormais hors d'atteinte,
Du roc où tu te tiens blotti parais sans crainte ;
Viens, sans danger, de moi tu peux te rapprocher. »

Moi, sans tarder, j'accours, mais cependant je tremble.
Les démons en avant se portaient tous ensemble ;
Je crus qu'ils tiendraient mal ce qu'ils avaient promis.

Ainsi les régiments, quand Caprone fut prise,
Malgré tous les traités, craignaient quelque surprise
En sortant au milieu du flot des ennemis.

Je me tenais le corps collé contre mon guide,
Sans détacher mes yeux de la bande homicide,
Dont l'attitude et l'air me semblaient peu sereins.

Ei chinavan gli raffi, e : Vuoi ch' i' 'l tocchi,
Diceva l' un con l' altro, in sul groppone ?
E rispondean : Sì ; fa, che gliele accocchi.

Ma quel demonio, che tenea sermone
Col Duca mio, si volse tutto presto,
E disse : Posa, posa, Scarmiglione.

Poi disse a noi : Più oltre andar per questo
Scoglio non si potrà ; perrocchè giace
Tutto spezzatto al fondo l' arco sesto :

E se l' andare avanti pur vi piace,
Andatevene su per questa grotta :
Presso è un altro scoglio, che via face.

Jer, più oltre cinq' ore, che quest' otta,
Mille dugento con sessanta sei
Anni compiêr, che qui la via fu rotta.

Io mando verso là di questi miei,
A riguardar s' alcun se ne sciorina :
Gite con lor, ch' e' non saranno rei.

Tratti avanti, Alichino, e Calcabrina,
Cominciò egli a dire, e tu, Cagnazzo,
E Barbariccia guidi la decina.

Libicocco vegna oltre, e Draghignazzo,
Ciriatto sannutto, e Graffiacane,
E Farfarello, e Rubicante pazzo.

Cercate intorno le bollenti pane :
Costor sien salvi sino all' altro scheggio,
Che tutto intero va sovra le tane.

Ils agitaient leurs crocs ; un démon de la troupe
Dit aux autres : « Faut-il lui chatouiller la croupe ? »
Et tous de lui répondre : « Oui, larde-lui les reins ! »

Mais, par bonheur, le chef qui parlait à mon guide,
Au démon en arrêt fait un signe rapide
Et lui dit : « Doucement, doucement, Scarmiglion ! »

Puis s'adressant à nous : « En avant par cette arche
Vous ne pourrez, dit-il, poursuivre votre marche,
Car le sixième pont a croulé dans le fond.

Et s'il vous plaît plus loin de pousser le voyage,
Prenez par cette côte : auprès un roc sauvage
S'élève, et de chemin ce roc vous servira.

Hier cinq heures plus tard que cette heure où nous sommes
Soixante-six ans joints à douze siècles d'hommes
Avaient passé, depuis que ce pont-ci croula.

Je dirige là-bas des guerriers de ma suite
Pour voir si nul damné ne sort de la marmite.
Allez de compagnie et ne craignez rien d'eux. »

« En avant ! cria-t-il alors à ses apôtres,
Alichin, Cagnazzo, Calcabrine et les autres !
Et que Barbariccia soit le chef de dix preux !

Allons, Libicocco, Draguignaz ! qu'on se suive !
Viens, Ciriatte aux bons crocs ! Toi, Grafficane, arrive !
Marche après Farfarelle, ardent Rubicanté !

Parcourez les contours du lac gluant et sombre,
Et que ces voyageurs avec vous sans encombre
Arrivent jusqu'au pont sur l'abîme jeté ! »

O me maestro! che è quel, ch' io veggio?
Diss' io : deh senza scorta andiamci soli,
Se tu sa' ir, ch' i' per me non la cheggio.

Se tu se' sì accorto, come suoli,
Non vedi tu, ch' e' digrignan li denti,
E con le ciglia ne minaccian duoli?

Ed egli a me: Non vo', che tu paventi :
Lasciali digrignar pure a lor senno,
Ch' e' fanno ciò per li lessi dolenti.

Per l' argine sinistro volta dienno :
Ma prima avea ciascun la lingua stretta
Co' denti verso lor duca, per cenno,

Ed egli avea del cul fatto trombetta.

— « Ciel ! m'écriai-je alors, quelle affreuse cohorte !
Maître, je t'en conjure, allons seuls, sans escorte.
Si tu sais le chemin, qu'en avons-nous besoin ?

Es-tu moins avisé que tu l'es de coutume ?
Regarde-les grincer des dents ; leur bouche écume,
Et leurs yeux enflammés nous menacent de loin. »

Le sage répondit : « Sans raison ton cœur tremble.
Va, laisse-les grincer les dents, si bon leur semble :
C'est contre les damnés qui sont dans le bouillon.

A gauche alors tourna la cohorte farouche,
Chacun faisant claquer sa langue dans sa bouche,
Comme un signe compris du chef, et le démon

S'était fait, en marchant, de son c... un clairon [6].

NOTES DU CHANT XXI

¹ Sainte Zite, c'est-à-dire la ville de Lucques, dont sainte Zite est la patronne.

² Bonturo, de la famille des Dati, en faveur de qui le poëte fait cette ironique exception, était un usurier célèbre pour ses friponneries dans Lucques et dans toute l'Italie.

³ Le *Santo Volto* : Image de Jésus-Christ sculptée par son disciple Nicodème, et que les Lucquois conservaient dans une chapelle murée de leur cathédrale.

⁴ Le Serchio, fleuve qui passe près de Lucques.

⁵ Le sixième pont est rompu en effet, mais, comme on le verra, il n'est pas vrai qu'il en existe un autre à l'endroit indiqué par le démon : c'est un tour qu'il joue aux deux voyageurs.

⁶ Ici comme dans deux ou trois autres passages, j'ai peut-être bravé l'honnêteté, en respectant le vieux poëte mon modèle. Mais le vers qui termine ce chant est le dernier coup de pinceau d'un tableau grotesque à la manière de Callot, qu'il faut conserver, et je n'aurais pas cru en adoucir heureusement l'effet par des périphrases dans le genre de celle-ci, qu'on trouve dans la version en prose de M. Artaud. « Barbariccia ouvrait la marche par les sons redoublés d'une trompette insolente et *fétide*. »

ARGUMENT DU CHANT XXII

Dante et Virgile, escortés par des démons, continuent leur route et font tout le tour du cinquième *bolge*. Épisode grotesque : Un damné du pays de Navarre, qui par malheur a sorti sa tête au-dessus du lac de bitume, est saisi par les démons ; il va être mis en pièces, quand il s'avise d'une ruse qui lui réussit. Il propose d'attirer à la surface, en sifflant, plusieurs de ses compagnons toscans et lombards ; à cette proposition, les démons, qui se flattent d'avoir à déchirer une proie plus considérable, lâchent prise et se tiennent à l'écart pour ne pas effaroucher les victimes qui leur sont promises. Mais le Navarrais, délivré de leurs griffes, s'élance dans la poix et disparaît. Les démons furieux le poursuivent sans réussir à l'atteindre, se battent entre eux, et finissent par tomber eux-mêmes dans la poix bouillante.

CANTO VIGESIMOSECONDO

Io vidi già cavalier muover campo,
E cominciare stormo, e far lor mostra,
E tal volta partir per loro scampo:

Corridor vidi per la terra vostra,
O Aretini, e vidi gir gualdane,
Ferir torneamenti, e correr giostra,

Quando con trombe, e quando con campane,
Con tamburi, e con cenni di castella,
E con cose nostrali, e con istrane:

Nè già con sì diversa cennamella
Cavalier vidi muover, nè pedoni,
Nè nave a segno di terra, o di stella.

Noi andavam con li dieci dimoni:
(Ah fiera compagnia!) ma nella chiesa
Co' Santi, e in taverna co' ghiottoni.

Pure alla pegola era la mia intesa,
Per veder della bolgia ogni contegno,
E della gente, ch' entro v' era incesa.

CHANT VINGT-DEUXIÈME

J'ai vu des cavaliers s'ébranler dans la plaine,
Engager la bataille et courir hors d'haleine,
Ou bien battre en retraite et fuir souventefois.

Habitants d'Arezzo, j'ai vu sur votre terre
Fondre les ravageurs avec leur cri de guerre,
J'ai vu les chevaliers, leurs joûtes, leurs tournois,

Au bruit du tambourin, du clairon, de la cloche,
Aux signaux des castels portés de proche en proche,
Mille instruments mêlant leur formidable accord :

Mais d'un fifre pareil jamais les sons étranges
D'hommes et de chevaux n'ont pressé les phalanges,
Ni la nef éclairée ou du ciel ou du port.

Nous marchions, les démons composant notre escorte,
La compagnie était terrible; mais qu'importe?
Les diables en Enfer : les saints au Paradis!

Cependant je fixais mes yeux pleins d'épouvante
Sur la poix écumant dans la fosse bouillante,
Cherchant à découvrir dans le fond les maudits.

Come i delfini, quando fanno segno
A' marinar con l' arco della schiena,
Che s' argomentin di campar lor legno;

Talor così ad alleggiar la pena
Mostrava alcun de' peccatori 'l dosso,
E nascondeva in men, che non balena.

E com' all' orlo dell' acqua d' un fosso
Stan gli ranocchi pur col muso fuori,
Sì che celano i piedi, e l' altro grosso;

Sì stavan d' ogni parte i peccatori:
Ma come s' appressava Barbariccia,
Così si ritraean sotto i bollori.

Io vidi, ed anche 'l cuor mi s' accappriccia,
Uno aspettar così, com' egl' incontra,
Ch' una rana rimane, e l' altra spiccia.

E Graffiacan, che gli era più di contra,
Gli arroncigliò le 'mpegolate chiome
E trassel su, che mi parve una lontra.

Io sapea già di tutti quanti 'l nome,
Sì li notai, quando furon eletti,
E poi che si chiamaro, attesi come.

O Rubicante, fa che tu li metti
Gli unghioni addosso sì, che tu lo scuoi,
Gridavan tutti insieme i maladetti:

Ed io: Maestro mio, fa, se tu puoi,
Che tu sappi chi è lo sciagurato
Venuto a man degli avversari suoi.

Tel on voit le dauphin confident des tempêtes,
Quand, recourbant le dos, il sort de ses retraites
Et présage au marin les troubles de la mer :

Ainsi pour alléger le mal, de la résine
Parfois quelques pécheurs sortaient un peu l'échine,
Mais ils disparaissaient aussi prompts que l'éclair.

Et comme sur l'étang grenouille se hasarde :
Elle monte à fleur d'eau, sort la tête et regarde,
Les pattes et le corps bien cachés sous le flot ;

Par endroits se montrait ainsi la gent coupable ;
Mais dès que s'approchait Barbariccia, le diable,
Dans la bouillante poix tous plongeaient aussitôt.

J'en vis un, — j'en frémis encore — par mégarde
Il s'était arrêté : telle parfois s'attarde
Quelque grenouille avant de faire le plongeon.

Malheureux ! Graffiacco se tenait là tout proche ;
Par ses cheveux souillés de poix il vous l'accroche ;
On eût dit d'une loutre au bout de son harpon.

Je connaissais déjà les diables de ma suite,
Quand ils furent choisis pour nous faire conduite,
Et j'avais écouté les noms qu'ils se donnaient.

« Vite, Rubicanté ! vois donc sortir cette âme !
Mets-lui ta fourche au dos, écorche-nous l'infâme ! »
Ainsi tout d'une voix les dix démons hurlaient.

— « O maître, fis-je alors, ne peux-tu pas me dire
Quel est ce malheureux damné que l'on déchire ?
Aux mains de ses bourreaux il tombe abandonné. »

Lo Duca mio gli s'accostò allato;
Domandollo ond' ei fosse; e quei rispose,
Io fui del regno di Navarra nato.

Mia madre a servo d'un signor mi pose,
Che m'avea generato d'un ribaldo,
Distruggitor di sè, e di sue cose.

Poi fui famiglio del buon re Tebaldo:
Quivi mi misi a far baratteria,
Di che i' rendo ragione in questo caldo.

E Cirïatto, a cui di bocca uscia,
D'ogni parte una sanna, come a porco,
Gli fe' sentir come l'una sdrucia.

Tra male gatte era venuto 'l sorco:
Ma Barbariccia il chiuse con le braccia,
E disse: State 'n là, mentr' io lo 'nforco :

E al Maestro mio volse la faccia:
Dimanda, disse, ancor, se più disii
Saper da lui, prima ch' altri 'l disfaccia.

Lo Duca: Dunque or dì degli altri rii:
Conosci tu alcun, che sia Latino
Sotto la pece? e quegli: Io mi partii

Poco è da un, che fu di là vicino:
Così foss' io ancor con lui coverto,
Ch' io non temerei unghia, nè uncino.

E Libicocco, troppo avem sofferto
Disse e presegli 'l braccio col runciglio,
Sì che, stracciando, ne portò un lacerto.

De la fosse aussitôt se rapprochant, mon maître
Demande au patient quel pays l'a vu naître.
— « Je suis un Navarrois, » lui répond le damné [1].

« Aux gages d'un seigneur je fus mis par ma mère,
Dès mes plus jeunes ans orphelin de mon père,
Qui dissipa ses biens et détruisit ses jours.

Puis du bon roi Thibaut ayant conquis les grâces,
Je vendis ses faveurs, et ces manœuvres basses
Sont le crime qu'ici je pleure pour toujours. »

Comme il disait ces mots, Ciriatto s'élance,
Ainsi qu'un sanglier il a double défense
Qu'il enfonce en la chair du prévaricateur.

Pauvre souris tombée aux chats inexorables !
Mais le chef, dans ses bras l'étreignant, dit aux diables :
« Arrière ! je le tiens, c'est moi l'exécuteur. »

Et vers nous le démon tournant son noir visage :
« Si de lui vous voulez en savoir davantage,
Hâtez-vous donc avant qu'on le mette en morceaux. »

— « Eh bien, reprit mon maître en s'adressant à l'ombre,
Parmi tes compagnons, en est-il dans le nombre
Qui soient du Latium ? » L'ombre dit : « Sous ces eaux

J'en quitte un à l'instant qui naquit où vous dites.
Ah ! que ne suis-je encor, moi, sous ces eaux maudites,
Où griffes et harpons ne nous atteignent pas ! »

Soudain Libicocco : « C'est trop de patience ! »
Et sur le réprouvé plein de rage il s'élance,
L'attrape avec sa gaffe et lui déchire un bras.

Draghignazzo anch' ei volle dar di piglio
Giù dalle gambe : onde 'l decurio loro
Si volse 'ntorno intorno con mal piglio.

Quand' elli un poco rappaciati foro,
A lui, ch' ancor mirava sua ferita,
Dimandò 'l Duca mio, senza dimoro,

Chi fu colui, da cui mala partita
Di' che facesti, per venire a proda?
Ed ei rispose ; Fu frate Gomita,

Quel di Gallura, vasel d' ogni froda,
Ch' ebbe i nemici di suo donno in mano,
E fe' lor sì, che ciascun se ne loda :

Denar si tolse, e lasciolli di piano,
Sì com' e' dice : e negli altri ufici anche
Barattier fu non picciol, ma sovrano.

Usa con esso donno Michel Zanche
Di Logodoro : ed a dir di Sardigna
Le lingue lor non si sentono stanche.

O me! vedete l' altro, che digrigna :
Io direi anche : ma io temo, ch' ello
Non s'apparecchi a grattarmi la tigna.

E 'l gran proposto volto a Farfarello,
Che stralunava gli occhi per ferire,
Disse : fatti 'n costà, malvagio uccello.

Se voi volete vedere, o udire,
Ricominciò lo spaurato appresso,
Toschi, o Lombardi, io ne farò venire.

Draguignaz à son tour à le saisir s'apprête,
Va lui prendre les pieds ; mais leur chef les arrête
Et jette sur tous deux un regard menaçant.

Ils semblent un instant suspendre leur furie,
Et mon guide parlant à cette ombre meurtrie
Qui contemplait encor ses membres teints de sang :

« Quel est le compagnon dont tu t'es séparée
Pour t'arrêter au bord, ombre mal inspirée? »
Le pécheur répondit : « C'est frère Gomita,

Moine de Gallura, ce vase impur, ce traître,
Qui, cher aux ennemis et parjure à son maître,
Fit servir contre lui ses faveurs qu'il capta [2].

Un peu d'or fut le prix de sa perfide adresse,
Et dans tous ses emplois, lui-même le confesse,
Se montra sans égal dans l'art de malverser.

Avec lui constamment Michel Sanche converse [3],
Comme lui de Sardaigne, et leur bouche perverse
Redit tous leurs méfaits sans pouvoir se lasser.

Las! voyez, ce démon grince les dents de rage.
Je me tais, car je crains, si j'en dis davantage,
Que mon corps dans ses mains laisse encore un lambeau. »

Mais le chef des démons tourné vers Farfarelle
Déjà prêt à frapper et dont l'œil étincelle :
« Arrière! il n'est pas temps, dit-il, méchant corbeau! »

— « Si vous désirez voir, reprit l'ombre enhardie,
Des morts de la Toscane ou de la Lombardie,
Pour en faire venir je suis assez adroit.

Ma stien le Malebranche un poco in cesso,
Sì che non teman delle lor vendette:
Ed io seggendo in questo luogo stesso,

Per un, ch'io so, ne farò venir sette,.
Quando sufolerò, com' è nostr' uso
Di fare allor, che fuori alcun si mette.

Cagnazzo a cotal motto levò 'l muso,
Crollando 'l capo, e disse: Odi malizia
Ch' egli ha pensato, per gittarsi giuso.

Ond' ei, ch' avea lacciuoli a gran divizia,
Rispose: Malizioso son io troppo,
Quando procuro a' miei maggior tristizia.

Alichin non si tenne, e di rintoppo
A gli altri, disse a lui: Se tu ti cali,
Io non ti verrò dietro di galoppo,

Ma batterò sovra la pece l' ali:
Lascisi 'l colle, e sia la ripa scudo
A veder se tu sol più di noi vali.

O tu che leggi, udirai nuovo ludo.
Ciascun dall' altra costa gli occhi volse;
Quel prima, ch' a ciò fare era più crudo.

Lo Navarrese ben suo tempo colse,
Fermò le piante a terra, ed in un punto
Saltò, e dal proposto lor si sciolse:

Di che ciascun di colpo fu compunto,
Ma quei più, che cagion fu del difetto,
Però si mosse, e gridò: Tu se' giunto.

Écartez seulement ces griffes redoutables,
Pour ne pas effrayer d'avance les coupables ;
Et moi, sans m'éloigner, assis en cet endroit,

J'en ferai, moi tout seul, apparaître un grand nombre,
En sifflant, comme c'est l'usage, dès qu'une ombre
A sortir de la poix se risque sans danger. »

Lors Cagnazzo, levant son museau sardonique :
« Oyez, dit-il, oyez la ruse diabolique
Qu'il vient d'imaginer pour fuir d'un pied léger. »

Mais lui, sans se troubler, et fertile en malices ;
Oui, préparer aux miens de plus cruels supplices,
C'est être bien rusé, certe, et je le suis trop. »

Alichin, malgré tous, se prend à ces mensonges,
Et dit au Navarrois : « Écoute, si tu plonges,
Je ne te suivrai pas par derrière au galop ;

Mais bien mieux : sur le lac d'un coup d'aile j'arrive.
A toi donc le rocher à l'abri de la rive,
Et voyons si tout seul tu peux nous défier ! »

Or voici, cher lecteur, un bon tour qui s'apprête.
Chacun de s'éloigner et de faire retraite,
Et le plus défiant s'empresse le premier.

Le rusé Navarrois saisit l'instant rapide.
A peine sur la terre il pose un pied timide,
Qu'il saute, et dans l'étang rit de ses ennemis.

A ce coup imprévu l'on s'indigne, on s'irrite.
Alichin, dont la faute a causé cette fuite,
S'élance le premier en criant : « Il est pris ! »

18.

Ma poco valse, che l' ale al sospetto
Non potero avanzar: quegli andò sotto,
E quei drizzò, volando, suso il petto:

Non altrimenti l' anitra di botto,
Quando 'l falcon s' appressa, giù s'attuffa,
Ed ei ritorna su crucciato e rotto.

Irato Calcabrina della buffa,
Volando dietro gli tenne invaghito,
Che quei campasse, per aver la zuffa:

E come 'l barattier fu disparito,
Così volse gli artigli al suo compagno,
E fu con lui sovra 'l fosso ghermito.

Ma l' altro fu bene sparvier grifagno
Ad artigliar ben lui, e amendue
Cader nel mezzo del bollente stagno.

Lo caldo schermidor subito fue:
Ma però di levarsi era niente,
Sì aveano inviscate l' ale sue.

Barbariccia con gli altri suoi dolente,
Quattro ne fe' volar d'all' altra costa,
Con tutti i raffi, e assai prestamente

Di qua di là discesero alla posta:
Porser gli uncini verso gl' impaniati,
Ch' eran già cotti dentro dalla crosta

E noi lasciammo lor così 'mpacciati.

Fureur vaine! il ne peut atteindre le rebelle.
La terreur a volé plus vite que son aile :
L'ombre plonge, et le diable en l'air est remonté.

Ainsi, quand le faucon rapide fond sur elle,
On voit au fond des eaux se plonger la sarcelle
Et le chasseur ailé revenir irrité.

Calcabrine, indigné de cette tromperie,
Avait volé derrière, heureux dans sa furie,
Pour s'en prendre au démon, de voir fuir le pécheur.

Et quand le trafiquant eut disparu sous l'onde,
Contre son compagnon tournant sa griffe immonde,
Au-dessus de l'étang l'attaque avec fureur.

Mais l'autre, un épervier aussi de bonne race,
L'agrippe avec sa serre, avec rage l'embrasse,
Et dans le lac bouillant ils tombent tous les deux.

Le flot cuisant met fin à ce combat féroce ;
Mais ils cherchent en vain à sortir de la fosse,
Leur aile est engluée et tient au lac visqueux.

Barbariccia les voit et s'émeut; il envoie
Quatre de ses démons au couple qui se noie ;
De crocs et d'avirons ils se sont tous armés,

Au bord de ci, de là, s'empressent secourables,
Et tendent leurs harpons à ces deux misérables
Dans la bouillante poix à demi consumés.

Et nous laissâmes là les démons empaumés.

NOTES DU CHANT XXII

¹ Ciampolo était le nom de ce favori.

² Frère Gomita, religieux sarde né à Gallura. Ayant gagné la faveur de Nino de' Visconti, gouverneur de Gallura, il trahit les intérêts du prince en trafiquant des grâces et des emplois.

³ Michel Sanche, sénéchal de Logodoro, s'y livra à mille rapines. Il régna sur cette partie de la Sardaigne après avoir séduit Adelasia, la veuve de son souverain.

ARGUMENT DU CHANT XXIII

Dante et Virgile, délivrés de leur terrible escorte, descendent au sixième *bolge*, séjour des hypocrites. Les ombres de ces damnés s'avancent lentement, couvertes d'amples chapes qui semblent au dehors brillantes et dorées, mais qui sont de plomb et dont le poids les écrase. Dante interroge deux de ces ombres : ce sont celles de deux moines de l'ordre des Joyeux. Un peu plus loin, il voit un damné crucifié et couché par terre et que les autres ombres foulent en passant : C'est Caïphe, grand prêtre des Juifs ; au lieu de porter la chape, il endure le supplice qu'il infligea à Jésus-Christ. Tous les membres du sanhédrin qui participèrent à la sentence, faux zélés comme lui, sont condamnés à la même torture.

CANTO VIGESIMOTERZO

Taciti, soli, e senza compagnia
N' andavam l' un dinanzi, e l' altro dopo,
Come i frati minor vanno per via.

Volto era in su la favola d' Isopo
Lo mio pensier per la presente rissa,
Dov' ei parlò della rana, et del topo:

Chè più non si pareggia mo ed issa,
Che l' un con l' altro fa, se ben s' accoppia
Principio e fine, con la mente fissa :

E come l' un pensier dell' altro scoppia,
Così nacque di quello un altro poi,
Che la prima paura mi fe' doppia.

I' pensava così : Questi per noi
Sono scherniti, e con danno et con beffa
Sì fatta, ch' assai credo, che lor noj.

Se l' ira sovra 'l mal voler s' agguefla,
Ei ne verranno dietro più crudeli,
Che cane a quella levre, ch' egli acceffa

CHANT VINGT-TROISIÈME

Silencieux et seuls à travers la carrière
Nous allions tous les deux, lui devant, moi derrière :
Tels les frères Mineurs s'en vont par les chemins.

Je songeais, l'âme encor par leur rixe agitée,
A la fable jadis par Ésope inventée,
Où la grenouille au rat tend de méchants engins.

Si n'a pas avec *oui* de rapport plus semblable
Que ne m'en paraissaient offrir avec la fable
Le prélude et la fin du combat des démons.

Et comme une pensée en amène plus d'une,
De ma première idée une idée importune
Naquit et redoubla ma peur et mes frissons.

C'est à cause de nous que ces démons, pensais-je,
Se sont laissé berner et sont tombés au piége ;
Le tour a dû leur cuire et froisser leur orgueil

Si leur malice encor s'accroît de leur colère,
Ils vont courir, suivant nos traces par derrière,
Plus acharnés sur nous qu'u chien sur un chevreuil.

Già mi sentia tutto arricciar li peli
Della paura, et stava indietro intento;
Quando i' dissi: Maestro, se non celi

Te e me tostamente, io pavento
Di Malebranche: noi gli avem già dietro:
Io gl' immagino sì, che già gli sento.

E quei: S' io fossi d' impiombato vetro,
L' immagine di fuor tua non trarrei
Più tosto a me, che quella dentro impetro.

Pur mo venieno i tuoi pensier tra i miei,
Con simile atto, e con simile faccia,
Sì che d' entrambi un sol consiglio fei.

S' egli è, che sì la destra costa giaccia,
Che noi possiam nell' altra bolgia scendere,
Noi fuggirem l' immaginata caccia.

Già non compiò di tal consiglio rendere,
Ch' io gli vidi venir con l' ale tese,
Non molto lungi, per volerne prendere.

Lo Duca mio di subito mi prese,
Come la madre ch' al romore è desta,
E vede presso a sè le fiamme accese:

Che prende 'l figlio, e fugge, e non s' arresta,
Avendo più di lui che di sè cura,
Tanto che solo una camicia vesta:

E giù dal collo della ripa dura
Supin si diede alla pendente roccia,
Ch l' un de' lati all' altra bolgia tura.

Tous mes cheveux déjà se dressaient sur ma tête,
J'avais l'œil par derrière, et je dis : « Maître, arrête,
Si tu ne réussis à nous cacher tous deux,

Sur-le-champ, nous serons dans les griffes : j'en tremble ;
J'entends sur nos talons tous les démons ensemble,
Déjà je sens leurs crocs, maître, tant j'ai peur d'eux. »

— « Si j'étais le cristal d'un miroir, » dit le sage,
« Je ne pourrais vraiment réfléchir ton image
Plus tôt que dans ton cœur je ne pénètre et lis.

Avec les mêmes traits, avec les mêmes formes,
Tes pensers et les miens se mêlaient si conformes,
Que j'ai pris de nous deux un seul et même avis.

Si cette côte à droite assez avant incline,
Que nous puissions descendre en la fosse voisine,
Aux terribles chasseurs nous saurons échapper. »

Il n'avait pas fini sa phrase suspendue,
Que déjà les démons venaient, l'aile étendue,
A quelques pas de nous, tout prêts à nous frapper.

Mon guide, sur-le-champ, me prend, s'élance, vole.
Telle une mère au bruit s'éveille, et, comme folle
En voyant l'incendie autour d'elle éclater,

Prend son fils dans ses bras et s'enfuit toute blême ;
Ayant plus de souci de lui que d'elle-même,
Elle court demi-nue, et va sans s'arrêter.

Du sommet de la rive escarpée et glissante,
Mon maître s'abandonne à la roche pendante
Qui ferme un des côtés du barathre voisin.

Non corse mai sì tosto acqua per doccia,
A volger ruota di mulin terragno,
Quand' ella più verso le pale approccia,

Come 'l maestro mio per quel vivagno,
Portandosene me sovra 'l suo petto,
Come suo figlio, e non come compagno.

Appena furo i piè suoi giunti al letto
Del fondo giù, ch' ei giunsero in sul colle
Sovresso noi : ma non gli era sospetto ;

Chè l'alta Providenza, che lor volle
Porre ministri della fossa quinta,
Poder di partirs' indi a tutti tolle.

Laggiù trovammo una gente dipinta,
Che giva intorno assai con lenti passi,
Piangendo, e nel sembiante stanca e vinta.

Egli avean cappe con cappucci bassi
Dinanzi agli occhi, fatte della taglia,
Che per li monaci in Cologna fassi.

Di fuor dorate son, sì ch' egli abbaglia ;
Ma dentro tutte piombo, e gravi tanto,
Che Federigo le mettea di paglia.

O in eterno faticoso manto !
Noi ci volgemmo ancor pure a man manca
Con loro insieme, intenti al tristo pianto :

Ma per lo peso quella gente stanca
Venia sì pian, che noi eravam nuovi
Di compagnia ad ogni muover d' anca.

Comme une onde qui coule en jaillissant de source
Et qui dans ses conduits précipite sa course
Au moment d'approcher des aubes d'un moulin,

Plus rapide il glissait du haut de la colline,
En me tenant toujours serré sur sa poitrine,
Non comme un compagnon, mais comme un fils chéri.

A peine il eut touché le lit de la vallée,
Sur le haut du coteau la bande rassemblée
Parut ; mais nous étions désormais à l'abri ;

Car l'Être tout-puissant qui, dans sa Providence,
Du cinquième fossé leur commit la vengeance,
Ne leur a pas donné le pouvoir d'en sortir.

Là je vis une foule à la figure peinte,
Qui faisait à pas lents tout le tour de l'enceinte,
Pleurant et paraissant harassée à mourir.

Ils portaient une chape ; un capuchon énorme
Leur tombait sur les yeux : tels et de même forme
On en voit à Cologne aux moines mal vêtus.

Le dessus était d'or, mais ces mantes cruelles
Dessous étaient de plomb, si lourdes, qu'auprès d'elles
Celles de Frédéric n'étaient que des fétus [1].

Oh ! l'écrasant manteau pour la vie éternelle !
Prenant à gauche auprès de la gent criminelle,
Nous marchions attentifs à son gémissement.

Se traînant sous le poids, ces malheureuses ombres
Allaient si lentement le long des parois sombres,
Que nous changions de file à chaque mouvement.

Perch' io al Duca mio : Fa che tu trovi
Alcun, ch' al fatto, o al nome si conosca,
E gli occhi, sì andando, intorno muovi :

Ed un, che 'ntese la parola Tosca,
Dirietro a noi gridò : tenete i piedi,
Voi, che correte sì per l' aura fosca :

Forse ch' avrai da me quel, che tu chiedi :
Onde 'l Duca si volse, e disse : aspetta,
E poi secondo il suo passo procedi.

Ristetti, e vidi duo mostrar gran fretta
Dell' animo, col viso, d' esser meco .
Ma tardavagli 'l carco, e la via stretta.

Quando fur giunti, assai con l' occhio bieco
Mi rimiraron senza far parola :
Poi si volsero in sè, e dicean seco :

Costui par vivo all' atto della gola :
E s' ei son morti, per qual privilegio
Vanno scoverti della grave stola ?

Poi dissermi : O Tosco, ch' al collegio
Degl' ipocriti tristi se' venuto,
Dir chi tu se' non avere in dispregio.

Ed io a loro : I' fui nato e cresciuto
Sovra 'l bel fiume d' Arno alla gran villa,
E son col corpo, ch' i' ho sempre avuto.

Ma voi chi siete, a cui tanto distilla,
Quant' io veggio, dolor giù per le guance,
E che pena è in voi, che sì sfavilla ?

Et je dis à mon guide : « Oh! trouve, je t'en prie,
Une ombre dont je sache ou le nom ou la vie,
Et tout en avançant porte partout tes yeux. »

Un pécheur, entendant l'accent de la patrie,
Cria derrière nous : « Arrêtez, je vous prie,
Vous qui courez ainsi dans cet air nébuleux!

Je puis à ton désir satisfaire peut-être. »
A ces mots se tournant : « Attends-le, dit mon maître,
Et puis règle tes pas sur les siens en marchant. »

Je m'arrête, et je vois un couple qui s'empresse,
Les yeux tendus vers nous et montrant grande presse,
Mais le pied lourd et lent, sous le bois trébuchant.

Quand ils nous eurent joints, ils se mirent, l'œil louche,
A me considérer, avant que de leur bouche
Un seul mot ne sortît, puis se parlant entre eux :

« L'un des deux est vivant ; vois-le, comme il respire,
Et par quelle faveur, s'ils sont de notre empire,
S'en vont-ils dégagés du manteau douloureux? »

Puis vers moi se tournant : « O Toscan, qui visites
La corporation des mornes hypocrites,
Quel homme es-tu? dis-le, tu nous rendrais contents. »

— « Je suis né, j'ai grandi, leur dis-je tout tranquille,
Sur les bords du beau fleuve Arno, dans la grand'ville ;
Je porte ici le corps que j'eus depuis ce temps.

Mais vous-mêmes, ô vous dont je vois la souffrance
Distiller sur vos traits des pleurs en abondance,
Quel est donc ce tourment qui vous fait resplendir? »

E l' un rispose a me : Le cappe rance
Son di piombo sì grosse, che li pesi
Fan così cigolar le lor bilance.

Frati Godenti fummo, e Bolognesi,
Io Catalano, et costui Loderingo
Nomati, e da tua terra insieme presi,

Come suol esser tolto un uom solingo
Per conservar sua pace, e fummo tali,
Che ancor si pare intorno dal Gardingo.

Io cominciai : O frati, i vostri mali....
Ma più non dissi : ch' a gli occhi mi corse
Un, crocifisso in terra con tre pali.

Quando mi vide, tutto si distorse,
Soffiando nella barba co' sospiri :
E 'l frate Catalan, ch' a ciò s' accorse,

Mi disse : Quel confitto, che tu miri,
Consigliò i Farisei, che convenia
Porre un uom per lo popolo a' martiri,

Attraversato e nudo è per la via,
Come tu vedi ; ed è mestier, ch' el senta
Qualunque passa, com' ei pesa pria :

Ed a tal modo il suocero si stenta
In questa fossa, e gli altri del concilio,
Che fu per li Giudei mala sementa.

Allor vid' io maravigliar Virgilio
Sovra colui, ch' era disteso in croce
Tanto vilmente nell' eterno esilio.

— « Ces chapes, répond l'un, sont d'or en apparence,
Mais dessous c'est du plomb, et comme une balance
Nous craquons sous le poids qui nous force à gémir.

A Bologne autrefois nous étions joyeux frères :
Ta ville nous choisit au milieu de ses guerres,
Tous deux, moi Catalan et lui Loderingo ;

Isolés des partis, la cité confiante
Nous commettait sa paix ; nous la fîmes brillante,
Comme on en voit encor la marque au Gardingo [2]. »

— « Moines, vos maux... » Ce fut tout ce que je pus dire :
Un homme était gisant sur le sol, ô martyre !
Cloué sur une croix, par trois pals attaché.

Cette ombre à mon aspect se tordit convulsive
En soufflant dans sa barbe et soupirant plaintive.
Catalan l'aperçut, et, s'étant approché,

Me dit : « Ce transpercé qui gît là contre terre
Dit aux Pharisiens qu'il était nécessaire
De mettre un homme à mort pour le salut commun [3].

En travers du chemin jeté nu sous la foule,
Ainsi que tu le vois, en passant, on le foule,
Et le malheureux sait ce que pèse chacun.

De son beau-père aussi cette fosse est l'asile ;
Il subit ce martyre avec tout le concile
Dont l'odieux arrêt fut aux Juifs si fatal. »

Virgile contemplait, s'étonnant dans son âme,
La misérable croix où gisait l'ombre infâme,
Carcan d'ignominie en l'exil infernal.

Poscia drizzò al frate cotal voce :
Non vi dispiaccia, se vi lece, dirci,
S' alla man destra giace alcuna foce,

Onde noi amenduo possiamo uscirci.
Senza costringer degli angeli neri,
Che vegnan d' esto fondo a dipartirci.

Rispose adunque : Più che tu non speri,
S' appressa un sasso, che dalla gran cerchia
Si muove e varca tutti i vallon feri;

Salvo che questo è rotto e nol coperchia :
Montar potrete su per la ruina,
Che giace in costa e nal fondo soperchia.

Lo Duca stette un poco a testa china,
Poi disse : Mal contava la bisogna
Colui, che i peccator di là uncina.

E 'l frate : Io udii già dire a Bologna
Del diavol vizi assai, tra i quali udi',
Ch' egli è bugiardo e padre di menzogna.

Appresso 'l Duca a gran passi sen' gì
Turbato un poco d' ira nel sembiante :
Ond' io dagl' incarnati mi parti'

Dietro alle poste delle care piante.

Ensuite il adressa ces paroles au frère :
« Apprends-nous, s'il te plaît, sans nous être contraire,
S'il existe une issue à droite, où tous les deux

Nous puissions échapper à ces lieux redoutables,
Pour n'être pas réduits à recourir aux diables,
Anges noirs dont l'appui me paraît hasardeux. »

Catalan répondit : « Il existe une roche
Plus près que tu ne crois, c'est comme un pont tout proche
Qui va sur les fossés depuis le grand mur rond.

Ici le roc brisé roula dans la carrière [4],
Mais vous pourrez gravir les décombres de pierre
Qui gisent sur la pente et recouvrent le fond. »

Virgile s'arrêta, les yeux fixés à terre,
Et dit avec dépit : « Mal nous contait l'affaire
Ce démon qui là-bas harponne le pécheur. »

— « A Bologne autrefois, reprend l'ombre coupable,
J'ai souvent entendu parler des tours du diable :
On le traitait surtout de fourbe et de menteur. »

Mon guide alors partit à grands pas : un nuage
Avait comme assombri son calme et doux visage ;
Et, quittant les pécheurs sous la chape meurtris,

Je partis après lui, suivant ses pas chéris.

NOTES DU CHANT XXIII

¹ Frédéric II faisait brûler les coupables de lèse-majesté dans des chapes de plomb.

² Napoleone Catalona et Loderingo des Andalos, tous les deux de Bologne, appartenaient à l'ordre des frères de Sainte-Marie, appelés vulgairement Frères Joyeux, à cause de la joyeuse vie qu'ils menaient. Les Florentins leur confièrent concurremment l'autorité suprême, et l'on pouvait espérer qu'ils tiendraient la balance égale entre les partis, l'un ayant été choisi par le parti gibelin, l'autre par le parti guelfe, et tous deux étrangers à la ville. Mais peu de temps après leur élection, gagnés tout à fait par le parti guelfe, ils exilèrent les Gibelins et brûlèrent leurs maisons, entre autres le palais de Farinata degli Uberti, situé dans un quartier de Florence appelé le Gardingo.

³ Saint Jean rapporte les paroles de Caïphe : *Expedit vobis ut unus moriatur homo pro populo et non tota gens pereat.*

⁴ Le pont de rochers se trouve donc rompu ici comme au *bolge* précédent, contrairement à ce qu'avait dit Malacoda à Virgile (v. ch. XXI), et le poëte s'aperçoit avec dépit que le démon l'avait trompé.

ARGUMENT DU CHANT XXIV

Dante, soutenu par Virgile, arrive en suivant une montée escarpée et pénible au septième *bolge*, où sont punis les voleurs. Les ombres de cette autre espèce de fourbes s'enfuient nues et épouvantées dans l'enceinte jonchée d'horribles reptiles qui les poursuivent, les atteignent, les enlacent de leurs anneaux. Dante en voit une qui, sous la piqûre d'un serpent, tombe consumée sur le sol et renaît sur-le-champ de ses cendres. L'ombre se fait connaître : c'est Vanni Fucci, un voleur sacrilége; il prédit à Dante le triomphe des Noirs, à Florence, qui devait précéder l'exil du poëte.

CANTO VIGESIMOQUARTO

In quella parte del giovinetto anno,
Che 'l sole i crin sotto l' Aquario tempra,
E già le notti al mezzo dì s'en' vanno:

Quando la brina in su la terra assempra
L' immagine di sua sorella bianca,
Ma poco dura alla sua penna tempra,

Lo villanello, a cui la roba manca,
Si leva, e guarda, e vede la campagna
Biancheggiar tutta, ond' ei si batte l' anca:

Ritorna a casa e qua e là si lagna,
Come 'l tapin, che non sa che si faccia:
Poi riede e la speranza ringavagna,

Veggendo 'l mondo aver cangiata faccia
In poco d' ora, e prende suo vincastro
E fuor le pecorelle a pascer caccia.

Così mi fece sbigottir lo Mastro,
Quand' io gli vidi sì turbar la fronte,
E così tosto al mal giunse lo 'mpiastro:

CHANT VINGT-QUATRIÈME

A la fleur de l'année et quand l'astre du monde
Trempe dans le Verseau sa chevelure blonde,
Quand les nuits et les jours marchent d'un pas égal,

Quand le givre tombé sur la terre rappelle
L'image de sa sœur, limpide et blanc comme elle,
Et fond plus fugitif au soleil hivernal :

Le villageois naïf à qui manque le vivre
Se lève et contemplant les champs couverts de givre
Qui blanchissent au loin, il se frappe le front,

S'en retourne au logis et pleure d'abondance,
Comme un infortuné qui n'a plus d'espérance ;
Puis il regarde encore, et l'espoir vif et prompt

Lui revient : un rayon a changé la nature ;
Il conduit ses troupeaux à leur verte pâture
Et les précède armé d'un bâton pastoral.

Ainsi j'avais tremblé d'abord, voyant paraître
Le trouble du courroux sur le front de mon maître,
Aussi vite il plaça le baume sur le mal.

Chè come noi venimmo al guasto ponte,
Lo Duca a me si volse con quel piglio
Dolce, ch' io vidi in prima appiè del monte.

Le braccia aperse, dopo alcun consiglio
Eletto seco, riguardando prima
Ben la ruina e diedemi di piglio.

E come quei, che adopera ed istima,
Chè sempre par, che 'nnanzi si proveggia,
Così, levando me su per la cima

D' un ronchione, avvisava un' altra scheggia,
Dicendo: Sovra quella poi t' aggrappa:
Ma tenta pria, s' è tal, ch' ella ti reggia.

Non era via da vestito di cappa,
Chè noi a pena, ei lieve ed io sospinto,
Potevam su montar di chiappa in chiappa.

E se non fosse, che da quel precinto,
Più che dall' altro, era la costa corta,
Non so di lui: ma io sarei ben vinto.

Ma perchè Malebolge inver la porta
Del bassissimo pozzo tutta pende,
Lo sito di ciascuna valle porta,

Che l' una còsta surge e l' altra scende:
Noi pur venimmo infine in su la punta,
Onde l' ultima pietra si scoscende.

La lena m' era del polmon sì munta
Quando fui su, ch' i' non potea più oltre,
Anzi m' assisi nella prima giunta.

Comme nous arrivions au pont rompu, Virgile
Tourna vers moi son œil souriant et tranquille,
Ainsi qu'au pied du mont je l'avais vu venir,

Parut se recueillir, puis avec assurance
Mesura du regard le roc, notre espérance,
Et dans ses bras ouverts je me sentis saisir.

Et comme un artisan que son travail enchaîne,
Songe en faisant sa tâche à la tâche prochaine,
De même, en m'élevant sur un pan de rocher,

Mon maître en avisait un autre par avance;
Disant : « Çà maintenant, plus haut encore, avance;
Mais cramponne-toi bien, pour ne pas trébucher!

Ici porteurs de chape eussent perdu leur peine,
Puisque lui si léger, moi dans ses bras, à peine
Pouvions-nous lentement monter de bloc en bloc;

Et si de ce côté cette escarpe pendante
Eût offert la longueur qu'avait la précédente,
Je serais, moi du moins, tombé mort sur le roc,

Mais comme vers le puits que sa masse domine
Avec tous ses fossés Malebolge décline,
Chacun de ces vallons offre en son défilé

Tantôt un rocher bas, tantôt de hautes cimes.
Au sommet de la brèche enfin nous atteignîmes,
Sur le dernier débris de ce pont écroulé.

Lorsque je fus là-haut, j'avais si peu d'haleine
Que je ne pus aller plus avant : j'eus à peine
La force de m'asseoir en touchant le sommet.

Omai convien, che tu così ti spoltre :
Disse 'l Maestro : chè seggendo in piuma,
In fama non si vien, nè sotto coltre :

Senza la qual, chi sua vita consuma,
Cotal vestigio in terra di sè lascia,
Qual fummo in aere od in acqua la schiuma :

E però leva su, vinci l' ambascia
Con l' animo, che vince ogni battaglia,
Se col suo grave corpo non s' accascia,

Più lunga scala convien, che si saglia :
Non basta da costoro esser partito :
Se tu m' intendi; or fa sì, che ti vaglia.

Levâmi allor, mostrandomi fornito
Meglio di lena, ch' i' non mi sentia;
E dissi : Va, ch' i' son forte ed ardito.

Su per lo scoglio prendemmo la via,
Ch' era rongioso, stretto e malagevole,
Ed erto più assai, che quel di pria.

Parlando andava per non parer fievole :
Onde una voce uscio dall' altro fosso,
A parole formar disconvenevole.

Non so che disse, ancor che sovra 'l dosso
Fossi dell' arco già, che varca quivi :
Ma chi parlava, ad ira parea mosso.

Io era vôlto in giù, ma gli occhi vivi
Non potean' ire al fondo per l' oscuro :
Perch' io : Maestro, fa che tu arrivi

— « Allons, me dit le maître, allons, point de faiblesse !
Ce n'est pas sur la plume où s'endort la mollesse
Qu'à la gloire on parvient, ni sous le fin duvet.

Quand on a consumé ses jours sans renommée,
On ne laisse après soi qu'un souffle, une fumée,
Une trace semblable à l'écume des mers.

Lève-toi donc ! oppose à cette défaillance
La force de l'esprit, l'héroïque vaillance
Qui triomphe du corps et rend légers ses fers.

Il nous reste à gravir une échelle plus haute ;
Ce n'est rien que d'avoir atteint à cette côte ;
Si tu m'as entendu, fais-en profit ici. »

Je me levai, montrant plus d'ardeur et de flamme
Que je ne m'en sentais dans le fond de mon âme.
Et je m'écriai : « Va, je suis fort et hardi. »

Nous gravîmes alors la pente rocailleuse ;
Elle était plus étroite encor, plus raboteuse,
Plus âpre sous le pied que le roc précédent.

Je parlais en marchant, pour cacher ma faiblesse.
Soudain de l'autre fosse une voix en détresse
Sortit, faisant ouïr un son rauque et strident.

Encore que je fusse au milieu du passage,
Je ne pus pas saisir le sens de ce langage,
Mais celui qui parlait paraissait en courroux.

Je me baissai pour voir au fond du gouffre sombre :
En vain ; mes yeux vivants s'égaraient dans cette ombre ;
— « O maître, fis-je alors, avançons, pressons-nous ;

Dall' altro cinghio, e dismontiam lo muro :
Chè com' i' odo quinci e non intendo,
Così giù veggio e niente affiguro.

Altra risposta, disse, non ti rendo,
Se non lo far : chè la dimanda onesta
Si dee seguir con l' opera, tacendo.

Noi discendemmo 'l ponte dalla testa,
Ove s' aggiunge con l' ottava ripa,
E poi mi fu la bolgia manifesta :

E vidivi entro terribile stipa
Di serpenti e di sì diversa mena,
Che la memoria il sangue ancor mi scipa.

Più non si vanti Libia con sua rena :
Che se Chelidri, Jaculi e Faree
Produce e Cencri con Anfesibena,

Nè tante pestilenzie, nè sì ree
Mostrò giammai con tutta l' Etiopia,
Nè con ciò, che di sopra 'l mar Rosso ee.

Tra questa cruda e tristissima copia
Correvan genti nude e spaventate,
Senza sperar pertugio, o elitropia.

Con serpi le man dietro avean legate :
Quelle ficcavan per le ren la coda,
E 'l capo, ed eran dinanzi aggroppate.

Ed ecco ad un, ch' era da nostra proda,
S' avventò un serpente, che 'l trafisse
Là dove 'l collo alle spalle s' annoda.

Dans le cercle prochain j'ai hâte de descendre,
J'entends comme une voix, mais j'entends sans comprendre;
Mes yeux plongent au fond, mais sans distinguer rien. »

— « Ma réponse à ton vœu, repartit le poëte,
Je la fais en marchant, car à demande honnête
On se rend; il suffit; parler n'est d'aucun bien. »

Il dit, et descendant le rocher, il arrive
Au point où le pont touche à la huitième rive.
Le bolge m'apparut alors dans son horreur.

Je vis, terrible aspect! comme une masse énorme
De serpents si divers et de race et de forme,
Qu'à leur penser mon sang se glace de terreur.

Arrière la Libye aux brûlantes arènes!
Chélydres, Jaculi, Cérastes, Amphisbènes;
Tout ce qu'elle a produit de monstres, de fléaux,

Ne saurait égaler cet horrible assemblage,
Encor qu'on y joignît l'Éthiopie et la plage
Que la mer Rouge borde avec ses grandes eaux.

A travers cet essaim venimeux et féroce,
Nus et glacés d'effroi des pécheurs dans la fosse,
Sans abri, sans espoir, couraient en se sauvant.

Des serpents leur liaient les deux mains par derrière,
Leur plantaient dans les reins leur tête meurtrière
Et venaient s'agrafer sur leur cou par-devant.

Et voici qu'un pécheur dans sa fuite inutile
Passant auprès de nous, sur son dos un reptile
S'élance tout à coup et lui perce le col.

Nè O sì tosto mai, nè I si scrisse,
Com' ei s' accese e arse, e cener tutto
Convenne che cascando divenisse:

E poi che fu a terra sì distrutto,
La cener si raccolse, e per sè stessa
In quel medesmo ritornò di butto:

Così per li gran savi si confessa,
Che la fenice muore, e poi rinasce,
Quando al cinquecentesimo anno appressa:

Erba, nè biada in sua vita non pasce:
Ma sol d' incenso lagrime e d' amomo,
E nardo e mirra son l' ultime fasce.

E quale è quei che cade e non sa como,
Per forza di demon ch' a terra il tira,
O d' altra oppilazion; che lega l' uomo,

Quando si lieva, che 'ntorno si mira,
Tutto smarrito dalla grande angoscia,
Ch' egli ha sofferta e guardando sospira:

Tal' era 'l peccator levato poscia.
O giustizia di Dio quanto è severa,
Che cotai colpi per vendetta croscia!

Lo Duca il dimandò poi, chi egli era:
Perch' ei rispose: Io piovvi di Toscana,
Poco tempo è in questa gola fera.

Vita bestial mi piacque e non umana,
Sì come a mul, ch' io fui: son Vanni Fucci
Bestia, e Pistoia mi fu degna tana.

Rapide comme un trait qui glisse de la plume,
Sous le dard du serpent le malheureux s'allume,
Brûle et tombe réduit en cendres sur le sol.

Mais ces cendres à terre à peine dispersées,
Je les vois aussitôt se joindre ramassées
Et reformer le corps tel qu'il était d'abord.

De même le phénix, au dire des grands sages,
Quand après cinq cents ans il cède au poids des âges,
Meurt, et sur son bûcher renaît après sa mort.

Jamais d'herbe ou de grain il ne fait sa pâture,
Mais de larmes d'encens, d'amone encore plus pure,
Et de myrrhe et de nard il jonche son bûcher.

Et tel un possédé que le démon agite,
Ou qui, sous une étreinte invisible et subite,
Tombe sans voir le coup qui l'a fait trébucher;

Alors qu'il se relève, il promène sa vue
Tout à l'entour de lui, l'âme encor tout émue
De ce terrible accès, hagard et soupirant;

Ainsi se releva debout l'ombre coupable.
O justice de Dieu, sévère, inexorable !
A quels coups de vengeance on s'expose en péchant !

Mon guide alors lui dit de se faire connaître :
— « Depuis peu, répondit le pécheur à mon maître,
Je tombai de Toscane au gouffre où tu me vois.

J'ai préféré sur terre être brute qu'être homme,
Vrai mulet que je fus : C'est Fucci qu'on me nomme,
J'eus pour antre Pistoie, un nid digne de moi »[1].

Ed io al Duca : Dilli, che non mucci,
E dimanda, qual colpa quaggiù 'l pinse :
Ch' io 'l vidi uom già di sangue e di corrucci.

E 'l peccator, che intese, non s' infinse,
Ma drizzò verso me l' animo e 'l volto,
E di trista vergogna si dipinse ;

Poi disse : Più mi duol, che tu m' hai colto
Nella miseria, dove tu mi vedi,
Che quand' io fui dell' altra vita tolto :

Io non posso negar quel, che tu chiedi :
In giù son messo tanto, perch' i' fui
Ladro alla sagrestia de' belli arredi :

E falsamente già fu apposto altrui.
Ma perchè di tal vista tu non godi,
Se mai sarai di fuor de' luoghi bui,

Apri gli orecchi al mio annunzio, ed odi
Pistoia in pria di Negri si dimagra,
Poi Firenze rinnuova genti e modi.

Tragge Marte vapor di val di Magra,
Ch' è di torbidi nuvoli involuto :
E con tempesta impetuosa ed agra

Sopra campo Picen fia combattuto :
Ond' ei repente spezzerà la nebbia,
Sì ch' ogni bianco ne sarà feruto :

E detto l' ho, perchè doler ten' debbia.

— « Commande-lui d'attendre encor, dis-je à Virgile;
Qu'il dise quel péché dans ce bas-fond l'exile,
Je ne le connaissais que pour un égorgeur » [2].

Le damné m'entendit, et sans quitter la place,
Il se tourna vers moi, me regardant en face,
Mais son front se couvrit d'une triste rougeur,

Puis il me dit : « J'éprouve une souffrance amère
Que tu puisses ainsi me voir dans ma misère;
Le coup qui m'a ravi le jour fut moins cruel.

Mais il faut te répondre. En ce gouffre j'expie
Le double tort d'avoir d'une main trop impie
Soustrait les vases saints, ornement de l'autel,

Et laissé faussement accuser l'innocence.
Mais pour que tu sois moins joyeux de ma souffrance,
Si tu revois le jour loin de ces lieux de pleurs,

Écoute ce présage, et calme un peu ta joie.
Du parti Noir d'abord se purgera Pistoie [3];
Florence change alors et de peuple et de mœurs;

Mais du val de Magra, Mars, le Dieu des carnages,
Soulève un tourbillon entouré de nuages;
L'ouragan tombera, terrible, avec fureur,

Au jour du grand combat, dans les champs de Picène.
C'est là que la nuée éclatera soudaine.
Pas un Blanc qui ne soit frappé par le vainqueur.

Je te le fais savoir pour attrister ton cœur ! »

NOTES DU CHANT XXIV

¹ Vanni Fucci, bâtard d'un noble de Pistoie (ce qu'il exprime en se comparant à un mulet), avait volé les vases et les ornements sacrés de l'église Saint-Jacques à Pistoie ; il se tira d'affaire en laissant accuser et pendre comme auteur du vol, un de ses amis, Vanni della Nona, qui n'avait été que complaisant recéleur du trésor volé.

² Ne le connaissant que pour un homme de sang et de violence, pour un égorgeur, Dante s'étonne de le rencontrer dans l'un des bolges du cercle de la Fourbe. Il lui semble qu'il devrait habiter le cercle des violents.

³ En 1301, les Blancs de Pistoie, secondés par ceux de Florence, chassèrent les Noirs de leur ville. Mais dans la même année, les Noirs prirent une revanche éclatante dans les campagnes de Picène. Le marquis Malaspina les commandait. Ce fut à la suite de ces révolutions que Dante fut exilé.

ARGUMENT DU CHANT XXV

Le voleur ayant achevé de parler, s'enfuit en blasphémant; un Centaure, vomissant des flammes, le poursuit. Trois autres esprits se présentent. Un reptile monstrueux s'élance sur l'un d'eux, l'enveloppe, l'embrasse dans une horrible étreinte, tant que les deux substances finissent par se confondre. Un autre serpent vient percer l'un des deux autres esprits, et ici, par une métamorphose d'un nouveau genre, l'homme devient serpent et le serpent se change en homme.

CANTO VIGESIMOQUINTO

Al fine delle sue parole il ladro
Le mani alzò con ambeduo le fiche,
Gridando : Togli, Dio, ch' a te le squadro.

Da indi in qua mi fur le serpi amiche,
Perch' una gli s' avvolse allora al collo,
Come dicesse : I' non vo', che più diche :

Ed un' altra alle braccia et rilegollo
Ribadendo sè stessa sì dinanzi,
Che non potea con esse dare un crollo.

Ah Pistoia, Pistoia! che non stanzi
D' incenerarti, sì che più non duri,
Poi che 'n mal far lo seme tuo avanzi.

Per tutti i cerchi dello 'nferno oscuri,
Spirto non vidi in Dio tanto superbo,
Non quel, che cadde a Tebe giù de' muri.

Ei si fuggì, che non parlò più verbo :
Ed io vidi un centauro pien di rabbir,
Venir gridando : Ov' è, ov' è l' acerbo?

CHANT VINGT-CINQUIÈME

En achevant ces mots, le larron, ombre impie,
Fait la figue en levant les deux mains, et s'écrie :
« Attrape, Dieu du Ciel, attrape, et nargue à toi ! »

Mais alors un serpent (et depuis je les aime)
Se jette autour du cou du pécheur qui blasphème,
Comme pour dire : il faut te taire et rester coi.

Un autre en même temps vient lui serrer l'échine,
Et, nouant par devant ses bras sur sa poitrine,
Le frappe de silence et d'immobilité.

Ah, Pistoie ! ah, Pistoie ! O ville infâme, allume,
Et de tes propres mains, un feu qui te consume,
Puisque ainsi tu grandis dans ta perversité !

Dans les cercles d'Enfer aucune âme damnée
N'avait, même en comptant le Thébain Capanée,
Bravé si follement le Ciel, le front levé.

Sans ajouter un mot, il avait pris la fuite.
Plein de rage un Centaure accourt à sa poursuite,
Criant : Le misérable ! où donc s'est-il sauvé ?

Maremma non cred'io, che tante n'abbia,
Quante bisce egli avea su per la groppa,
Infino, ove comincia nostra labbia.

Sopra le spalle dietro dalla coppa,
Con l'ale aperte gli giaceva un draco,
Lo quale affuoca qualcunque s'intoppa.

Lo mio Maestro disse : Questi è Caco,
Che sotto 'l sasso di monte Aventino,
Di sangue fece spesse volte laco.

Non va co' suo' fratei per un cammino,
Per lo furar frodolente ch'ei fece
Del grande armento, ch'egli ebbe a vicino :

Onde cessar le sue opere biece
Sotto la mazza d'Ercole, che forse
Gliene diè cento, e non sentì le diece.

Mentre che sì parlava, ad ei trascorse,
E tre spiriti venner sotto noi,
De' quai nè io, nè 'l Duca mio s'accorse,

Se non, quando gridâr : Chi siete voi?
Perchè nostra novella si ristette,
Ed intendemmo pure ad essi poi.

I' non gli conoscea : ma e' seguette,
Come suol seguitar per alcun caso,
Che l'un nomare all'altro convenette,

Dicendo : Cianfa dove fia rimaso?
Perch'io, acciocchè 'l Duca stesse attento,
Mi posi 'l dito su dal mento al naso.

Les Maremmes, je crois, dans leurs champs infertiles
N'ont jamais à la fois nourri tant de reptiles
Que sur son large dos ce monstre n'en portait.

A l'attache du col, sur ses épaules nues,
Un dragon se tenait les ailes étendues
Et vomissait du feu sur quiconque approchait.

— « C'est Cacus [1], dit mon maître, un brigand sanguinaire
Qui du mont Aventin avait fait son repaire,
Et qui changea souvent son antre en lac de sang.

Il n'est pas dans le cercle où cheminent ses frères,
A cause du larcin que ses mains téméraires
Commirent sur les bœufs dans l'Aventin paissant.

Ce fut le dernier trait de ce monstre homicide.
Il tomba sous les coups vengeurs du grand Alcide.
Il en reçut bien cent : dix l'avaient couché mort. »

Comme il parlait ainsi, disparut le Centaure.
Et trois esprits vers nous de s'avancer encore,
De moi comme du maître inaperçus d'abord,

Qui se mirent ensemble à nous crier : Qui vive ?
Virgile fit silence, et l'oreille attentive,
Nous restions l'œil fixé sur ces trois malheureux.

Je n'avais d'aucun d'eux reconnu la figure ;
Mais un des trois, ainsi qu'il advient d'aventure,
Vint à dire tout haut le nom de l'un d'entre eux :

« Qu'est devenu Cianfa qu'on ne voit plus paraître ? »
A ces mots, pour fixer l'attention du maître,
Je fis signe en posant sur ma lèvre deux doigts.

20.

Se tu se' or, Lettore, a creder lento
Ciò, ch' io dirò, non sarà maraviglia :
Che io, che 'l vidi, appena il mi consento.

Com' io tenea levate in lor le ciglia ;
Ed un serpente con sei piè si lancia,
Dinanzi all' uno, e tutto a lui s' appiglia.

Co' piè di mezzo gli avvinse la pancia,
E con gli anterior le braccia prese,
Poi gli addentò et l' una e l' altra guancia.

Gli diretani alle cosce distese
E miseli la coda tr' amendue,
E dietro per le ren' su la ritese.

Ellera abbarbicata mai non fue
Ad alber sì, come l' orribil fiera
Per l' altrui membra avviticchiò le sue :

Poi s' appiccâr come di calda cera
Fossero stati, e mischiâr lor colore :
Nè l' un, nè l' altro già parea quel ch' era.

Come procede innanzi dall' ardore,
Per lo papiro suso un color bruno,
Che non è nero ancora, e 'l bianco muore.

Gli altri due riguardavano, et ciascuno
Gridava : Ome ! Agnel, come ti muti !
Vedi, che già non se' nè duo, nè uno.

Già eran li duo capi un divenuti,
Quando n' apparver duo figure miste,
In una faccia, ov' eran duo perduti.

Maintenant, ô lecteur, si dure est ton oreille
A ce que je dirai, point ne sera merveille.
Moi qui l'ai vu moi-même, à peine si j'y crois.

Tandis que mon regard entre les trois balance,
Se dressant sur six pieds, un reptile s'élance
Et sur l'un des pécheurs s'attache avec transport,

De ses pieds du milieu lui comprime le ventre,
De ses pieds de devant lui prend les bras, l'éventre,
Puis lui plonge ses dents dans la joue et le mord ;

Colle ses pieds d'arrière aux deux cuisses qu'il presse,
Passe sa longue queue entre elles, la redresse
Et la tord par derrière au-dessus du damné.

Le lierre qui s'attache et prend racine à l'orme
N'a pas les nœuds puissants qu'avait le monstre énorme
Nouant, greffant son corps sur cet infortuné.

Puis ensemble voici qu'ombre et serpent se fondent
Comme une cire en feu ; leurs couleurs se confondent.
Aucun ne paraît plus déjà ce qu'il était.

Ainsi le papier vierge au feu qui le dévoré
Commence par brunir · il n'est pas noir encore,
Mais la tache grandit et le blanc disparaît.

Les deux autres, témoins de ces affreux mélanges,
Criaient ensemble : « Hélas ! Agnel, comme tu changes !
Vois, tu n'es plus toi-même et vous n'êtes plus deux ! »

Les deux têtes s'étaient en une réunies ;
On ne distinguait plus des deux faces brunies
Qu'une seule où leurs traits s'entremêlaient hideux.

Fersi le braccia duo di quattro liste;
Le cosce con le gambe, il ventre, e 'l casso
Divenner membra, che non fur mai viste.

Ogni primaio aspetto ivi era casso:
Due, e nessun l'immagine perversa
Parea, e tal sen' gia con lento passo.

Come 'l ramarro sotto la gran fersa
De' di canicular cangiando siepe,
Folgore par, se la via attraversa :

Così parea, venendo verso l'epe
De gli altri due, un serpentello acceso,
Livido e nero, come gran di pepe.

E quella parte, d'onde prima è preso
Nostro alimento, all'un di lor trafisse:
Poi cadde giuso innanzi lui disteso.

Lo trafitto il mirò, ma nulla disse :
Anzi co' piè fermati sbadigliava,
Pur come sonno, o febbre l'assalisse.

Egli il serpente, et quei lui riguardava :
L'un per la piaga, e l'altro per la bocca
Fummavan forte, e 'l fummo s'incontrava.

Taccia Lucano omai, là dove tocca
Del misero Sabello, e di Nassidio,
E attenda a udir quel, ch'or si scocca :

Taccia di Cadmo, e d'Aretusa Ovidio :
Che se quello in serpente, e quella in fonte
Converte, poetando, i' non lo 'nvidio :

Quatre membres fondus forment deux bras énormes ;
La poitrine et les flancs et les jambes difformes
S'assemblent en un corps qu'on ne peut concevoir.

Pas un trait, pas un air que l'on pût reconnaître :
Être double, ou plutôt ce n'était plus un être,
Et le monstre à pas lents se mit à se mouvoir.

Comme, sous les ardeurs d'un jour caniculaire,
Le lézard, s'échappant du buisson solitaire,
Glisse, rapide éclair, au travers du chemin,

Tel accourut alors vers les deux autres âmes
Un serpent plus petit, le corps tout ceint de flammes,
Et livide et tout noir comme un grain de cumin.

Il perça l'une au creux du ventre, à la partie
D'où nous puisons d'abord l'aliment et la vie,
Puis à ses pieds, soudain, je le vis qui tombait.

Le blessé sans parler regarda le reptile,
La bouche grand' ouverte, et debout, immobile,
Comme pris de sommeil ou de fièvre, il bâillait.

Ils jetaient l'un sur l'autre un regard sombre et louche.
L'un fumait par sa plaie et l'autre par la bouche ;
Les vapeurs se mêlaient et les couvraient tous deux.

Arrière ici ta muse, ô Lucain ! Qu'on oublie
Sabellius et Naside aux déserts de Libye [2] !
Écoutez ce récit : il est plus merveilleux.

Arrière et l'Aréthuse et le Cadmus d'Ovide,
L'un en serpent changé, l'autre en source limpide !
Je ne suis point jaloux de lui, sans trop d'orgueil.

Chè duo nature mai a fronte a fronte
Non trasmutò, si che amendue le forme
A cambiar lor materie fosser pronte.

Insieme si risposero a tai norme,
Che 'l serpente la coda in forca fesse,
E 'l feruto ristringe insieme l' orme.

Le gambe con le cosce seco stesse
S' appicâr sì, che 'n poco la giuntura
Non facea segno alcun, che si paresse.

Togliea la coda fessa la figura,
Che si perdeva là, e la sua pelle
Si facea molle, ét quella di là dura.

Io vidi entrar le braccia per l' ascelle,
E i duo piè della fiera, ch' eran corti,
Tanto allungar, quanto accorciavan quelle.

Poscia li piè dirietro insieme attorti
Diventaron lo membro, che l' uom cela,
E 'l misero del suo n' avea duo porti.

Mentre che 'l fummo l' uno e l' altro vela
Di color nuovo, e genera 'l pel suso
Per l' una parte, e dall' altra il dipela,

L' un si levò, e l'altro cadde giuso,
Non torcendo però le lucerne empie,
Sotto le quai ciascun cambiava muso.

Quel, ch' era dritto, il trasse 'n ver le tempie,
E di troppa materia, che 'n là venne,
Uscir gli orrechi delle gote scempie :

Il n'a pas échangé deux êtres face à face,
Deux êtres différents de nature et de race,
Troquant forme et matière, et cela d'un clin d'œil.

Homme et bête alternant, ô changement bizarre !
Chez le serpent la queue en fourche se sépare ;
Le blessé réunit ses deux pieds et les joint.

Et la jambe à la jambe et la cuisse à la cuisse
Se soudent fortement, si bien que l'œil ne puisse
Distinguer seulement la jointure et le point.

La fourche du serpent prend la forme précise
Des jambes que perd l'homme, et sa peau s'égalise,
Et chez l'homme la peau s'écaille et se durcit.

Dans l'aisselle rentrant ses bras se rétrécissent :
Les pieds courts du serpent au contraire grandissent
D'autant que du damné le bras se raccourcit.

Ceux d'arrière tordus, et qu'ensemble il attache,
Forment chez le dragon le membre que l'on cache,
Tandis qu'en deux celui de l'autre s'est fendu.

Cependant la fumée entourant les deux ombres
Et les enveloppant de ses teintes plus sombres
Donne au monstre le poil qui par l'homme est perdu.

Le reptile se dresse et l'homme tombe et rampe,
Et leurs yeux sont restés fixes comme une lampe
Sous les feux de laquelle ils échangent leurs traits.

Celui qui s'est dressé vers les tempes ramène
Son museau ; du trop-plein de sa chair inhumaine,
Sur l'une et l'autre joue une oreille apparaît.

Ciò, che non corse in dietro, e si ritenne,
Di quel soverchio fe' naso alla faccia,
E le labbra ingrossò quanto convenne:

Quel, che giaceva, il muso innanzi caccia,
E gli orrecchi ritira per la testa,
Come face le corna la lumaccia:

E la lingua, ch' aveva unita e presta,
Prima a parlar, si fende, e la forcuta
Nell' altro si richiude, e 'l fummo resta.

L' anima, ch' era fiera divenuta,
Si fugge sufolando per la valle,
E l' altro dietro a lui parlando sputa.

Poscia gli volse le novelle spalle,
E disse all' altro: I' vo', che Buoso corra,
Com' ho' fatt' io, carpon per questa calle.

Così vid' io, la settima zavorra
Mutare, e trasmutare, e qui mi scusi
La novità se fior la lingua abborra.

E avvegnachè gli occhi miei confusi
Fossero alquanto, e l' animo smagato,
Non potêr quei fuggirsi tanto chiusi,

Ch' io non scorgessi ben Puccio Sciancato:
Ed era quei, che sol de' tre compagni,
Che venner prima, non era mutato:

L' altro era quel, che tu, Gaville, piagni.

Au milieu cependant, quelque chair qui s'arrête
Du nez sur le visage a dessiné l'arête
Et de la lèvre aussi figuré le contour.

L'homme, en serpent changé, pousse en avant sa face
Et rentre chaque oreille ainsi qu'une limace
Qui retire et qui sort ses cornes tour à tour.

Sa langue unie et lisse et preste à la parole
Se fend, et du serpent la langue se recolle,
Se ferme, et la fumée en l'air s'évanouit.

L'ombre qui du reptile avait pris la figure
Fuit alors en sifflant dans la vallée obscure,
L'autre parle en crachant dessus et la poursuit,

Puis, lui tournant le dos qu'à présent il possède,
Dit au troisième esprit : « Que Buso me succède,
Ainsi que je l'ai fait, qu'il rampe en ce ravin ! »

Ainsi dans cette fosse une ombre en l'autre infuse,
Changeait devant mes yeux. Le prodige m'excuse
Si j'ai perdu les fleurs des beaux vers en chemin !

Or, bien que tant d'horreurs eussent troublé ma vue,
Et que mon âme en fût encor tout éperdue,
Ils ne purent si bien s'esquiver, les voleurs,

Que Puccio Scanciato ne se fit reconnaître.
De ces trois que d'abord j'avais vus apparaître,
Lui seul avait gardé sa forme et ses couleurs.

Le troisième, ô Gavil, t'a coûté bien des pleurs [3].

NOTES DU CHANT XXV

¹ Ce Cacus, transformé ici en Centaure, était, suivant la Fable, un géant monstrueux, moitié homme, moitié satyre. Dante se souvient en ce passage de son maître Virgile :

> Semperque recenti
> Cæde tepebat humus, foribusque affixa superbis
> Ora virum tristi pendebant pallida tabo.
> (Æn., lib. viii.)

² Voir dans la Pharsale, lib. ix, la mort des soldats Sabellus et Nasidius, piqués par des serpents.

³ Les cinq larrons, tous de Florence, sont Agnel Brunelleschi, Buoso de Abbati, Puccio Scanciato, Cianfa et Francesco Guercio Cavalcante. Les parents et les amis de ce dernier vengèrent sa mort sur les habitants de Gavil, bourg situé dans le val d'Arno, où il avait été tué.

ARGUMENT DU CHANT XXVI

Les deux poëtes sont arrivés au huitième *bolge;* ils y voient briller une infinité de flammes dont chacune enveloppe, comme un vêtement, un pécheur qu'elle dérobe à la vue. C'est ainsi que sont punis les fourbes, mauvais conseillers, instigateurs de perfidie et de trahison. Une de ces langues de feu, se partageant comme en deux branches vers son extrémité, renferme deux ombres à la fois, celle d'Ulysse et celle de Diomède. A la prière de Virgile, Ulysse raconte ses courses aventureuses, son naufrage et sa mort.

CANTO VIGESIMOSESTO

Godi, Firenze, poi che se' sì grande,
Che per mare, e per terra batti l' ali,
E per lo 'nferno il tuo nome si spande.

Trà gli ladron trovai cinque cotali
Tuoi cittadini: onde mi vien vergogna,
E tu in grande onoranza non ne sali.

Ma se presso al mattin del ver si sogna,
Tu sentirai di qua da picciol tempo,
Di quel, che Prato, non ch' altri t' agogna:

E se già fosse, non saria per tempo:
Così foss' ei, da che pure esser dee:
Che più mi graverà, com' più m' attempo.

Noi ci partimmo, e su per le scalee,
Che n' avean fatte i borni a scender pria,
Rimontò 'l Duca mio, e trasse mee.

E proseguendo la solinga via
Tra le schegge, e tra' rocchi dello scoglio,
Lo piè senza la man non si spedia,

CHANT VINGT-SIXIÈME

Tu peux te réjouir, glorieuse Florence,
Sur la terre et la mer ton aile plane immense,
Et ton nom se répand jusqu'au fond de l'Enfer !

Parmi ces hauts larrons qu'a frappés l'anathème,
J'en ai vu cinq des tiens : j'en ai rougi moi-même,
Et toi, de cet honneur, mon pays, es-tu fier ?

Mais, j'en crois du matin les songes infaillibles [1],
Bientôt tu sentiras l'effet des vœux terribles
Que Prato, Prato même a formés contre toi [2].

Justice inévitable et déjà bien tardive !
Puisqu'elle doit frapper, plaise à Dieu qu'elle arrive !
Avec l'âge, le coup sera plus lourd pour moi.

Nous partîmes alors, et contraints de reprendre
Le rocher qui servit d'escalier pour descendre,
Mon guide remonta, m'entraînant avec lui.

Et poursuivant ainsi le chemin solitaire
Par les aspérités du rocher circulaire,
Pour dégager le pied, la main servait d'appui.

Allor mi dolsi, ed ora mi ridoglio
Quando drizzo la mente a ciò ch'io vidi,
E più lo 'ngegno affreno, ch'io non soglio:

Perchè non corra, che virtù nol guidi;
Sì che se stella buona, o miglior cosa
M' ha dato 'l ben, ch'io stesso nol m'invidi.

Quante il villan, ch'al poggio si riposa,
Nel tempo, che colui, che 'l mondo schiara,
La faccia sua a noi tien meno ascosa,

Come la mosca cede alla zanzara,
Vede lucciole giù per la vallea,
Forse colà, dove vendemmia ed ara;

Di tante fiamme tutta risplendea
L' ottava bolgia, sì com' io m' accorsi,
Tosto che fui là 've 'l fondo parea.

E qual colui, che si vengiò con gli orsi,
Vide 'l carro d' Elia al dipartire,
Quando i cavalli al Cielo erti levorsi,

Che nol potea sì con gli occhi seguire,
Che vedesse altro, che la fiamma sola,
Sì come nuvoletta, in su salire:

Tal si movea ciascuna per la gola
Del fosso, chè nessuna mostra il furto,
Ed ogni fiamma un peccatore invola.

Io stava sovra 'l ponte a veder surto,
Sì che s' io non avessi un ronchion preso,
Caduto sarei giù senza esser' urto.

J'étais triste, et mon âme est encore assiégée
Par ces poignants tableaux qui l'avaient affligée,
Et je dompte mon cœur autant que je le peux,

Pour marcher dans la voie où la vertu me guide,
Et ne pas m'envier, en perdant son égide,
Les dons reçus du Ciel ou de mon astre heureux.

Ainsi qu'un villageois couché sur la colline,
Quand le soleil d'été, qui sur le mont décline,
A dardé plus longtemps ses rayons bienfaisants,

A l'heure où le cousin vole seul et murmure,
Au milieu des épis et de la vigne mûre,
Voit en foule à ses pieds briller les vers luisants :

Ainsi, quand du rocher mon pied toucha la cime,
J'aperçus mille feux ; tout au fond de l'abîme
Dans la huitième fosse ensemble ils éclataient.

Tel, celui dont les ours vengèrent la querelle [3]
Vit fuir le char d'Élie à la voûte immortelle,
Quand les chevaux de feu vers le ciel l'emportaient :

Son œil qui le suivait, perdu dans l'atmosphère,
N'aperçut bientôt plus qu'une flamme légère,
Comme un faible nuage égaré dans le ciel ;

Tel, dans ce gouffre ouvert où le regard se noie,
Je voyais se mouvoir, en me cachant leur proie,
Ces feux qui recélaient chacun un criminel !

Je penchais pour mieux voir et le corps et la tête ;
Ma main seule du roc tenait encor l'arête
Et m'empêchait de choir dans le gouffre béant.

E 'l Duca, che mi vide tanto atteso,
Disse: Dentro da' fuochi son gli spirti:
Ciascun si fascia di quel, ch' egli è inceso.

Maestro mio, risposi, per udirti
Son io più certo: ma già m' era avviso,
Che così fusse, e già voleva dirti,

Chi è 'n quel fuoco, che vien sì diviso
Di sopra, che par surger della pira,
Ov' Eteocle col fratel fu miso?

Risposemi: Là entro si martira
Ulisse, e Diomede, e così insieme
Alla vendetta corron, com' all' ira:

E dentro dalla lor fiamma si geme
L' aguato del caval, che fe' la porta,
Ond' uscì de' Romani 'l gentil seme.

Piangevisi entro l' arte, perchè morta
Deidamia ancor si duol d'Achille;
E del Palladio pena vi si porta.

S' ei posson dentro da quelle faville
Parlar, diss' io, Maestro, assai ten' prego,
E ripriego, che 'l priego vaglia mille,

Che non mi facci dell' attender niego,
Fin che la fiamma cornuta qua vegna:
Vedi, che del desio ver lei mi piego.

Ed egli a me: La tua preghiera è degna
Di molta lode: ed io però l' accetto:
Ma fa, che la tua lingua si sostegna.

Et mon guide, observant ma pensée attentive,
Me dit : « Dans chaque flamme est une âme captive ;
C'est un habit de feu qui recouvre en brûlant. »

— « O mon maître, ta voix confirme, répondis-je,
Le soupçon que j'avais déjà de ce prodige,
Déjà je m'apprêtais même à te demander

Quel est ce feu qui là s'élève et se partage,
Comme sur le bûcher où, ranimant leur rage,
Deux frères ennemis ne purent s'accorder⁴ ! »

Il me dit : « Cette flamme, ineffable supplice,
Enferme dans son sein Diomède avec Ulysse,
Unis dans le forfait, unis dans le tourment.

Perfides tous les deux, ils payent dans la flamme
Leur fourbe, et ce cheval qui, funeste à Pergame,
Fut du monde romain le premier fondement.

Ils y pleurent la ruse avec Achille ourdie
Dont morte les accuse encor Deidamie,
Et du Palladium le rapt audacieux. »

— « O maître, dis-je alors, si ces illustres âmes
Peuvent se faire entendre au travers de leurs flammes,
Qu'une prière en vaille un millier à tes yeux !

Ah ! par grâce, attendons ! souffre que je m'arrête
Jusqu'à ce que la flamme élève ici sa tête.
Vois, le désir me tient penché vers ces héros ! »

Il me dit : « Ta prière est bien digne sans doute
D'être prise en faveur, et ton maître l'écoute ;
Mais garde le silence et te tiens en repos.

Lascia parlare a me ch' i' ho concetto
Ciò che tu voi : ch' e' sarebbero schivi,
Perch' ei fur Greci, forse del tuo detto.

Poichè la fiamma fu venuta, quivi
Ove parve al mio Duca tempo e loco,
In questa forma di parlare audivi :

O voi, che siete duo dentro a un fuoco,
S' io meritai di voi, mentre ch' io vissi,
S' io meritai di voi assai o poco,

Quando nel mondo gli alti versi scrissi,
Non vi movete ; ma l' un di voi dica,
Dove per lui perduto a morir gissi

Lo maggior corno della fiamma antica
Cominciò a crollarsi, mormorando,
Pur come quella, cui vento affatica.

Indi la cima qua e là menando,
Come fosse la lingua, che parlasse,
Gittò voce di fuori, e disse : Quando

Mi diparti' da Circe, che sottrasse
Me più d' un anno là presso a Gaeta
Prima che sì Enea la nominasse :

Nè dolcezza del figlio, nè la pièta
Del vecchio padre, nè 'l debito amore,
Lo qual dovea Penelope far lieta,

Vincer potero dentro a me l' ardore,
Ch', i' ebbi a divenir del mondo esperto,
E degli vizi umani, e del valore :

L'ENFER — CHANT XXVI

Laisse-moi leur parler ; au fond de ta pensée
Je sais lire, et peut-être à ta voix empressée,
Étant Grecs, ils feraient un accueil méprisant. »

Le feu montait toujours, et quand durent paraître
L'endroit et le moment propices à mon maître,
Je l'entendis qui prit la parole en disant :

— « Vous qu'une même flamme enveloppe et dévore,
Si je vous ai servis quand je vivais encore,
Et fait sur vos tombeaux quelques myrtes fleurir,

Alors que j'écrivis mon immortel ouvrage,
Arrêtez ! qu'un de vous dise sur quel rivage,
Artisan de sa perte, il est allé mourir ! »

Alors le plus grand bras de la flamme coupable
Vacille et fait entendre un murmure semblable
Au sifflement du feu tourmenté par le vent.

Puis voici que sa crête en tous sens se promène,
S'élevant, s'abaissant comme une langue humaine
Et profère ces mots exhalés sourdement :

— « Loin des bords appelés Gaëte par Énée
Lorsque je pris la fuite après plus d'une année
Et rompis de Circé le filet enchanteur ;

Ni le doux souvenir d'un fils, ni mon vieux père,
Ni l'amour qu'attendait l'épouse toujours chère,
Qui seul de Pénélope aurait fait le bonheur ;

Rien ne put vaincre en moi cette ardeur sans seconde,
Qui me brûlait de voir et d'étudier le monde
Et l'homme et ses vertus et sa perversité.

Ma misimi per l' alto mare aperto,
Sol con un legno, e con quella compagna
Picciola, dalla qual non fui deserto.

L' un lito, e l' altro vidi insin la Spagna,
Fin nel Marocco, e l' isola de' Sardi,
E l' altre, che quel mare intorno bagna.

Io e i compagni eravam vecchi e tardi,
Quando venimmo a quella foce stretta,
Ov' Ercole segnò li suoi riguardi,

Acchiocehè l' uom più oltre non si metta,
Dalla man destra mi lasciai Sibilia,
Dall' altra già m' avea lasciata Setta.

O frati, dissi, che per cento milia
Perigli siete giunti all' Occidente,
A questa tanto picciola vigilia

De' vostri sensi, ch' è del rimanente,
Non vogliate negar l' esperïenza,
Diretro al Sòl, del mondo senza gente.

Considerate la vostra semenza :
Fatti non foste a viver come bruti,
Ma per seguir virtute, e conoscenza.

Li miei compagni fec' io sì acuti,
Con quest' orazion picciola, al cammino,
Ch' appena poscia gli averei tenuti :

E volta nostra poppa nel mattino,
De' remi facemmo ale al folle volo,
Sempre acquistando del lato mancino.

Et sur la haute mer tout seul je me hasarde
Avec un seul navire et cette faible garde
Qui partagea mon sort et ne m'a point quitté.

J'ai vu battant les flots dans tous les sens, l'Espagne,
Les côtes du Maroc et l'île de Sardagne,
Tous les bords que la mer baigne de vertes eaux.

Nous étions, mes amis et moi, brisés par l'âge,
Quand nous vînmes enfin à cet étroit passage,
Où le divin Alcide érigea ses signaux,

Afin d'arrêter l'homme en sa course indocile.
A ma droite, pourtant, je laissai fuir Séville ;
A ma gauche, Ceuta fuyait dans le lointain.

Malgré tous les périls et les destins contraires
Nous touchons l'Occident, m'écriai-je, ô mes frères !
Pour un reste de vie éphémère, incertain,

Quand vos yeux pour toujours vont se fermer peut-être,
Ne vous ravissez pas ce bonheur de connaître
Par delà le soleil un monde inhabité !

Vous êtes, songez-y, de la race de l'homme !
Non pour vivre et mourir comme bêtes de somme,
Mais pour suivre la gloire et pour la vérité ! »

Cette courte harangue allume leur courage ;
Ils brûlent d'accomplir jusqu'au bout leur voyage,
Et pour les arrêter il eût été trop tard.

Et, la poupe tournée au levant, nous voguâmes,
Effleurant l'onde à peine et volant sur nos rames,
Poussant vers l'Occident notre voile au hasard.

Tutte le stelle già dell' altro polo
Vedea la notte, e 'l nostro tanto basso,
Che non surgeva fuor del marin suolo.

Cinque volte racceso, e tante casso
Lo lume era di sotto dalla luna,
Poi ch' entrati eravam nell' alto passo,

Quanto n' apparve una montagna bruna,
Per la distanzia, e parvemi alta tanto,
Quanto veduta non n' aveva alcuna.

Noi ci allegrammo, e tosto tornò in pianto:
Che dalla nuova terra un turbo nacque,
E percosse del legno il primo canto.

Tre volte il fe' girar con tutte l' acque,
Alla quarta levar la poppa in suso,
E la prora ire in giù, com' altrui piacque,

Infin che 'l mar fu sopra noi rinchiuso.

Déjà, de l'autre pôle où s'égarent nos voiles
La nuit a déployé sur son front les étoiles ;
Le nôtre à l'horizon déjà fuit et décroît.

Cinq fois mourait, cinq fois s'allumait dans la brune
Cette pâle clarté qui tombe de la lune,
Depuis que nous étions entrés dans le détroit,

Lorsque nous apparut, à travers la distance,
Une montagne obscure encore, mais immense [5] ;
Jamais je n'avais vu mont si grand ni si beau.

Mais notre courte joie en des larmes se change :
Soudain du Nouveau-Monde un tourbillon étrange
S'élève et vient au flanc frapper notre vaisseau,

Trois fois le fait tourner en amoncelant l'onde,
Puis soulève la poupe, et dans la mer profonde
Fait descendre la proue au gré d'un bras jaloux [6],

Jusqu'à ce que la mer se referme sur nous. »

NOTES DU CHANT XXVI

¹ Les songes du matin méritent plus de foi que les autres; c'est l'opinion consacrée par les poëtes. Ovide, auquel Dante fait souvent allusion, a dit : *Tempore quo cerni somnia vera solent.*

² Prato, petite ville de Toscane, sujette de Florence. Ainsi, ce ne sont pas seulement, au dire du poëte, les cités ennemies et rivales de Florence ou des peuples lointains, mais à sa porte ses propres sujets qu'elle opprime qui font des vœux contre elle. Ce vers fait songer à ceux que Racine met dans la bouche de Mithridate :

> Mais de près inspirant les haines les plus fortes,
> Tes plus grands ennemis, Rome, sont à tes portes.

³ Le prophète Élysée (V. le livre IV des Rois, ch. xi).

⁴ Stace, dans sa *Thébaïde*, a rapporté ce fait de la flamme se divisant sur le bûcher d'Étéocle et de Polynice, les deux frères ennemis.

⁵ Cette montagne, suivant les uns, c'est la montagne du Purgatoire, au-dessus de laquelle se trouve le Paradis terrestre. Suivant d'autres, Dante fait allusion au Nouveau-Monde dont ce grand homme avait eu peut-être comme une vague perception, et dont on eut d'ailleurs le pressentiment longtemps avant la découverte de Christophe Colomb. Selon d'autres enfin, il s'agirait de l'Atlantide, ce continent plus ou moins fabuleux, plus grand à lui seul que l'Asie et l'Afrique ensemble, et englouti en une seule nuit par un horrible tremblement de terre, accompagné d'inondation ; catastrophe rapportée par Platon.

⁶ Au gré de *l'autre*, dit le texte, *come altrui piacque*. Le damné ne peut ou ne veut pas prononcer le nom de Dieu.

ARGUMENT DU CHANT XXVII

Ulysse s'éloigne; une autre ombre du même bolge s'avance en gémissant, emprisonnée également dans une flamme. C'est le fameux comte Guido de Montefeltro. Il interroge Dante sur le sort de la Romagne, sa patrie, et lui fait le récit de ses fautes qu'il expie si cruellement dans le bolge des mauvais conseillers.

CANTO VIGESIMOSETTIMO

Già era dritta in su la fiamma, e queta,
Per non dir più, e già da noi sen' gia
Con la licenzia del dolce Poeta

Quando un' altra, che dietro a lei venia,
Ne fece volger gli occhi alla sua cima,
Per un confuso suon, che fuor n' uscia.

Come 'l bue Cicilian, chè mugghiò prima
Col pianto di colui (e ciò fu dritto),
Che l'avea temperato con sua lima:

Mugghiava con la voce dell' afflitto,
Sì che, con tutto ch' ei fosse di rame,
Pure el pareva dal dolor trafitto:

Così, per non aver via, nè forame,
Dal principio del fuoco, in suo linguaggio,
Si convertivan le parole grame.

Ma poscia ch' ebber colto lor viaggio,
Su per la punta, dandole quel guizzo,
Che dato avea la lingua in lor passaggio,

CHANT VINGT-SEPTIÈME

La flamme, à ce moment, se dressant immobile,
Achevait de parler, sans que mon doux Virgile
La retînt davantage, et de nous s'éloignait,

Quand une autre à son tour derrière elle venue,
Vers sa pointe nous fit tous deux tourner la vue ;
Un son vague et confus vers nous s'en exhalait.

Ainsi que ce taureau du tyran de Sicile,
(Dieu juste!) où le premier fut enfermé Pérille [1],
Qui du monstre brûlant fut l'exécrable auteur :

La voix du patient mugissait si terrible
Dans les flancs du taureau, que l'airain insensible
Semblait être vivant et percé de douleur.

Ainsi, ne trouvant pas de passage et d'issue,
La misérable voix dans le feu contenue
Avec le bruit du feu se confondait d'abord.

Mais enfin, se frayant un chemin, la pauvre âme
Pousse un son qui s'exhale au travers de la flamme ;
Sa langue fait vibrer la cime qui se tord ;

Udimmo dire : O tu, a cui io drizzo
La voce, e che parlavi mo Lombardo,
Dicendo : Issa ten' va, più non t' aizzo :

Perch' i' sia giunto forse alquanto tardo,
Non t' incresca restare a parlar meco :
Vedi, che non incresce a me, che ardo.

Se tu pur mo in questo mondo cieco
Caduto se' di quella dolce terra
Latina, onde mia colpa tutta reco ;

Dimmi, se i Romagnuoli han pace, o guerra.
Ch' i' fui de' monti là intra Urbino
E 'l giogo, di che Tever si desserra

Io era ingiuso ancora attento, e chino,
Quando 'l mio Duca mi tentò di costa :
Dicendo : Parla tu, questi è Latino.

Ed io, ch' avea già pronta la risposta,
Senza 'ndugio a parlare incominciai :
O anima, che se' laggiù nascosta,

Romagna tua non è, et non fu mai,
Senza guerra ne' cuor de' suoi tiranni,
Ma palese nessuna ven lasciai.

Ravenna sta, come stata è molt' anni :
L'Aquila da Polenta la si cova,
Sì che Cervia ricuopre co' suoi vanni.

La terra, che fe' già la lunga pruova,
E di Franceschi sanguinoso mucchio,
Sotto le branche verdi si ritruova.

J'entends alors ces mots : « C'est toi que je supplie,
Qui parlais à l'instant la langue d'Italie,
Qui disais : Va, c'est bien, je sais tout maintenant!

Quoique j'arrive tard, pour moi, par complaisance
Arrête, et cause encor sans trop de répugnance ;
Vois, je m'arrête bien, et je brûle pourtant.

Ne fais-tu que de choir au monde sans lumière,
O citoyen venu de cette douce terre
D'où moi je traîne ici tous mes péchés passés?

A-t-on, dis-moi, la paix ou la guerre en Romagne?
Car je suis né tout près d'Urbain, dans la montagne
D'où le Tibre jaillit et coule à flots pressés. »

J'écoutais attentif en inclinant la tête,
Quand plus près, me poussant du coude, le poëte
Me dit : « Parle-lui, toi, c'est un esprit latin. »

La réponse déjà sur le bout de la langue,
Je commence aussitôt en ces mots ma harangue :
— « O pauvre esprit caché dessous ce feu lutin,

Au cœur de ses tyrans ta Romagne n'est guère,
Et n'a jamais été sans un germe de guerre,
Mais on n'y lutte pas ouvertement encor.

Comme depuis longtemps Ravenne est gouvernée,
L'aigle de Polenta la couve emprisonnée [2]
Et jusqu'à Cervia pousse un fatal essor.

Le pays qui soutint déjà la longue épreuve
Et dont le sol encor du sang français s'abreuve,
Aux griffes du lion vert demeure enfermé [3].

E 'l Mastin vecchio, e 'l nuovo da Verrucchio,
Che fecer di Montagna il mal governo,
Là, dove soglion, fan de' denti succhio.

La città di Lamone, e di Santerno
Conduce il leoncel dal nido bianco,
Che muta parte dalla state al verno:

E quella, a cui il Savio bagna il fianco,
Così com' ella sie' tra 'l piano, e il monte,
Tra tirannia si vive, e stato franco.

Ora chi se' ti prego, che ne conte:
Non esser duro più, ch' altri sia stato,
Se 'l nome tuo nel mondo tegna fronte.

Poscia che 'l fuoco alquanto ebbe rugghiato
Al modo suo, l'aguta punta mosse
Di qua, di là, e poi die' cotal fiato:

S' i' credessi, che mia risposta fosse
A persona, che mai tornasse al mondo,
Questa fiamma staria senza più scosse.

Ma perciocchè giammai di questo fondo
Non tornò vivo alcun, s' i' odo il vero,
Senza tema d'infamia ti rispondo.

I' fui uom d'arme, e poi fui Cordigliero,
Credendomi, sì cinto, fare ammenda:
E certo il creder mio veniva intero,

Se non fosse 'l gran Prete, a cui mal prenda,
Che mi rimise nelle prime colpe:
E come, e quare voglio, che m' intenda.

Le chien de Verrucchio, le vieux dogue son père,
Qui traitèrent si mal Montagna dans la guerre
Ensanglantent leurs dents dans l'antre accoutumé⁴.

La cité du Lamone et celle du Santerne
Ont pour chef le lion à la blanche caverne
Qui change de parti de l'hiver à l'été⁵ ;

Et la ville où court l'eau du Savio, Césène,
Comme elle est située entre montagne et plaine,
Vit aussi sans tyran comme sans liberté.

A ton tour à présent, conte-nous ton histoire,
Si tu veux dans le monde une longue mémoire !
Parle, et sois amical à qui le fut pour toi ! »

La flamme comme avant gronde ; sa pointe aiguë
De çà, de là, dans l'air lentement se remue,
Et puis avec effort souffle ces mots vers moi :

— « Si je croyais répondre en ce lieu de misère
A quelque esprit qui dût retourner sur la terre,
Cette flamme à l'instant resterait en repos.

Mais puisque nul jamais, de la fosse où nous sommes,
Ne peut, si l'on dit vrai, remonter chez les hommes,
Je ne crains pas l'opprobre, et te réponds ces mots :

Soldat, puis cordelier, j'ai cru que le cilice
Du Ciel pour mes péchés fléchirait la justice ;
Je n'aurais pas été trompé dans mon espoir,

N'eût été le grand Prêtre, à qui mal en arrive !
Et qui me fit encor tomber en récidive.
Comme et pourquoi, je vais te le faire savoir.

Mentre ch' io forma fui d'ossa e di polpe,
Che la madre mi diè, l' opere mie
Non furon leonine, ma di volpe.

Gli accorgimenti, e'le coperte vie
Io seppi tutte, e sì menai lor' arte,
Ch' al fine della terra il suono uscie.

Quando mi vidi giunto in quella parte
Di mia età, dove ciascun dovrebbe
Calar le vele, e raccoglier le sarte;

Ciò che pria mi piaceva, allor m' increbbe;
E pentuto, e confesso mi rendei,
Ahi miser lasso! e giovatto sarebbe.

Lo principe de' nuovi Farisei,
Avendo guerra presso a Laterano,
E non con Saracin, nè con Giudei,

Chè ciascun suo nimico era cristiano,
E nessuno era stato a vincere Acri,
Nè mercatante in terra di Soldano:

Nè sommo uficio, nè ordini sacri
Guardò in sè, nè in me quel capestro,
Che solea far li suoi cinti più macri.

Ma come Costantin chiese Silvestro
Dentro Siratti a guarir della lebbre,
Così mi chiese questi per maestro

A guarir della sua superba febbre:
Domandommi consiglio, ed io tacetti,
Perchè le sue parole parvero ebbre:

Dans le temps que vivant j'habitais sur la terre,
Le corps de chair et d'os que me donna ma mère,
Je me comportais moins en lion qu'en renard.

Par les chemins couverts et la ruse profonde
Je marchais, et mon nom jusqu'aux deux bouts du monde
Retentissait, si loin j'avais poussé mon art.

Mais lorsque je me vis arriver à cet âge
Où chacun des humains, si l'homme était plus sage,
Devrait carguer sa voile et baisser pavillon,

Je pris tous mes joyeux filets en répugnance ;
Je confessai mes torts, et je fis pénitence ;
Ah ! malheureux ! et j'eusse obtenu mon pardon.

Le pape alors faisait une guerre cruelle,
Non pas contre le Juif, ni contre l'Infidèle ;
Ses ennemis étaient au palais de Latran,

Chrétiens, et pas un d'eux, transfuge sacrilége,
D'Acre, au profit des Turcs, n'avait refait le siége
Ou porté son commerce au pays du soudan [6].

Sans que rien le retînt, ordres saints, rang suprême,
Et sans considérer davantage en moi-même
Ce cordon qui ceignait un maigre pénitent,

Pareil à Constantin qui, frappé de la peste,
Prit avis de Sylvestre au mont de Saint-Oreste,
Ce pontife me fit venir, me consultant,

Comme un maître docteur, sur sa cruelle fièvre,
Et demandant conseil ; mais je retins ma lèvre :
La sienne dans le vin paraissait s'inspirer ;

E poi mi disse: Tuo cuor non sospetti:
Fin' or t' assolvo, e tu m'insegna fare,
Sì come Prenestina in terra getti.

Lo Ciel poss' io serrare, e disserrare,
Come tu sai: però son duo le chiavi,
Che 'l mio antecessor non ebbe care..

Allor mi pinser gli argomenti gravi,
Là' ve 'l tacer mi fu avviso il peggio:
E dissi: Padre, da che tu mi lavi

Di quel peccato, ove mo cader deggio,
Lunga promessa coll' attener cort
Ti farà trionfar nell' alto seggio.

Francesco venne poi, com' io fu' morto,
Per me: ma un de' neri cherubini
Gli disse: Nol portar, non mi far torto.

Venir se ne dee giù tra' miei meschini,
Perchè diede 'l consiglio frodolente,
Dal quale in qua stato gli sono a' crini:

Ch' assolver non si può, chi non si pente:
Nè pentere, e volere insieme puossi
Per la contraddizion, che nol consente.

O me dolente! come mi riscossi,
Quando mi prese, dicendomi: Forse
Tu non pensavi, ch' io loico fossi.

A Minos mi portò: e quegli attorse
Otto volte la coda al dosso duro;
E, poichè per gran rabbia la si morse,

Il insista : « Tu peux parler en confiance ;
Apprends-moi seulement, et je t'absous d'avance,
Comment de Palestrine on pourra s'emparer.

J'ouvre et ferme le Ciel selon que bon me semble;
Tu le sais, dans ma main j'ai les deux clefs ensemble
Que mon prédécesseur n'a pas su conserver [7]. »

Avec ces arguments il me fit violence ;
Le pire me parut de garder le silence :
— « Père, si tu consens, lui dis-je, à me laver

De la faute où pour toi je vais tomber, écoute :
Beaucoup promettre et peu tenir, sans aucun doute,
Sur ton trône, voilà ce qui te rendra fort. »

François [8], après ma mort, vint pour chercher mon âme;
Mais un noir chérubin à son tour me réclame
Disant : « Point ne l'emporte, et ne me fais pas tort.

C'est parmi mes damnés qu'il mérite une place,
Pour le perfide avis reçu par Boniface ;
Depuis ce moment-là je le tiens aux cheveux.

Nul ne peut être absous à moins de repentance ;
Or, le péché va mal avec la pénitence :
On ne peut dans son cœur les unir tous les deux.

Quelle douleur ! je crois encore que j'en tremble,
Quand le démon me prit en disant : « Que t'en semble?
Tu ne me savais pas si bon logicien. »

On me porte à Minos : le juge redoutable
Tord huit fois sur ses reins sa queue épouvantable,
La mord dans un transport de rage, et dit : « C'est bien!

Disse : Questi è de' rei del fuoco furo :
Perch' io là, dove vedi, son perduto,
E sì vestito andando mi rancuro.

Quand' egli ebbe 'l suo dir così compiuto,
La fiamma dolorando si partio,
Torcendo, e dibattendo 'l corno aguto.

Noi passammo oltre, ed io, e 'l duca mio,
Su per lo scoglio infino in su l' altr' arco,
Che cuopre 'l fosso, in che si paga il fio

A quei, che scommettendo, acquistan carco.

Ce perfide est de ceux qu'il faut que le feu cache !
C'est pourquoi tu me vois sous ce brûlant panache,
Pourquoi je vais pleurant, de flammes revêtu. »

Quand elle eut achevé son triste récit, l'âme
S'éloigne en gémissant dans le sein de la flamme,
En faisant ondoyer son long croissant pointu.

Alors Virgile et moi, poursuivant notre marche,
Nous suivîmes le roc jusqu'à la prochaine arche
Qui recouvre la fosse où gisent tourmentés

Ceux qui sèment le schisme au milieu des cités.

NOTES DU CHANT XXVII

¹ Phalaris, tyran d'Agrigente, fit exécuter par Pérille un taureau d'airain, où l'on renfermait des victimes humaines, et qu'on exposait ensuite au feu. L'artisan ayant demandé sa récompense, le tyran fit sur lui l'essai de ce supplice.

² L'aigle de Polenta est Gui de Polenta, dont les armes étaient un aigle.

Ce pays, c'est la ville de Forli, qui avait repoussé une armée française envoyée contre elle par Martin IV. — Le lion vert, c'est Sinibaldo Ordelaffi, seigneur de Forli, qui portait un lion vert dans ses armes.

⁴ Ces deux chiens du château de Verruchio sont Malatesta père et fils, seigneurs de Rimini, dont le second fut l'époux de Françoise (V. ch. v), et mit à mort Montagna de Parcitati, chef des Gibelins.

⁵ Faenza et Imola, cités élevées, la première près du fleuve Lamone, l'autre sur les bords du Santerno, étaient gouvernées par Mainardo Pagani, tantôt guelfe et tantôt gibelin, suivant les circonstances. Il avait pour armes un lion d'azur sur champ d'argent.

⁶ Boniface VIII, ce pape, cet ennemi dont Dante s'est vengé déjà au chant XIX, apparaît encore ici. En lutte contre les Colonna il sévissait contre eux, dit le poëte, contre des chrétiens, comme s'il se fût agi d'infidèles, ou de ces traîtres qui aidèrent les Turcs à reprendre Saint-Jean-d'Acre, et qui les avaient approvisionnés.

⁷ Ce prédécesseur, c'est Célestin qui avait abdiqué.

⁸ Saint François d'Assise, chef de son ordre, qui venait le chercher pour le porter en Paradis.

ARGUMENT DU CHANT XXVIII

Neuvième *bolge*, où sont punis les fourbes qui divisent les hommes, hérésiarques, faux prophètes, fauteurs de scandales et de discordes. Leur châtiment est analogue à leur crime. Leurs membres, coupés et divisés à coups de glaive, pendent plus ou moins mutilés, plus ou moins séparés de leur corps, selon qu'ils ont excité de plus ou moins graves divisions sur la terre. Rencontre de Mahomet, de Bertrand de Born et d'autres damnés de la même catégorie.

CANTO VIGESIMOTTAVO

Chi poria mai pur con parole sciolte
Dicer del sangue e de le piaghe appieno,
Ch' i' ora vidi, per narrar più volte?

Ogni linga per certo verria meno
Per lo nostro sermone e per la mente,
Ch' anno a tanto comprender poco seno.

Se s' adunasse ancor tutta la gente
Che già in su la fortunata terra
Di Puglia fu del suo sangue dolente

Per li Troiani, e per la lunga guerra
Che dell' anèlla fe' sì alte spoglie,
Come Livio scrive, che non erra:

Con quella, che sentio di colpi doglie,
Per contrastare a Ruberto Guiscardo,
E l' altra, il cui ossame ancor s' accoglie

A Ceperan, là dove fu bugiardo
Ciascun Pugliese, e là da Taglacozzo,
Ove senz' arme vinse il vecchio Alardo:

CHANT VINGT-HUITIÈME

Qui pourrait dire, même en un libre langage,
Le spectacle hideux de sang et de carnage
Que mes regards alors furent contraints de voir?

Il n'est pour l'exprimer, de langue ni de style,
Et toute lèvre humaine y serait inhabile,
A peine si l'esprit le peut bien concevoir.

Quand on rassemblerait la foule infortunée,
Dans les plaines de Pouille autrefois condamnée
A répandre son sang sous le fer du Troyen[1],

Ceux de la longue guerre où tant d'hommes périrent,
Où les vainqueurs un jour sur les morts recueillirent
Tant d'anneaux, comme dit Live, un sûr historien[2];

Et ceux qui succombant, malgré leur résistance,
Ont de Robert Guiscard éprouvé la vaillance[3];
Avec ceux dont les os sont encore à pourrir

A Cépéran où chaque Apulien fut traître[4];
Ceux de Tagliacozzo qui trouvèrent leur maître
Dans le vieux chef Alard, vainqueur sans coup férir.

E qual forato suo membro, e qual mozzo
Mostrasse, d' agguagliar sarebbe nulla
Il modo de la nona bolgia sozzo.

Già veggia per mezzul perdere, o lulla,
Com' i' vidi un, così non sì pertugia
Rotto dal mento in sin dove si trulla :

Tra le gambe pendevan le minugia :
La corata pareva, e 'l tristo sacco,
Che merda fa di quel che si trangugia.

Mentre che tutto in lui veder m'attacco,
Guardommi, e con le man s' aperse il petto,
Dicendo : Or vedi come io mi dilacco :

Vedi come storpiato è Macometto :
Dinanzi a me sen' va piangendo Alì
Fesso nel volto dal mento al ciuffetto :

E tutti gli altri che tu vedi qui,
Seminator di scandalo, e di scisma,
Fur vivi : e però son fessi così.

Un diavolo è qua dietro, che n' accisma
Sì crudelmente al taglio della spada
Rimettendo ciascun di questa risma,

Quando avem volta la dolente strada :
Perocchè le ferite son richiuse,
Prima ch' altri dinanzi gli rivada.

Ma tu chi se', che 'n su lo scoglio muse,
Forse per indugiar d' ire alla pena
Ch' è giudicata in su le tue accuse ?

Tous ces morts ne pourraient, montrant amoncelées
Des montagnes de sang et de chairs mutilées,
Égaler les horreurs du neuvième fossé.

Un esprit m'apparut, saignant par mille entailles
Et troué du menton jusqu'au fond des entrailles ;
Il se perd moins de vin d'un tonneau défoncé.

Ses boyaux lui battaient sur les jambes ; sa rate
Pendait à découvert de sang tout écarlate,
Avec la poche immonde où croupit l'aliment.

Et tandis que vers lui, l'œil fixe, je m'incline,
Il regarde, et s'ouvrant de ses mains la poitrine :
— « Vois, me dit-il, comment je me pourfends, comment

Mahomet est haché! là devant moi s'avance
Ali, mon bon cousin, qui pleure d'abondance,
Le visage fendu de la nuque au menton,

Et tous ceux que tu vois encor dans la carrière,
Ayant semé scandale et schisme sur la terre,
Sont fendus et troués de la même façon.

Là derrière est un diable, et c'est par son épée
Que chaque âme est ainsi percée et découpée.
Il faut sous son tranchant repasser de nouveau

En finissant le tour du val qui nous enferme ;
Chaque fois que la plaie horrible se referme,
Il faut pour la rouvrir nous offrir au bourreau.

Mais qui donc es-tu, toi, qui restes, ombre humaine,
Sur le roc, dans l'espoir de différer la peine
Qu'on a dû prononcer sur tes propres aveux ? »

Nè morte 'l giunse ancor, nè colpa 'l mena,
Rispose 'l mio maestro, a tormentarlo:
Ma per dar lui esperïenza piena,

A me, che morto son, convien menarlo
Per lo 'nferno quaggiù di giro in giro;
E quest' è ver così com' io ti parlo.

Più fur di cento, che quando l' udiro
S' arrestaron nel fosso a riguardarmi,
Per maraviglia obbliando 'l martiro.

Or dì a fra Dolcin dunque, che, s' armi,
Tu, che forse vedrai il sole in breve,
S' egli non vuol qui tosto seguitarmi:

Sì di vivanda, che stretta di neve
Non rechi la vittoria al Noarese,
Ch' altrimenti acquistar non saria lieve.

Poichè l' un piè, per girsene, sospese,
Maometto mi disse esta parola,
Indi a partirsi in terra lo distese.

Un altro che forata avea la gola,
E tronco 'l naso infin sotto le ciglia,
E non avea ma ch' un' orecchia sola;

Restato a riguardar per maraviglia
Con gli altri, innanzi agli altri aprì la canna,
Ch' era di fuor d'ogni parte vermiglia,

E disse: O tu, cui colpa non condanna,
E cui già vidi su in terra latina,
Se troppa simiglianza non m' inganna:

— « Ce n'est pas, répondit mon doux maître à cette ombre,
La mort ni le péché qui le mène au lieu sombre,
Il y vient pour s'instruire à vos tourments affreux.

Moi qui suis mort, il faut qu'à travers la Géhenne
De cercle en cercle ainsi jusqu'au fond je le mène,
Aussi vrai que je suis à parler devant toi. »

Grand nombre de pécheurs, à ces mots du poëte,
Dans la fosse étonnés relevèrent la tête,
Oubliant leurs tourments pour lever l'œil sur moi.

— « Toi qui peux espérer de revoir la lumière !
Dis à Fra-Dolcino, pendant qu'il fait la guerre,
S'il ne veut pas dans peu me joindre en ce fossé,

Qu'il se fournisse bien, de peur que son armée
Ne périsse bientôt dans la neige affamée :
C'est par là qu'en Novarre il sera surpassé [5]. »

Tout en disant ces mots, l'ombre du faux prophète
En suspens sur un pied à partir était prête,
Et l'ayant allongé sur le sol, disparut.

Une autre dont la gorge était toute percée,
La figure, du nez jusqu'aux cils défoncée,
Et qui ne montrait plus qu'une oreille, accourut,

Devant moi s'arrêta, me contemplant, farouche,
Près des autres damnés, puis entr'ouvrit sa bouche
Qui dégouttait de sang, toute rouge au dehors,

Et dit : « Ame innocente, ou qui viens impunie,
Toi, que je vis jadis sous le ciel d'Italie,
Si mon œil n'est trompé par de frappants dehors,

Rimembriti di Pier da Medicina,
Se mai torni a veder lo dolce piano,
Che da Varcello a Marcabò dichina.

E fa sapere a duo miglior di Fano,
A messer Guido, ed anche ad Angiolello,
Che, se l' antiveder qui non è vano,

Gittati saran fuor di lor vasello,
E mazzerati presso a la Cattolica
Per tradimento d' un tiranno fello.

Tra l' isola di Cipri e di Maiolica
Non vide mai sì gran fallo Nettuno,
Non da Pirati, non da gente Argolica.

Quel traditor che vede pur con l' uno,
E tien la terra, che tal' è qui meco,
Vorrebbe di vedere esser digiuno,

Farà venirgli a parlamento seco :
Poi farà sì, ch' al vento di Focara,
Non farà lor mestier voto, nè preco.

Ed io a lui : Dimostrami, e dichiara,
Se vuoi ch' io porti su di te novella,
Chi è colui dalla veduta amara.

Allor pose la mano a la mascella
D' un suo compagno, e la bocca gli aperse,
Gridando : Questi è desso, e non favella :

Questi scacciato il dubitar sommerse
In Cesare affermando, che 'l fornito
Sempre con danno l' attender sofferse.

Que de Medicina ⁶ là-haut il te souvienne,
Si jamais tu revois la plaine italienne
Qui descend de Verceil au fort de Marcabo !

Et préviens deux vaillants de Fano, Messer Guide
Et Messer Angiolel, de craindre un bras perfide.
Si l'avenir se montre au delà du tombeau,

Ils périront au fond du golfe Adriatique,
Massacrés et noyés près de la Cattolique,
Grâce à la trahison d'un parjure tyran ⁷.

Jamais entre Majorque et les rives d'Asie
La mer ne fut témoin de telle perfidie
Ni de la part d'un Grec ni du fait d'un forban.

Ce traître qui ne voit que d'un œil et gouverne
Le sol où tel qui là pleure en notre caverne
Souhaiterait, je crois, n'avoir jamais été,

Pour traiter les fera venir ; puis le barbare
S'y prendra de façon que du vent de Focare
Leur navire sera pour toujours abrité. »

Je répondis : « Il faut qu'à mes yeux tu révèles,
Si tu veux que là-haut je porte tes nouvelles,
Celui pour qui ce sol à tel point fut amer. »

Alors posant le poing sur une ombre sanglante
Et la forçant d'ouvrir une bouche béante :
— « Le voici, me dit-il, mais muet en Enfer.

C'est lui qui dans l'exil, par un conseil infâme,
De César indécis avait raffermi l'âme,
Disant que tout retard nuit quand vient le moment ⁸. »

O quanto mi pareva sbigottito
Con la linga tagliata ne la strozza
Curio, ch' a dicer fu così ardito !

Ed un, ch' avea l' una e l' altra man mozza,
Levando i moncherin per l' aura fosca,
Sì che 'l sangue facea la faccia sozza,

Gridò : Ricorderâti anche del Mosca,
Che dissi, lasso ! capo ha cosa fatta,
Che fu 'l mal seme della gente Tosca :

Ed io v' aggiunsi: E morte di tua schiatta :
Perch' egli accumulando duol con duolo
Sen' gio come persona trista e matta :

Ma io rimasi a riguardar lo stuolo,
E vidi cosa ch' io avrei paura
Senza più pruova di contarla solo,

Se non che conscïenzia m' assicura,
La buona compagnia, che l' uom francheggia
Sotto l' usbergo del sentirsi pura.

Io vidi certo, ed ancor par, ch' io 'l veggia,
Un busto senza capo andar, sì come
Andavan gli altri de la trista greggia.

E 'l capo tronco tenea per le chiome
Pesol con mano, a guisa di lanterna,
E quei mirava noi, et dicea, O me !

Di sè faceva a sè stesso lucerna :
Ed eran due in uno, e uno in due :
Com' esser può, Quei sa, che sì governa.

O Dieu ! comme il tordait sa tête effarouchée,
Avec sa langue au fond de sa gorge tranchée,
Ce Curion qui parla jadis si hardiment !

Les deux poignets tronqués, j'aperçus une autre ombre,
Qui levait ses moignons tout rouges dans l'air sombre,
Et le sang ruisselait sur le front du pécheur.

Il cria : « De Mosca garde aussi souvenance [9] !
C'est moi qui dis : « Il faut finir ce qu'on commence. »
Mot fatal ! des Toscans il a fait le malheur. »

— « Et la mort de ta race ! » ajoutai-je ; alors l'ombre,
Pleurant plus fort encor, partit à travers l'ombre,
Folle de désespoir, et disparut au loin.

Je restai, l'œil fixé sur la foule coupable,
Quand je vis un spectacle étrange, épouvantable,
Dont point ne parlerais, sans preuve ni témoin,

Si je n'avais pour moi ma conscience pure,
Courageuse compagne, inébranlable armure
A l'abri de laquelle on peut se retrancher.

Je vis, dis-je, et je crois que je le vois encore,
Dans le triste troupeau que la fosse dévore,
Spectacle horrible ! un corps sans tête s'approcher.

Il marchait en tenant ainsi qu'une lanterne
Sa tête dans sa main ; du fond de la caverne
La tête regardait criant : hélas ! vers nous.

Lui-même se servait du fanal à lui-même ;
Un en deux, deux en un ; ô mystère suprême !
Toi seul, tu le comprends, qui frappes de tels coups !

Quando diritto appiè del ponte fue,
Levò 'l braccio alto, con tutta la testa,
Per appressarne le parole sue,

Che furo : Or vedi la pena molesta
Tu, che, spirando, vai veggendo i morti :
Vedi s' alcuna è grande, come questa :

E perchè tu di me novella porti,
Sappi, ch' i' son Bertram dal Bornio, quelli,
Che diedi al re Giovanni i ma' conforti.

I' feci 'l padre e 'l figlio in sè ribelli :
Achitofel non fe' più d' Absalone,
E di David co' malvagi pungelli.

Perch' io parti così giunte persone,
Partito porto il mio cerebro, lasso !
Dal suo principio, ch' è 'n questo troncone :

Così s' osserva in me lo contrappasso.

En arrivant au pied du pont, l'ombre s'arrête,
Élève en l'air le bras et tend vers nous sa tête
Comme pour approcher ses paroles, et dit :

— « Vois mon supplice, ô toi, dont la bouche respire,
Et qui marches vivant dans le funèbre empire !
Vois s'il est dans l'Enfer un homme plus maudit !

Je suis, — parle de moi, si tu revois la terre,
Bertrand de Born ; ma voix, mauvaise conseillère,
Attisa la discorde entre Jean et Henri.

J'armai, l'un contre l'autre, et le fils et le père,
Ainsi qu'Achitophel, artisan de colère,
Mit aux prises David avec son fils chéri.

C'est pour avoir ainsi rompu par l'imposture
Ce qu'avait de plus près réuni la nature
Que je porte mon chef de mon corps détaché.

Ainsi je souffre un mal conforme à mon péché. »

NOTES DU CHANT XXVIII

¹ Le poëte dit : les *Troyens* pour les *Romains*, dont le Troyen Énée fut l'ancêtre (V. ch. ii).

² A la bataille de Cannes, un si grand nombre de chevaliers romains restèrent sur le champ de bataille, que les anneaux pris à leurs doigts ne remplissaient pas moins de trois boisseaux au dire de Tite-Live. Annibal les envoya en trophée à Carthage.

³ Les peuples de la Pouille et de la Calabre, soumis par Robert Guiscard, frère de Richard, duc de Normandie.

⁴ Les habitants de Cépéran, petit bourg de la Pouille, abandonnèrent dans l'action leur souverain Mainfroy qui combattait contre Charles d'Anjou, et causèrent sa défaite. Ce même duc d'Anjou dut sa victoire sur Conradin aux conseils d'Alard, chevalier français, qui revenait de la Terre-Sainte.

⁵ Dolcino, réformateur de Novare, qui prêchait au commencement du xive siècle la communauté des biens et des femmes. Traqué dans les montagnes avec trois mille sectateurs, il fut cerné par les neiges, forcé par la famine de se rendre, et brûlé vif avec plusieurs de ses disciples.

⁶ Pierre de Medecina sema les divisions publiques et les discordes privées dans toute la Romagne.

⁷ Malatesta, tyran de Rimini.

⁸ Curion, exilé de Rome, décida César à passer le Rubicon.

  Tolle moras, nocuit semper differre paratis.

        (Lucain, *Pharsale*, I. viii.)

⁹ Mosca, annoncé au vi^e chant. Il causa par ses conseils la mort de Bondelmonte, origine première des dissensions qui déchirèrent Florence. Bondelmonte avait promis d'épouser une fille de la maison des Amidei ; manquant de parole, il épousa une Donati. Différentes maisons de Florence prirent parti pour la famille offensée, et Mosca attisa tant qu'il put la vengeance.

ARGUMENT DU CHANT XXIX

Les deux poëtes arrivent à la cime du pont qui domine le dernier des dix bolges du cercle de la Fourbe. Assaillis par des plaintes déchirantes, ils descendent jusqu'au bord du bolge et découvrent des âmes gisant et se trainant, rongées d'ulcères, dévorées par la lèpre. Cette lèpre, alliage impur de leur chair, rappelle leur crime. Ce sont les alchimistes et les faussaires. Deux de ces damnés, Griffolino d'Arezzo et Capocchio, attirent l'attention de Dante.

CANTO VIGESIMONONO

La molta gente, e le diverse piaghe
Avean le luci mie sì inebriate,
Che dello stare a piangere eran vaghe:

Ma Virgilio mi disse : Che pur guate?
Perchè la vista tua pur si soffolge
Làggiù tra l' ombre triste smozzicate?

Tu non hai fatto sì all' altre bolge :
Pensa, se tu annoverar le credi,
Che miglia ventiduo la valle volge :

E già la luna è sotto i nostri piedi :
Lo tempo è poco omai, che n' è concesso,
E altro è da veder, che tu non credi.

Se tu avessi, rispos' io appresso,
Atteso alla cagioni perch' io guardava,
Forse m' avresti ancor lo star dimesso.

Parte sen' gìa : ed io retro gli andava,
Lo duca già facendo la risposta,
E soggiungendo : Dentro a quella cava,

CHANT VINGT-NEUVIÈME

Ces blessures, ce sang, cette foule éperdue
M'avaient comme égaré, comme enivré la vue.
Je voulais soulager mes yeux de pleurs brûlés,

Mais Virgile me dit : « Qu'est-ce donc qui t'arrête?
Et pourquoi contempler si longtemps, ô poëte!
Ces misérables corps saignants et mutilés?

Tu n'as pas fait cela dans les autres abîmes.
Espères-tu compter le nombre des victimes?
La fosse a, songes-y, vingt-deux milles de tour.

La lune est sous nos pieds; l'heure fuit, le temps presse,
Et nous avons encor, — ménage ta tristesse —
Bien autre chose à voir dans l'infernal séjour. »

— « Si ton œil vigilant, cher maître, avait pris garde,
Répondis-je, au motif qui fait que je regarde,
Peut-être m'aurais-tu permis un temps d'arrêt. »

Mais déjà s'éloignait Virgile, et par derrière
J'allais lui répondant dans la triste carrière,
Et j'ajoutai ces mots : « Au fond du val secret

Dov' io teneva gli occhi sì a posta,
Credo ch' un spirto del mio sangue pianga
La colpa, che làggiù cotanto costa.

Allor disse 'l Maestro : Non si franga
Lo tuo pensier da qui innanzi sovr' ello ;
Attendi ad altro : ed ei là si rimanga.

Ch' io vidi lui appiè del ponticello
Mostrarti, e minacciar forte col dito,
E udi il nominar Geri del Bello.

Tu eri allor sì del tutto impedito
Sovra colui, che già tenne Altaforte,
Che non guardasti in là, sì fu partito.

O Duca mio, la violenta morte,
Che non gli è vendicata ancor, diss' io,
Per alcun, che dell' onta sia consorte,

Fece lui disdegnoso, onde sen' gìo
Senza parlarmi, sì com' io stimo :
Ed in ciò m' ha e' fatto a se più pio.

Così parlammo insino al luogo primo
Che dello scoglio l' altra valle mostra,
Se più lume vi fosse, tutto ad imo.

Quando noi fummo in su l' ultima chiostra
Di Malebolge, sì che i suoi conversi
Potean parere alla veduta nostra,

Lamenti saettaron me diversi,
Che di pietà ferrati avean gli strali :
Ond' io gli orecchi con le man copersi.

Où mes yeux s'absorbaient, j'ai pensé reconnaître
Un esprit de mon sang qui pleurait, ô doux maître !
Les péchés qu'en ce gouffre il faut payer si cher. »

— « Laisse-le, cet esprit, me repartit le sage ;
N'attendris pas sur lui tes pensers davantage.
Songe à me suivre ; et lui, qu'il reste en son Enfer !

Je l'ai vu tout à l'heure au pied de ce puits sombre
Te montrant, et du doigt te menaçant dans l'ombre,
Et j'entendis quelqu'un qui l'appelait Géri [1].

Mais dans ce moment-là, celui qui sur la terre
Gouverna Hautefort [2], fixait ton âme entière ;
Tu n'as regardé là qu'après qu'il fut parti. »

— « O maître, le poignard là-haut trancha sa vie,
Et nous avons laissé cette mort impunie,
Nous n'avons pas vengé l'affront de notre sang.

Voilà ce qui l'indigne et qui fait qu'en silence,
A ma vue, il s'éloigne, et cette circonstance
Émeut en sa faveur mon cœur compatissant. »

Tandis que nous parlions, nous touchions à la cime
Du roc qui donnait jour sur le dernier abîme ;
J'en aurais vu le fond sans la nuit qui régnait.

Arrivés au-dessus de cette enceinte extrême,
Cloître de Malebolge, où déjà pâle et blême
La foule des reclus vaguement se montrait,

Nous fûmes assaillis par des voix déchirantes
Qui me perçaient le cœur de leurs flèches poignantes ;
Je tenais assourdi ma tête dans mes mains.

Qual dolor fora, se degli spedali
Di Valdichiana tra 'l luglio e 'l settembre,
E di Maremma, e di Sardigna i mali

Fossero in una fossa tutti insembre :
Tal' era quivi : e tal puzzo n' usciva,
Qual suole uscir de le marcite membre.

Noi discendemmo in su l' ultima riva
Del lungo scoglio, pur da man sinistra,
E allor fu la mia vista più viva,

Giù ver lo fondo, dove la ministra
Dell' alto Sire, infallibil giustizia,
Punisce i falsator, che qui registra.

Non credo, ch' a veder maggior tristizia
Fosse in Egina il popol tutto infermo,
Quando fu l' aer sì pien di malizia,

Che gli animali infino al picciol vermo
Cascaron tutti, e poi le genti antiche,
Secondo che i poeti hanno per fermo,

Si ristorâr di seme di formiche;
Ch' era a veder per quella oscura valle,
Languir gli spirti per diverse biche.

Qual sovra 'l ventre, e qual sovra le spalle
L' un dell' altro giacea, et qual carpone
Si trasmutava per lo tristo calle.

Passo passo andavam senza sermone,
Guardando, e ascoltando gli ammalati,
Che non potean levar le lor persone.

Si l'on réunissait tout ce qui souffre et saigne
Dans la Marenne impure, en Toscane, en Sardaigne,
Pendant la canicule et ses soleils malsains,

On ferait un concert moins terrible à l'oreille.
Une odeur s'exhalait de ce gouffre, pareille
A celle qui s'épand de membres gangrenés.

Enfin, en descendant à gauche, je m'approche
Tout au bord, au déclin de cette longue roche.
Alors, plus clairement, à mes yeux consternés

Se découvre le gouffre où la grande justice,
Ministre du Très-Haut, dispense leur supplice
Aux faussaires parqués là pour l'éternité.

Egine offrit jadis un tableau moins funeste,
Quand tous ses habitants succombaient sous la peste,
Quand d'un poison mortel l'air était infecté,

Quand, jusqu'à l'humble ver, dans l'île désolée
Tout périssait, et que la terre dépeuplée
(Les poëtes du moins l'assurent dans leurs vers)

Vit des hommes naissant hors d'une fourmilière [3] ;
Plus hideux, ces esprits au fond de la carrière
Languissaient par monceaux, couchés en tas divers.

L'un gisait sur le ventre, un autre pâle et hâve
S'appuyait sur le dos de son voisin de cave.
Un troisième rampait dans le triste chemin.

Et nous deux, pas à pas, nous allions en silence,
Regardant, écoutant cette foule en souffrance
Se soulevant à peine en s'aidant de la main.

Io vidi duo sedere a sè appoggiati,
Come a scaldar s' appoggia tegghia a tegghia,
Dal capo a' piè di schianze maculati:

E non vidi giàmmai menare stregghia
A raggazzo aspettato dal signorso,
Nè da colui, che mal volentier vegghia,

Come ciascun menava spesso il morso
Dell' unghie sovra sè per la gran rabbia
Del pizzicor, che non ha più soccorso.

E si traevan giù l' unghie la scabbia,
Come coltel di scardova le scaglie,
O d' altro pesce, che più larghe l' abbia.

O tu, che con le dita ti dismaglie,
Cominciò il duca mio a un di loro,
E che fai d' esse tal volta tanaglie,

Dimmi, s' alcun Latino è tra costoro,
Che son quinc' entro, se l' unghia ti basti
Eternalmente a cotesto lavoro.

Latin sem noi, che tu vedi sì guasti
Qui ambodue, rispose l' un piangendo:
Ma tu chi se', che di noi dimandasti?

E 'l duca disse: Io sono un, che discendo
Con questo vivo giù di balzo in balzo,
E di mostrar l' Inferno a lui intendo,

Allor si ruppe lo comun rincalzo,
E tremando ciascuno a me si volse
Con altri, che l' udiron di rimbalzo.

Deux ombres s'appuyaient dos à dos tout entières,
Comme l'une sur l'autre on chauffe deux tourtières
Et d'une lèpre immonde étalaient la hideur.

Jamais valet qu'attend son maître, ou qui maugrée,
Empressé de finir sa pénible soirée,
N'a fait courir l'étrille avec autant d'ardeur

Que chacun des lépreux promenant sans relâche
Les ongles dans sa chair, s'épuisant à la tâche,
Sans adoucir l'ulcère et son âpre cuisson.

De ses ongles chacun s'écorche et se travaille,
Comme avec un couteau l'on fait sauter l'écaille
Du scare épais ou bien d'un autre grand poisson.

— « O toi qui de ta peau défais ainsi les mailles,
Changeant à chaque instant tes deux mains en tenailles,
Fit mon maître, adressant la parole à l'un d'eux,

Dis, et puisse à jamais ton ongle te suffire
Pour ce triste labeur qu'exige ton martyre !
Quelque esprit d'Italie habite-t-il ces lieux ? »

— « Nous sommes tous les deux fils de cette contrée,
Répondit en pleurant l'ombre défigurée.
Toi-même, quel es-tu, qui m'as interrogé ? »

Mon maître dit : « Cet homme est une âme vivante ;
Avec lui, je descends dans les lieux d'épouvante,
Je lui montre l'Enfer, comme on m'en a chargé. »

Les deux ombres alors tressaillant étonnées,
Rompant l'appui commun, vers moi se sont tournées
Avec d'autres esprits qui l'avaient entendu.

Lo buon Maestro a me tutto s' accolse
Dicendo : Di' a lor ciò, che tu vuoli :
Ed io incominciai, poscia ch' ei volse :

Se la vostra memoria non s' imboli
Nel primo mondo dal l' umane menti,
Ma s' ella viva sotto molti Soli,

Ditemi chi voi siete, et di che genti :
La vostra sconcia e fastidiosa pena
Di palesarvi a me non vi spaventi.

I' fui d' Arezzo, ed Alberto da Siena,
Rispose l' un, mi fe' mettere al fuoco :
Ma quel, perch' io mori', qui non mi mena.

Ver' è, ch' io dissi a lui, parlando a giuoco,
Io mi saprei levar per l' aere a volo :
E quei, ch' avea vaghezza, e senno poco,

Volle ch' io gli mostrassi l' arte; e solo,
Perch' io nol feci Dedalo, mi fece
Ardere a tal, che l' avea per figliuolo :

Ma nell' ultima bolgia de le diece
Me per l' alchimia, che nel mondo usai,
Dannò Minos, a cui fallir non lece.

Ed io dissi al poeta : Or fu giàmmai
Gente sì vana, come la Sanese?
Certo non la Francesca sì d' assai.

Onde l' altro lebbroso, che m' intese,
Rispose al detto mio : Tranne lo Stricca,
Che seppe far le temperate spese,

Mon maître s'approchant : « Va, si c'est ton envie,
Me dit-il, parle-leur suivant ta fantaisie. »
Je parlai sur-le-champ, comme il l'avait voulu.

— « Que votre souvenir vive et jamais ne meure
Sur la terre où l'homme a sa première demeure !
Qu'il se conserve intact sous des soleils nombreux !

Quels noms, quelle patrie aviez-vous dans le monde ?
Dites ! sans que l'horreur d'un châtiment immonde
Vous fasse redouter de céder à mes vœux. »

— « Moi, je suis d'Arezzo, dit l'une de ces âmes.
Et le Siennois Albert me fit jeter aux flammes,
Brûlé pour un péché, pour un autre damné.

Un jour, je me vantai, — c'était un badinage —
De voler dans les airs ; et ce prince peu sage
Voulut, dans son désir follement obstiné,

Savoir de moi cet art, science sans égale ;
Et, comme je ne pus de lui faire un Dédale,
Un juge complaisant ⁴ au bûcher m'a livré.

Et pour avoir sur terre exercé l'alchimie,
Au dernier des dix vals où la fourbe est punie
L'infaillible Minos m'a depuis enterré. »

Lors je dis au poëte : « Est-il sur terre humaine
Un pays tel que Sienne, une race aussi vaine ?
Non certes, le Français n'est pas si vaniteux ! »

L'autre lépreux m'entend et dit : « Il est un homme
Que tu dois excepter : Stricca, simple, économe,
Et qui ne fit jamais aucuns dépens coûteux.

E Niccolò, che la costuma ricca
Del garofano prima discoperse
Nell' orto, dove tal seme s' appicca;

E tranne la brigata, in che disperse
Caccia d' Ascian la vigna, e la gran fronda,
E l' Abbagliato il suo senno profferse.

Ma perchè sappi, chi sì ti seconda
Contra i Sanesi, aguzza ver me l' occhio,
Sì che la faccia mia ben ti risponda:

Sì vedrai ch' io son l'ombra di Capocchio,
Che falsai li metalli con alchimia,
E ten' dee ricordar, se ben t' adocchio.

Com' io fui di natura buona scimia.

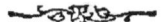

Et Nicolas aussi, cet homme sobre et sage
Qui du riche girofle a découvert l'usage
Aux jardins d'Orient où l'épice fleurit.

Fais une exception pour la bande si digne
Où Caccia dissipa ses grands bois et sa vigne,
Où l'Abbagliato dépensa tant d'esprit [5].

Si tu tiens à savoir qui parle de la sorte
Et contre les Siennois te prête ainsi main-forte,
Vois-moi, fixe sur moi tes regards un moment.

Reconnais Capocchio, dont je suis l'ombre triste [6] !
J'ai faussé les métaux, étant bon alchimiste.
Tu dois t'en souvenir, si c'est bien toi vraiment,

J'ai singé la nature assez adroitement. »

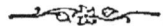

NOTES DU CHANT XXIX

¹ Geri del Bello, parent de Dante, tué par un Sacchetti, et vengé seulement trente ans après sa mort.

² Bertrand de Born, seigneur de Hautefort.

³ Après la peste qui dépeupla l'île d'Égine, l'île fut repeuplée par des fourmis changées en hommes à la prière d'Éaque. De là le nom de Myrmidon, de μύρμηξ, fourmi.

⁴ Le texte dit : « *Quelqu'un* qui le tenait pour son fils. » L'évêque de Sienne fut ce *quelqu'un* trop complaisant ; il était l'oncle, et d'autres disent le propre père d'Albert.

⁵ Ces personnages auxquels il est fait ici une allusion ironique, faisaient partie d'une bande de jeunes Siennois célèbres par leur luxe effréné et leurs folles dépenses. L'Abbagliato, à ce qu'il paraît, était le bel esprit de la troupe.

⁶ Capocchio, de Sienne, avait, dit-on, étudié avec Dante les sciences naturelles, et y avait acquis une assez grande réputation.

ARGUMENT DU CHANT XXX

Capocchio parle encore, quand deux ombres furieuses courent sur lui, le mordent et le terrassent. Ce sont des faussaires d'une nouvelle espèce qui ont contrefait les personnes en se faisant passer pour d'autres. Un peu plus loin, Dante aperçoit Maître Adam, un faux monnayeur; une horrible hydropisie altère son sang et déforme son corps. Près de lui, deux damnés gisent ensemble; ils sont brûlés d'une fièvre ardente, et, comme l'hydropique, dévorés de soif. Ce sont des faussaires d'une autre espèce encore, des falsificateurs de la vérité, faussaires en paroles. Maître Adam les dénonce à Dante: l'une est la femme de Putiphar, l'autre le perfide Grec Sinon, par qui Troie fut prise. Une rixe s'élève entre Maître Adam et Sinon. Virgile arrache Dante à cet ignoble spectacle.

CANTO TRENTESIMO

Nel tempo, che Giunone era crucciata
Per Semelè contra 'l sangue Tebano,
Come mostrò una ed altra fiata;

Atamante divenne tanto insano,
Che veggendo la moglie co' duo figli
Andar carcata da ciascuna mano,

Gridò: Tendiam le reti, sì ch' io pigli
La lionessa e i lioncini al varco;
E poi distese i dispietati artigli

Prendendo l' un, ch' avea nome Learco,
E rotollo, e percosselo ad un sasso,
E quella s' annegò con l' altro incarco:

E quando la fortuna volse in basso
L' altezza de' Troian, che tutto ardiva,
Sì che 'nsieme col regno il Re fu casso,

Ecuba trista misera e cattiva,
Poscia che vide Polissena morta,
E del suo Polidoro in su la riva

CHANT TRENTIÈME

Dans le temps que Junon, de Sémélé jalouse,
Sans trêve ni merci se vengeait, fière épouse,
Et semblait s'acharner contre le sang thébain,

Atamas fut saisi d'une aveugle furie :
Un jour voyant la reine, une femme chérie
Qui venait en tenant ses deux fils par la main,

Il s'écrie : « A nos rets ! voici qu'une lionne
Avec ses lionceaux à nos coups s'abandonne ! »
A ces mots, étendant son bras tout forcené,

Il prend l'un d'eux, Léarque, en l'air il le balance
Au-dessus de sa tête, et contre un roc le lance ;
Et la mère se noie avec son dernier né.

Et jadis, quand le sort fit tomber en poussière
Les splendeurs d'Ilion et sa puissance altière,
Et coucha dans la tombe un royaume et son roi,

Lorsque la triste Hécube, éplorée et captive,
Pleurant sa fille morte, aperçut sur la rive
Polydore, son fils, mort aussi, quel effroi !

Del mar si fu la dolorosa accorta,
Forsennata latrò, sì come cane;
Tanto dolor le fe' la mente torta.

Ma nè di Tebe furie, nè Troiane
Si vider mai in alcun tanto crude,
Non punger bestie, non che membra umane,

Quant' io vidi due ombre smorte e nude,
Che mordendo correvan a quel modo,
Che 'l porco, quando del porcil si schiude.

L' una giunse a Capocchio, ed in sul nodo
Del collo l' assannò, sì che tirando
Grattar gli fece il ventre al fondo sodo.

E l' Aretin, che rimase tremando,
Mi disse: Quel folletto è Gianni Schicchi,
E va rabbioso altrui così conciando.

Oh, diss' io lui, se l' altro non ti ficchi
Li denti addosso, non ti sia fatica
A dir chi è, pria che di qui si spicchi.

Ed egli a me: Quell' è l' anima antica
Di Mirra scelerata, che divenne
Al padre, fuor del dritto amore, amica.

Questa a peccar con esso così venne,
Falsificando sè in altrui forma,
Come l' altro, che 'n là sen va, sostenne,

Per guadagnar la donna della torma,
Falsificare in sè Buoso Donati,
Testando, e dando al testamento norma.

Quel désespoir au cœur de la pauvre Troyenne !
On l'entendit alors hurler comme une chienne,
Si grand fut le délire où la jetaient ses maux.

Mais ni Thèbes ni Troie, en ces jours de carnage,
Ne montrèrent jamais si furieuse rage
Sur des membres humains ou sur des animaux,

Que ne m'en firent voir deux spectres nus, livides,
Qui couraient mordant l'air comme des porcs avides,
Quand de leur bauge ouverte ils s'échappent sans frein.

L'un d'eux joint Capocchio qu'il poursuit à la trace ;
Il lui plonge ses crocs dans le cou, le terrasse
Et lui meurtrit les flancs contre l'âpre terrain.

L'habitant d'Arezzo, de terreur immobile,
Me dit : « Ce forcené, c'est Schicchi, fourbe habile :
Voilà comme nous traite ici cet insensé. »

— « Oh ! dis-je, quel est l'autre ? A sa dent meurtrière
Puisses-tu, malheureux, puisses-tu te soustraire !
Mais apprends-moi son nom avant qu'il soit passé.

Capocchio répondit : « Cette ombre est l'âme antique
De l'infâme Myrrha, cette fille impudique
Dont le coupable amour fit d'un père un amant.

Pour assouvir le vœu de son ardeur impure
Elle avait su d'une autre emprunter la figure,
Tout comme Jean Schicchi que tu vois en avant,

Pour prix d'une cavale à sa fourbe promise,
Contrefit Donat mort, et, par cette surprise,
Fit de vrais héritiers dans un faux testament [1]. »

E poi che i duo rabbiosi fur passati,
Sovra i quali io avea l'occhio tenuto,
Rivolsilo a guardar gli altri mal nati.

I' vidi un fatto a guisa di liuto,
Pur ch' egli avesse avuta l'anguinaia
Tronca dal lato, che l'uomo ha forcuto.

La grave idropisia, che sì dispaia
Le membra con l'umor, che mal converte,
Che 'l viso non risponde alla ventraia,

Faceva lui tener le labbra aperte,
Come l'etico fa, che per la sete
L'un verso 'l mento, e l'altro in su riverte.

O voi, che senza alcuna pena siete
(E non so io perchè) nel mondo gramo,
Diss' egli a noi, guardate, e attendete

Alla miseria del maestro Adamo:
Io ebbi vivo assai di quel, ch' i' volli,
E ora, lasso! un gocciol d'acqua bramo.

Li ruscelletti, che de' verdi colli
Del Casentin discendon giuso in Arno,
Facendo i lor canali e freddi e molli,

Sempre mi stanno innanzi, e non indarno;
Che l'immagine lor via più m'asciuga,
Che 'l male, ond' io nel volto mi discarno:

La rigida giustizia, che mi fruga,
Tragge cagion del luogo, ov' io peccai,
A metter più gli miei sospiri in fuga.

Bientôt je vis se perdre en la sombre étendue
Ces ombres qui tenaient mon âme suspendue :
Je me tournai pour voir les autres un moment.

L'une frappa mes yeux, qui me semblait énorme
Et d'un théorbe antique eût rappelé la forme,
Si le tronc de la fourche eût pu se séparer.

La triste hydropisie aux humains si pesante,
Qui mêle en un sang pur une humeur malfaisante
Et fait avec le corps le visage jurer,

Tenait de ce damné la bouche grande ouverte.
Telles sont d'un fiévreux les lèvres : l'une inerte
Et l'autre vers le nez montant péniblement.

— « O vous qui parcourez, faveur inexplicable !
Sans souffrir comme nous, le monde misérable,
Regardez-nous, dit-il, regardez un moment !

Voyez de maître Adam l'ineffable misère [2] !
Opulent et comblé, j'ai vécu sur la terre,
Et je soupire ici, las ! après un peu d'eau.

Oh ! les ruisseaux qu'Arno reçoit de la montagne,
Courant moites et frais à travers la campagne,
Mouillant du Casentin le verdoyant coteau !

Toujours je les revois ! désespérante image !
Le mal qui me dévore et creuse mon visage
Dessèche moins ma lèvre et me fait moins souffrir.

Ainsi du Tout-Puissant l'implacable Justice
Des lieux où j'ai péché se sert pour mon supplice,
Et me fait soupirer de peine et de désir.

Ivi è Romena, là dov' io falsai
La lega suggellata del Batista,
Perch' io il corpo sùso arso lasciai.

Ma s' io vedessi qui l' anima trista
Di Guido, o d' Alessandro, o di lor frate,
Per fonte Branda non darei la vista.

Dentro c' è l' una già, se l' arrabbiate
Ombre, che vanno intorno, dicon vero:
Ma che mi val, ch' ho le membra legate?

S' io fossi pur di tanto ancor leggiero,
Ch' i' potessi in cent' anni andare un' oncia,
Io sarei messo già per lo sentiero,

Cercando lui tra questa gente sconcia,
Con tutto ch' ella volge undici miglia,
E più d' un mezzo di traverso non ci ha,

Io son per lor tra sì fatta famiglia:
Ei m' indussero a battere i fiorini
Ch' avevan tre carati di mondiglia.

Ed io a lui: Chi son li duo tapini,
Che fuman, come man bagnata il verno,
Giacendo stretti a' tuoi destri confini?

Qui li trovai, e poi volta non dierno,
Rispose, quando piovvi in questo greppo,
E non credo che dieno in sempiterno.

L' una è la falsa, che accusò Giuseppo.
L' altro è 'l falso Sinon Greco da Troia:
Per febbre acuta gittan tanto leppo.

Là-bas est Roména ; là, j'osai contrefaire
Le coin de Jean-Baptiste, et fus comme faussaire
Jeté vif au bûcher où j'ai laissé mes os,

Mais ! pour voir Alexandre et Guide avec son frère
Altérés comme moi dans ce lieu de misère,
Fontaine de Branda, je donnerais tes eaux³ !

L'un déjà m'a suivi : du moins je m'en rapporte
Aux forcenés qui vont courant, mais que m'importe ?
Quel baume est-ce pour moi quand je suis enchaîné ?

Si cette hydropisie accablante et maligne
Me laissait en cent ans avancer d'une ligne,
J'eusse entrepris déjà le chemin fortuné,

Le cherchant à travers la misérable race,
Encore que le val soit grand, et qu'il embrasse
Onze milles de tour et presqu'un en largeur.

Car si je suis ici, ma peine est leur ouvrage.
En mêlant aux florins trois carats d'alliage,
J'eus le tort d'écouter leur conseil corrupteur ! »

— « Quelles sont, dis-je alors, ces deux ombres livides
Suant comme en hiver fument des mains humides,
Ces deux pécheurs gisant serrés à ton côté ? »

— « Du jour où j'ai dû choir au milieu de leur race,
Je les ai vus, dit-il, couchés à cette place,
Et je crois qu'ils y sont pour toute éternité.

L'une accusa Joseph ; l'autre, d'elle bien digne,
C'est ce faux Troyen Grec, Sinon, un fourbe insigne :
L'âpre fièvre leur fait suer cette vapeur. »

E l' un di lor, che si recò a noia
Forse d' esser nomato sì oscuro,
Col pugno gli percosse l' epa croia:

Quella sonò, come fosse un tamburo:
E mastro Adamo gli percosse 'l volto
Col braccio suo, che non parve men duro,

Dicendo a lui: Ancor che mi sia tolto
Lo muover, per le membra, che son gravi,
Ho io il braccio a tal mestier disciolto:

Ond' ei rispose: Quando tu andavi
Al fuoco, non l' avei tu così presto:
Ma sì e più l' avei quando coniavi.

E l' idropico: Tu di' ver di questo:
Ma tu non fosti sì ver testimonio,
Là 've del ver fosti a Troia richiesto.

S' io dissi falso, e tu falsasti 'l conio,
Disse Sinone, e son qui per un fallo;
E tu per più, ch' alcun altro dimonio.

Ricorditi, spergiuro, del cavallo,
Rispose quei, ch' aveva infiata l' epa,
E sieti reo, che tutto 'l mondo sallo.

A te sia rea la sete, onde ti crepa,
Disse 'l Greco, la lingua, e l' acqua marcia,
Che 'l ventre innanzi gli occhi sì t' assiepa.

Allora il monetier: Così si squarcia
La bocca tua per dir mal, come suole:
Che s' i' ho sete, ed umor mi rinfarcia,

A peine il achevait, que l'un des deux coupables,
Irrité de subir ces noms insupportables,
Frappe d'un coup de poing le flanc du monnayeur,

Qui résonne et gémit comme eût fait une armure ;
Maître Adam aussitôt lui paye cette injure,
Et d'un bras vigoureux atteint le Grec au front,

Lui disant : « Tu le vois, je ne suis pas ingambe ;
Mais si l'hydropisie appesantit ma jambe,
Pour ce jeu-là du moins j'ai le bras assez prompt. »

L'autre lui répondit : « Jadis, quand dans la flamme
Il te fallut monter, tu fus moins preste, infâme !
Et tu n'eus le bras vif que pour battre le coin. »

— « En ceci tu dis vrai, repartit l'hydropique ?
Mais tu n'as pas été jadis si véridique
A Troie, où tu prenais tous les dieux à témoin. »

— « J'ai dit faux une fois, et suis d'ailleurs sincère ;
J'expie un seul péché, mais toi, tu fus faussaire,
Et nul autre démon n'a péché tant que toi. »

— « Songe, dit le pécheur aux flancs tout gonflés, songe
Au cheval de Pergame, artisan de mensonge !
L'univers tout entier connaît ta bonne foi ! »

— « Languis, lui dit le Grec, de plus en plus farouche,
Languis avec la soif qui crevasse ta bouche ;
Pourris avec le pus dont ton ventre est gonflé !

Alors le monnayeur : « Ta langue en cet outrage
A versé le venin familier à ta rage ;
Si mes lèvres ont soif, si mon corps est enflé,

Tu hai l'arsura, e 'l capo che ti duole,
E per leccar lo specchio di Narcisso,
Non vorresti a invitar molte parole.

Ad ascoltarli er' io del tutto fisso,
Quando 'l Maestro mi disse: Or pur mira,
Che per poco è, che teco non mi risso.

Quand' io 'l senti' a me parlar con ira,
Volsimi verso lui con tal vergogna,
Ch' ancor per la memoria mi si gira.

E quale è quei, che suo dannaggio sogna,
Che sognando desidera sognare,
Sì che quel ch' è, come non fosse, agogna,

Tal mi fec' io non potendo parlare,
Chè disiava scusarmi, e scusava
Me tuttavia, e nol mi credea fare.

Maggior difetto men vergogna lava,
Disse 'l Maestro, che 'l tuo non è stato:
Però d' ogni tristizia ti disgrava:

E fa ragion, ch' io ti sia sempre allato,
Se più avvien, che fortuna t' accoglia
Dove sien genti in simigliante piato:

Chè voler ciò udire è bassa voglia.

De la fièvre et du feu tu ressens le supplice,
Et je crois qu'à lécher le miroir de Narcisse
On te déciderait sans beaucoup marchander. »

A ce honteux débat, moi je prêtais l'oreille.
— « Allons, me dit mon maître, allons c'est à merveille ;
Je ne sais qui me tient vraiment de te gronder. »

A ce ton irrité dont sa voix me gourmande,
Je me tournai saisi d'une honte si grande,
Qu'en y pensant je crois encore l'éprouver.

Et, semblable à celui qui rêvant la souffrance
Forme dans son sommeil un vœu comblé d'avance,
Et qui tout en rêvant souhaite de rêver :

Tel j'étais, ne pouvant parler, l'âme confuse,
Et brûlant de trouver à mon tort une excuse,
Lorsque déjà j'étais absous sans le savoir.

— « Moins de confusion lave plus grande faute,
Dit mon maître, tu peux lever la tête haute ;
Pour un tort pardonné cesse de t'émouvoir.

Seulement, souviens-toi que près de toi je veille
Et si tu revoyais une lutte pareille,
Passe sans t'arrêter près de tels furieux.

Où la rixe est ignoble, écouter est honteux. »

NOTES DU CHANT XXX

¹ Buoso Donati étant mort sans tester, Jean Schicchi, de la famille de Cavalcanti, de Florence, se mit dans le lit du défunt, et dicta sous son nom un testament au préjudice des héritiers légitimes : aventure assez semblable à celle imaginée par Regnard dans la comédie du *Légataire universel.*

² Maître Adam de Brescia, condamné au feu pour avoir, d'intelligence avec les comtes de Roména, Alexandre, Guido et un autre, falsifié les florins d'or frappés à l'effigie de saint Jean-Baptiste, c'est-à-dire aux armes de Florence.

³ Fontaine célèbre de Sienne.

⁴ Ces forcenés sont les fourbes qui ont contrefait les personnes, comme ce Schicchi qui allait courant tout à l'heure et qui a mordu l'alchimiste faussaire Capocchio.

ARGUMENT DU CHANT XXXI

Les deux poëtes ont vu successivement dix *bolges* du cercle des fourbes, le huitième de tout l'Enfer. Ils vont descendre maintenant au neuvième cercle, celui des traîtres. C'est ce puits annoncé au commencement du dix-huitième chant. Il est divisé en quatre girons ou zones différentes. Aux abords du gouffre, tout à l'entour, se tiennent des géants mythologiques et antédiluviens. Les deux poëtes, portés dans les bras de l'un des géants descendent dans le puits.

CANTO TRENTESIMOPRIMO

Una medesma lingua pria mi morse,
Sì che mi tinse l'una e l'altra guancia,
E poi la medicina mi riporse:

Così od' io che soleva la lancia
D' Achille e del suo padre esser cagione
Prima di trista, e poi di buona mancia.

Noi demmo 'l dosso al misero vallone
Su per la ripa che 'l cinge dintorno,
Attraversando senza alcun sermone.

Quivi era men che notte, e men che giorno,
Sì che 'l viso m' andava innanzi poco:
Ma io senti' sonare un alto corno,

Tanto ch' avrebbe ogni tuon fatto fioco,
Che contra sè la sua via seguitando
Dirizzò gli occhi miei tutti ad un loco:

Dopo la dolorosa rotta, quando
Carlo Magno perdè la santa gesta,
Non sonò sì terribilmente Orlando,

CHANT TRENTE-UNIÈME

Un seul mot échappé de la bouche du sage
M'avait mordu le cœur et rougi le visage :
Un seul mot de sa bouche apaisa mon chagrin.

D'Achille et de son père, ainsi, dit-on, la lance
Frappait, puis du blessé guérissait la souffrance,
Donnant après le mal le baume souverain.

Nous tournâmes le dos au vallon de misère,
Marchant silencieux le long du bord de pierre
Qui s'étendait autour du cercle douloureux.

Or, là régnait un jour crépusculaire et sombre.
Mes regards ne pouvaient s'étendre à travers l'ombre,
Mais j'entendis sonner un cor si furieux

Qu'il aurait étouffé le fracas du tonnerre.
Je suivis le chemin du son, dans la carrière,
Les yeux sur un seul point attachés ardemment.

Dans ce jour de déroute immense où Charlemagne [1]
Perdit soudain le fruit de la sainte campagne,
Roland donna du cor moins formidablement.

Poco portai in là volta la testa,
Che mi parve veder molte alte torri:
Ond' io: Maestro, di', che terra è questa?

Ed egli a me: Però che tu trascorri
Per le tenebre troppo dalla lungi,
Avvien che poi nel maginare abborri.

Tu vedra' ben, se tu là ti congiungi,
Quanto 'l senso s' inganna di lontano:
Però alquanto più te stesso pungi.

Poi caramente mi prese per mano,
E disse: Pria che noi siam più avanti,
Acciocchè 'l fatto men ti paia strano,

Sappi che non son torri, ma giganti,
E son nel pozzo intorno dalla ripa
Dall' umbilico in giuso tutti quanti.

Come quando la nebbia si dissipa,
Lo sguardo a poco a poco raffigura
Ciò, che cela 'l vapor, che l' aere stipa:

Così forando l' aer grossa e scura,
Più e più appressando inver la sponda,
Fuggiami errore, e giugneami paura:

Perrochè come in su la cerchia tonda
Montereggion di torri si corona,
Così la proda che 'l pozzo circonda.

Torreggiavan di mezza la persona
Gli orribili giganti, cui minaccia
Giove del cielo ancora, quando tuona:

J'avançai quelque peu la tête, et crus dans l'ombre
Apercevoir des tours hautes en très-grand nombre.
— « Maître, dis-je, apprends-moi quelle est cette cité? »

Et lui me répondit : « La nuit et la distance
Des objets que tu vois ont changé l'apparence ;
Ton esprit se méprend sur la réalité.

Tu verras bien, lorsque tu toucheras au terme,
Combien l'éloignement trompe même un œil ferme ;
Mais, afin d'arriver, pressons un peu le pas. »

Puis il me prit la main, et d'un son de voix tendre :
— « Avant d'aller plus loin, dit-il, je veux t'apprendre,
Afin que ces objets ne t'épouvantent pas,

Que ce ne sont point là des tours comme il te semble,
Mais des géants plongés dans un puits, tous ensemble,
Tout à l'entour du bord, du nombril jusqu'aux pieds. »

Comme, quand au soleil un brouillard vient se fondre,
Les objets par degrés cessent de se confondre
Et bientôt le regard les revoit tout entiers :

Ainsi mon œil perçait cette atmosphère noire,
Plus je me rapprochais du puits expiatoire ;
Et mon erreur s'enfuit, mais la peur arriva.

Comme on voit le château de Monteregione [2] :
De tours et de bastions sa tête se couronne,
De même, sur le bord qui ceignait ce puits-là,

S'élevaient à mi-corps comme des tours solides,
Ces horribles Titans, ces géants parricides,
Et qu'en tonnant, menace encore Jupiter.

Ed io scorgeva già d' alcun la faccia,
Le spalle e 'l petto, e del ventre gran parte
E per le coste giù ambo le braccia.

Natura certo, quando lasciò l' arte
Di sì fatti animali, assai fe' bene,
Per tor cotali esecutori a Marte:

E s' ella d' elefanti e di balene
Non si pente; chi guarda sottilmente,
Più giusta e più discreta la ne tiene:

Chè dove l' argomento della mente
S' aggiunge al mal volere, ed alla possa,
Nessun riparo vi può far la gente.

La faccia sua mi parea lunga e grossa
Come la pina di san Pietro a Roma:
E a sua proporzione eran l' altr' ossa:

Sì che la ripa, ch' era perizoma
Dal mezzo in giù, ne mostrava ben tanto
Di sopra, che di giungere alla chioma

Tre Frison s' averian dato mal vanto:
Perocch' io ne vedea trenta gran palmi
Dal luogo in giù, dov' uom s' affibbia 'l manto.

Rafel maì amech zabì almi,
Cominciò a gridar la fiera bocca,
Cui non si convenien più dolci salmi.

E 'l duca mio ver lui: Anima sciocca,
Tienti col corno, e con quel ti disfoga
Quand' ira, o altra passïon ti tocca.

L'ENFER — CHANT XXXI

Et de l'un d'eux déjà je voyais la figure,
Les épaules, le tronc plus bas que la ceinture,
Et les bras qui pendaient sur les hanches de fer.

La nature fut sage et prévoyante mère
En cessant de créer ces monstres sur la terre,
En enlevant à Mars de pareils instruments.

Elle met l'éléphant et la baleine au monde,
Et le fait sans regret ; et sa bonté féconde
Se marque en traits profonds dans ces enfantements.

Car alors qu'à la force animale et méchante
S'ajoute de l'esprit la force intelligente,
Il n'est plus de remparts pour repousser le mal.

La face du géant était énorme, comme
La pomme que l'on voit à Saint-Pierre de Rome.
Son corps se rapportait à ce chef colossal.

La rive autour du puits en ceinture arrondie
Qui couvrait de son corps la plus grande partie,
En laissait voir assez pour qu'en vain trois Frisons

Eussent pensé toucher sa tête surhumaine,
Puisque je mesurais trente palmes sans peine,
De son cou jusqu'au bord recouvert de glaçons.

« Raphel amech maï Zabi... ³ » d'un ton farouche
Tels sont les premiers mots échappés de sa bouche,
Qui ne connut jamais de plus tendres refrains.

Et mon guide vers lui se tournant : « Misérable,
N'est-ce donc point assez de ta corne effroyable
Pour épancher ta rage ou tes amers chagrins ?

Cercati al collo, e troverai la soga,
Che 'l tien legato, o anima confusa,
E vedi lui che 'l gran petto ti doga.

Poi disse a me: Egli stesso s' accusa:
Questi è Nembrotto, per lo cui mal coto
Pure un linguaggio nel mondo non s' usa.

Lasciamlo stare, a non parliamo a voto:
Che così è a lui ciascun linguaggio,
Come 'l suo ad altrui ch' a nullo è noto.

Fecemmo adunque più lungo vïaggio
Vôlti a sinistra, ed al trar d' un balestro
Trovammo l' altro assai più fiero, e maggio

A cinger lui, qual che fosse il maestro,
Non son io dir: ma ei tenea succinto
Dinanzi l' altro, e dietro 'l braccio destro

D' una catena, che 'l teneva avvinto
Dal collo in giù, sì che 'n su lo scoperto
Si ravvolgeva insino al giro quinto.

Questo superbo voll' essere sperto
Di sua potenza contra 'l sommo Giove,
Disse 'l mio Duca, ond' egli ha cotal merto:

Fïalte ha nome: e fece le gran pruove
Quando i giganti fer paura a i Dei:
Le braccia ch' ei menò giammai non muove.

Ed io a lui: S' esser puote, io vorrei,
Che dello smisurato Briareo
Esperïenza avesser gli occhi miei:

Cherche autour de ton cou : tu verras la courroie
Qui l'y tient attachée, âme au vertige en proie!
Tes flancs démesurés, — regarde — en sont couverts ! »

Puis à moi : « Ce démon s'est décelé lui-même.
C'est le géant Nembrod, de qui l'audace extrême
D'idiomes discords affligea l'univers [4].

Laissons-le ! lui parler, c'est parler dans le vide ;
Tout langage est perdu pour ce démon stupide
Qui ne comprend personne et que nul ne comprend, »

Nous fîmes un détour à gauche et poursuivîmes.
A portée environ d'une flèche, nous vîmes
Nouveau géant encore plus féroce et plus grand !

Quelle main l'étreignit, puissante, irrésistible,
Je ne sais ; je n'ai vu que la chaîne terrible
Qui lui rivait les bras, l'une au dos, l'autre au cœur.

Tout à l'entour du corps de ce monstre féroce,
Du cou jusqu'à l'endroit qui sortait de la fosse,
De la chaîne cinq fois tournait l'airain vainqueur.

— « Ce réprouvé voulait, dans sa folle arrogance,
Contre le roi des dieux essayer sa puissance,
Dit mon guide ; voilà le fruit de ses projets.

Éphialte est son nom : il fut grand dans la guerre
Où firent peur aux dieux les enfants de la terre [5].
Les bras qu'il a levés sont cloués pour jamais ! »

— « Je voudrais, s'il se peut, du géant Briarée
Voir aussi de mes yeux l'ombre démesurée, »
Hasardai-je, en prenant la parole à mon tour.

Ond' ei rispose : Tu vedrai Anteo
Presso di qui, che parla de, è disciolto,
Che ne porrà nel fondo d' ogni reo.

Quel che tu vuoi veder, più là è molto,
Ed è legato, e fatto come questo,
Salvo che più feroce par nel volto.

Non fu tremuoto già tanto rubesto,
Che scotesse una torre così forte,
Come Fïalte a scuotersi fu presto.

Allor temetti più, che mai, la morte,
E non v' era mestier più che la dotta,
S' io non avessi viste le ritorte.

Noi precedemmo più avanti allotta,
E venimmo ad Anteo, che ben cinqu' alle,
Senza la testa, uscia fuor della grotta.

O tu che, nella fortunata valle,
Che fece Scipïon di gloria ereda,
Quand' Annibal co' suoi diede le spalle,

Recasti già mille lion per preda,
E che se fossi stato all' alta guerra
De' tuoi fratelli, ancor par ch' e' si creda

Ch' avrebber vinto i figli de la terra ;
Mettine giuso (e non ten' venga schifo)
Dove Cocito la freddura serra.

Non ci far' ire a Tizio nè a Tito :
Questi può dar di quel, che qui si brama :
Però ti china, e non torcer lo grifo.

Virgile répondit : « Nous allons voir Antée ;
Son ombre est proche, et parle, et n'est point garrottée ;
Il nous fera descendre au fond du noir séjour.

Celui que tu veux voir est plus loin ; même crime
L'a fait comme Éphialte enchaîner dans l'abîme,
Mais il est plus horrible encore à contempler. »

Éphialte à ces mots a secoué ses chaînes.
Dans le monde jamais tempêtes souterraines
N'ont fait si bruyamment tours et remparts trembler.

De ma mort je crus bien que l'heure était sonnée ;
Et si je n'avais vu la grande ombre enchaînée,
Je mourais de la peur qui déjà me glaçait.

Vers Antée en avant nous marchons : je m'arrête.
De cinq aunes au moins, sans comprendre la tête,
Le corps de ce géant hors du puits se dressait.

— « Toi qui, dans la vallée où, subjuguant Carthage,
Scipion fit de gloire un si grand héritage,
Sur ce sol bienheureux qui vit fuir Annibal,

Égorgeas en un jour cent lions et panthères !
O toi dont on a dit que si, près de tes frères,
Ton bras eût soutenu leur combat inégal,

La victoire eût été pour le fils de la Terre !
Descends-nous jusqu'au fond de votre noir cratère,
En bas, où le Cocyte est glacé dans son cours.

Garde que nous allions à Typhon ou Tithye !
Cet homme peut donner ce qu'ici l'on envie ;
Prends donc un air plus doux, et viens à son secours.

Ancor ti può nel mondo render fama:
Ch' ei vive, e lunga vita ancora aspetta,
Se innanzi tempo grazia a se nol chiama.

Così disse 'l maestro: e quegli in fretta
Le man distese, e prese il duca mio,
Ond' Ercole sentì già grande stretta.

Virgilio, quando prender si sentio,
Disse a me: fatti 'n qua sì ch' io ti prenda:
Poi fece sì, ch' un fascio er' egli ed io.

Qual pare a riguardar la Carisenda
Sotto 'l chinato, quand' un nuvol vada
Sovr' essa sì, ch' ella in contrario penda:

Tal parve Anteo a me che stava a bada
Di vederlo chinare, e fu talora,
Ch' i' avrei voluto gir per altra strada:

Ma lievemente al fondo che divora
Lucifero con Giuda, ci posò:
Nè sì chinato lì fece dimora,

E come albero in nave si levò.

Il peut parler de toi sur la terre mortelle ;
Car il vit, et trop tôt si le Ciel ne l'appelle,
Il lui reste des jours nombreux à parcourir. »

Ainsi parla mon maître, et sans le faire attendre,
Le géant étendit ses deux mains pour le prendre,
Ces mains dont autrefois Hercule eut à souffrir.

Quand Virgile sentit cette robuste étreinte :
— « Que je te prenne aussi, me dit-il ; viens sans crainte.»
Il dit, et dans ses bras je me laissai presser.

Comme, par un effet bizarre de mirage,
Sur la Carisenda, lorsque passe un nuage,
La tour semble au regard prête à se renverser [6] :

Tel me parut Antée alors que de la rive
Je le vis s'incliner ; mon angoisse fut vive ;
Je tremblais sur le dos du monstre réprouvé.

Mais déjà le géant au fond du sombre abîme
Où, près de Lucifer, Judas pleure son crime,
Doucement nous dépose, et, sitôt qu'arrivé,

Comme un mât de vaisseau, debout s'est relevé.

NOTES DU CHANT XXXI

¹ La déroute de Roncevaux, où périt le paladin Roland. Turpin raconte que le cor de Roland fut entendu de Charlemagne à huit lieues de distance. Dante appelle cette campagne *sainte*, parce qu'elle avait pour but de chasser d'Espagne les Sarrasins, c'est-à-dire les infidèles.

² Château fort près de Sienne.

³ Les commentateurs se sont bien mal à propos épuisés à découvrir le sens de ces mots qui ne sont d'aucune langue; ils n'ont pas profité de l'avertissement que Dante lui-même semble leur donner, quelques vers plus loin, de ne pas se fatiguer inutilement.

⁴ Nembrod, fils de Chus, un de ceux qui travaillèrent à la tour de Babel.

Gigantes autem erant super terram in diebus illis.

Genèse, ch. vi.

⁵ Tout à l'heure un géant emprunté à la Bible, ici les Titans de la fable. Le poëte, dans tout le cours de sa fiction, réunit ainsi à la fois la tradition sacrée et les traditions mythologiques.

⁶ La Carisenda, tour inclinée de Bologne, aujourd'hui appelée Torre mozza.

ARGUMENT DU CHANT XXXII

Cercle des traîtres, le neuvième et dernier. Les ombres des traîtres grelottent au milieu d'un lac glacé. Dante et son guide passent d'abord par *la Caïne*, première zone du cercle, celle des traîtres envers leurs parents; différentes ombres y attirent leur attention. Puis, marchant toujours sur le lac glacé, ils arrivent à *l'Antenora*, la zone des traîtres à leur patrie. Dante heurte du pied un damné qui a honte de dire son nom : une fois reconnu, il signale au poëte plusieurs de ses compagnons. Tout à coup deux pécheurs apparaissent sortant la tête d'un même trou. L'un dévore le crâne de l'autre. Le poëte demande à l'ombre forcenée le motif de sa rage.

CANTO TRENTESIMOSECONDO

S' io avessi le rime ed aspre e chiocce,
Come si converrebbe al tristo buco
Sovra 'l qual pontan tutte l' altre rocce,

Io premerei di mio concetto il suco
Più pienamente : ma perch' i' non l' abbo,
Non senza tema a dicer mi conduco :

Che non è impresa da pigliare a gabbo
Descriver fondo a tutto l' universo,
Nè da lingua, che chiami mamma, o babbo.

Ma quelle donne aiutino 'l mio verso,
Ch' aiutaro Anfione a chiuder Tebe,
Sì che dal fatto il dir non sia diverso.

Oh sovra tutte mal creata plebe,
Che stai nel loco, onde parlare è duro,
Me' foste state qui pecore, o zebe.

Come noi fummo giù nel pozzo scuro
Sotto i piè del gigante, assai più bassi,
Ed io mirava ancora all' alto muro,

CHANT TRENTE-DEUXIÈME

Si j'avais l'âpre son, le vers rauque et sonore
Qui conviendrait au puits qu'il faut décrire encore,
Triste puits qui soutient tous les cercles sur soi,

Je voudrais exprimer ici jusqu'à l'écorce
Le suc de mes pensers. N'ayant pas cette force,
Au moment de parler, je me sens quelque effroi.

Peindre l'extrême Enfer et le centre du monde,
Ce n'est pas un vain jeu de vulgaire faconde,
Ni l'œuvre que bégaie une langue au berceau.

Mais vous qui secondiez, ô Muses souveraines,
Amphion construisant les murailles thébaines,
Faites qu'au moins mes vers approchent du tableau !

O damnés entre tous parmi les créatures,
Habitants de ces lieux d'indicibles tortures,
Que n'étiez-vous brebis ou chèvres, malheureux !

Quand nous fûmes venus plus bas dans la carrière
Sous les pieds du géant dans le puits sans lumière,
Comme sur les hauts murs je reportais mes yeux,

Dicere udimmi : Guarda, come passi :
Fa sì, che tu non calchi con le piante
Le teste de' fratei miseri lassi.

Perch' io mi volsi, e vidimi davante,
E sotto i piedi un lago, che per gielo
Avea di vetro, e non d' acqua sembiante.

Non fece al corso suo sì grosso velo
Di verno la Danoia in Austerich,
Nè 'l Tanai là sotto 'l freddo cielo,

Com' era quivi : che se Tabernicch
Vi fosse su caduto, o Pietrapana,
Non avria pur dall' orlo fatto cricch.

E come a gracidar si sta la rana
Col muso fuor dell' acqua, quando sogna
Di spigolar sovente la villava,

Livide in sin là dove, appar vergogna,
Eran l' ombre dolenti nella ghiaccia,
Mettendo i denti in nota di cicogna.

Ognuna in giù tenea volta la faccia :
Da bocca il freddo, e da gli occhi 'l cuor tristo
Tra lor testimonianza si procaccia.

Quand' io ebbi d' intorno alquanto visto,
Volsimi a' piedi, e vidi due sì stretti,
Che 'l pel del capo aveano insieme misto.

Ditemi voi, che sì stringete i petti,
Diss' io, chi siete ; e quei piegar li colli.
 Epoi ch' ebber li visi a me eretti,

J'ouïs qu'on me disait : « Ah ! regarde où tu passes !
Prends garde d'écraser en marchant sur ces glaces
Les misérables fronts de frères harassés. »

Je me tourne, et je vois sous mes pieds étalée,
Une nappe d'eau morte, un lac d'eau si gelée
Qu'on eût dit d'un miroir mieux que de flots glacés.

En Autriche, jamais le Danube en sa course,
Jamais le Tanaïs, sous le ciel froid de l'Ourse,
N'ont le voile hivernal qui s'était formé là,

Et l'on eût pu laisser sur la croûte de glace,
Sans même que le bord craquât à la surface,
Tomber le Tabernik ou la Pietra Pana [1].

Telles on voit au temps où l'humble paysanne
Glane aux champs et la nuit rêve encore qu'elle glane,
La tête hors de l'eau grenouilles coasser :

Ainsi le front livide, empourpré de vergogne,
Faisant claquer leurs dents comme becs de cigogne,
Je vis dans le glacier des ombres se dresser.

Leurs têtes se penchaient en avant ; leurs visages
Offraient de leurs tourments de poignants témoignages :
Sur les lèvres le froid, la douleur dans les yeux !

Quand je les eus d'abord toutes considérées,
Regardant à mes pieds, j'en vis deux si serrées
Qu'elles avaient mêlé tout à fait leurs cheveux.

« Vous qui vous étreignez, dites-moi qui vous êtes ? »
M'écriai-je. En arrière ils penchèrent leurs têtes
Et levèrent sur moi des regards étonnés.

Gli occhi lor, ch' eran pria pur dentro molli,
Gocciar su per le labbra, e 'l gelo strinse
Le lagrime tra essi, e riserrolli:

Con legno legno spranga mai non cinse
Forte così: ond' ei, come duo becchi
Cozzaro insieme, tant' ira gli vinse.

Ed un, ch' avea perduti ambo gli orecchi
Per la freddura, pur col viso in giue
Disse: Perchè cotanto in noi ti specchi?

Se vuoi saper chi son cotesti due,
La valle, onde Bisenzio si dichina,
Del padre loro Alberto e di lor fue.

D' un corpo usciro: e tutta la Caina
Potrai cercare, e non troverai ombra
Degna più d' esser fitta in gelatina:

Non quella, a cui fu rotto, il petto e l' ombra
Con esso un colpo, per la man d' Artù:
Non Focaccia: non questi che m' ingombra

Col capo sì, ch' i' non veggi' oltre più,
E fu nomato Sassol Mascheroni:
Se Tosco se' ben sai omai, chi e' fu.

E perchè non mi metti in più sermoni,
Sappi ch' io sono il Camicion de' Pazzi,
Ed aspetto Carlin, che mi scagioni.

Poscia vid' io mille visi cagnazzi
Fatti per freddo: onde mi vien riprezzo,
E verrà sempre de' gelati guazzi.

Mais les pleurs contenus dans leur paupière humide
Débordent, et le froid gelant leur flot liquide
Les condense et resserre encore les damnés.

Un crampon ne joint pas si fort deux bois ensemble.
Alors, tels deux béliers que la fureur rassemble,
De rage transportés se heurtent les pécheurs.

Un autre à qui le froid avait mangé l'oreille,
Le front baissé, me dit : « Pourquoi, car c'est merveille,
Te mirer si longtemps dans ce lac de douleurs ?

Tu veux savoir qui sont ces deux pécheurs ? La plaine
Où le Bisenzio coule fut leur domaine.
Le prince Albert, leur père, y vit le jour aussi.

Ils sont d'un même sein [2]. Dans toute la Caïne [3]
Tu chercherais en vain une ombre florentine
Ou toute autre ayant mieux mérité d'être ici ;

Moins coupable est ce fils qu'Artus, frappant d'avance [4].
Ombre et corps à la fois perça d'un coup de lance.
Moins criminel Foccace [5] et cet autre maudit,

Cette ombre dont la tête intercepte ma vue,
Sous le nom de Sassol Mascheroni connue [6].
Toscan ! — tu l'es, je crois, — ce nom seul te suffit,

Quant à moi, pour ne pas prolonger davantage,
J'eus le nom de Pazzi-Camicion [7] en partage ;
Carlin [8] viendra bientôt m'exempter de rougir. »

Lors je vis des esprits par milliers dans la glace
Tout violets de froid ; ce souvenir vivace
Devant un gué gelé me fait encore frémir.

E mentre ch' andavamo in ver lo mezzo,
Al quale ogni gravezza si rauna,
Ed io tremava nell' eterno rezzo :

Se voler fu, o destino o fortuna,
Non so : ma passeggiando tra le teste,
Forte percossi 'l piè nel viso ad una.

Piangendo mi sgridò : Perchè mi peste ?
Se tu non vieni a crescer la vendetta
Di Mont' Aperti, perchè mi moleste ?

Ed io : maestro mio, or qui m' aspetta,
Sì ch' io esca d' un dubbio per costui :
Poi mi farai, quantunque vorrai, fretta.

Lo duca stette : ed io dissi a colui
Che bestemmiava duramente ancora,
Qual se' tu, che così rampogni altrui ?

Or tu chi se', che vai per l' Antenora
Percotendo, rispose, altrui le gote,
Sì che se vivo fossi, troppo fora ?

Vivo son' io ; e caro esser ti puote,
Fu mia risposta, se domandi fama,
Ch' io metta 'l nome tuo tra l' altre note

Ed egli a me : Del contrario ho io brama ;
Levati quinci, e non mi dar più lagna :
Chè mal sai lusingar per questa lama.

Allor lo presi per la cuticagna,
E dissi : E' converrà, che tu ti nomi,
O che capel qui su non ti rimagna :

Comme nous avancions tous les deux assez vite
Vers le centre profond où l'univers gravite.
Tandis que je tremblais dans l'éternelle nuit,

Il arriva, — hasard ou volontaire outrage ! —
Qu'en marchant au milieu des têtes, au visage
Mon pied vint à heurter quelqu'un de ce circuit.

— « Pourquoi me foules-tu ? dit-il, versant des larmes ;
A m'outrager ainsi peux-tu trouver des charmes ?
Viens-tu venger encor Mont' Aperti sur moi ? »

— « Daigne m'attendre ici, dis-je alors à mon maître,
Que j'éclaircisse un doute où me jette ce traître ;
Ensuite je courrai, s'il le faut, avec toi. »

Il s'arrête ; aussitôt parlant à l'ombre blême
Qui grommelait encor quelque horrible blasphème :
— « Toi qui grognes ainsi, ton nom, esprit impur ? »

— Toi-même, quel es-tu, fit-il, qui dans ta rage
Viens dans l'Antenora [9] me frapper au visage,
Si fort, que d'un vivant le coup m'eût semblé dur ?

— « Je suis vivant, lui dis-je, et si c'est ton envie,
Je pourrai te citer, de peur qu'on ne t'oublie,
Parmi les autres noms qu'ici j'ai recueillis. »

— « C'est l'oubli que je veux au contraire en partage !
Va-t'en, sans m'affliger ni parler davantage !
Tes appeaux pour ce lac ont été mal choisis. »

Par la peau de la nuque alors je prends mon homme :
— « Il faudrait bien pourtant dire comme on te nomme,
Si tu tiens à garder un seul de tes cheveux. »

Ond' egli a me : Perchè tu mi dischiomi,
Nè ti dirò ch' io sia, nè mostrerolti,
Se mille fiate in sul capo mi tomi.

I' avea già i capelli in mano avvolti,
E tratti glien' avea più d' una ciocca,
Latrando lui con gli occhi in giù raccolti,

Quando, un altro gridò : Che hai tu, Bocca ?
Non ti basta sonar con le mascelle,
Se tu non latri ? qual diavol ti tocca ?

O mai, diss' io, non vo', che tu favelle,
Malvagio traditor : ch' alla tua onta
Io porterò di te vere novelle.

Va via, rispose, e ciò che tu vuoi, conta :
Ma non tacer, se tu di qua entr' eschi,
Di quel, ch' ebb' or così la lingua pronta :

Ei piange qui l' argento de' Franceschi :
I' vidi, potrai dir, quel da Duera
Là dove i peccatori stanno freschi.

Se fossi dimantado, altri chi v' era,
Tu hai dallato quel di Beccheria,
Di cui segò Fiorenza la gorgiera.

Giani del Soldanier credo che sia
Più là con Ganellone, e Tribaldello,
Ch' aprì Faenza, quando si dormìa.

Noi eravam partiti già da ello,
Ch' io vidi duo ghiacciati in una buca
Sì che l' un capo all' altro era cappello :

— « Non ! tu ne sauras pas qui je suis, dit le traître,
Et tu ne parviendras jamais à me connaître ;
Écorche, écrase-moi sous tes pieds, si tu veux ! »

Déjà je rassemblais dans ma main menaçante
Les cheveux du coupable, et l'ombre frémissante
Aboyait comme un chien, les yeux tout renversés,

Quand un autre cria : « Quelle est donc cette fièvre,
Bocca [10] ? Claquer des dents, grelotter de la lèvre,
Si tu ne hurles pas, ce n'est donc pas assez ? »

— « Bien ! je n'ai plus besoin qu'à moi tu te révèles ;
A ta honte je puis porter de tes nouvelles,
Dis-je alors, et conter ton sort, méchant félon ! »

— « Va donc, répliqua-t-il, et, libre à toi ! raconte.
Mais, si tu peux sortir, emporte aussi le compte
De qui fut si pressé de révéler mon nom.

Il pleure ici l'argent qu'il reçut de la France.
J'ai vu, pourras-tu dire, au séjour de souffrance
Où gèlent les pécheurs, Buso de Duéra.

Si l'on te demandait les noms de quelques autres,
Regarde à tes côtés : Beccarie est des nôtres,
Un perfide qu'à mort Florence condamna.

Jean de Soldanieri gît plus bas : il doit être
Auprès de Ganellon et de Tribaldel, traître
Qui livra Faënza de nuit comme un larron » [11].

Nous étions déjà loin : tout à coup je m'arrête.
Deux pécheurs dans un trou sortaient chacun la tête.
L'une recouvrait l'autre ainsi qu'un chaperon :

E come il pan per fame si manduca,
Così 'l sovran li denti all' altro pose,
Là 've 'l cervel s'aggiunge con la nuca.

Non altrimenti Tideo si rose
Le tempie a Menalippo per disdegno,
Che quei faceva 'l teschio, e l' altre cose.

O tu, che mostri per sì bestial segno
Odio sovra colui, che tu ti mangi,
Dimmi 'l perchè, diss' io, per tal convegno,

Che se tu a ragion di lui ti piangi,
Sappiendo chi voi siete, e la sua pecca,
Nel mondo suso ancor' io te ne cangi;

Se quella, con ch' io parlo non si secca.

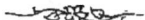

Et, comme un affamé sur le pain qu'on lui jette,
Celui qui dominait s'acharnait sur la tête
De l'autre, et le mordait de la nuque au cerveau.

Tel Tydée autrefois, pour assouvir sa rage,
De Ménalippe mort dévorait le visage,
Tel, des os et des chairs se gorgeait ce bourreau.

— « Toi qui fais éclater de façon si brutale
Ta haine sur celui dont ta dent se régale,
Dis-moi pourquoi ? criai-je, et je jure, en retour,

Si juste est la fureur qui contre lui t'anime,
Vous connaissant tous deux, sachant quel fut son crime,
De te venger encore au terrestre séjour,

Si ma langue ne sèche, en revoyant le jour ! »

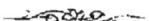

NOTES DU CHANT XXXII

¹ La Tabernick, montagne d'Esclavonie ; la Pietra-Pana, montagne de Toscane.

² Alexandre et Napoléon, fils d'Alberto de'. Alberti, seigneur de Falterone, entre Lucques et Florence, s'entretuèrent après la mort de leur père, d'autant plus coupables qu'ils étaient frères consanguins et utérins.

³ Ce nom de Caïne donné à la première division du cercle des traîtres, est emprunté de Caïn, le meurtrier d'Abel. (Voy. le chant v.)

⁴ Mordrec, fils d'Artus, s'étant embusqué pour tuer son père, celui-ci le prévint, et, d'un coup de lance, le perça de part en part.

⁵ Foccacia Cancellieri avait coupé la main de son cousin et assassiné son oncle.

⁶ Sassolo Mascheroni de Florence, tua un parent pour s'emparer de ses biens.

⁷ Camiscione de' Pazzi, meurtrier d'Ubertino, son parent.

⁸ Un Carlino des Pazzi est connu pour avoir été acheté par les Nino de Florence et leur avoir livré un château situé dans le val d'Arno. Mais il tiendrait mieux sa place dans la division des traîtres à la patrie. Sans doute le poëte fait ici allusion à un autre traître du même nom qui avait trahi quelqu'un de ses parents.

⁹ L'Antenora, deuxième division du cercle des traîtres, prend son nom d'Antenor qui trahit Troie, sa patrie, en cachant Ulysse dans son palais.

¹⁰ Bocca des Abati trahit les siens à la bataille de Mont' Aperti

¹¹ Beccaria, Soldanieri, Ganellon, Tribaldel, tous traîtres à leur pays.

ARGUMENT DU CHANT XXXIII

Récit d'Ugolin.

Dante et Virgile arrivent à la *Ptolemea*, troisième division du cercle des traîtres, zone des traîtres envers leurs hôtes. Les têtes des pécheurs sont renversées en arrière, leurs pleurs gèlent dans leurs yeux. Dante s'étonne de rencontrer frère Albéric, un damné qu'il croyait encore en vie sur la terre. Le damné lui apprend que l'âme des traîtres de son espèce est souvent, par un châtiment anticipé, précipité en Enfer avant l'heure de la mort; un démon vient alors prendre la place de l'âme traîtresse et s'établir dans le corps qu'elle a abandonné et qui paraît en vie sur la terre.

CANTO TRENTESIMOTERZO

La bocca sollevò dal fiero pasto
Quel peccator, forbendola a' capelli
Del capo, ch' egli avea diretro guasto :

Poi cominciò : Tu vuoi ch' io rinnovelli
Disperato dolor, che 'l cuor mi preme
Già pur pensando, pria ch' i' ne favelli,

Ma se le mie parole esser den seme,
Che frutti infamia al traditor, ch' io rodo,
Parlare e lagrimare vedrai insieme.

Io non so chi tu sie, nè per che modo
Venuto se' quaggiù : ma Fiorentino
Mi sembri veramente, quand' io t' odo.

Tu dei saper ch' io fui 'l conte Ugolino,
E questi l' Archivescovo Ruggieri ;
Or ti dirò perch' io son tal vicino.

Che per l' effetto de' suo' ma' pensieri,
Fidandomi di lui io fossi preso,
E poscia morto, dir non è mestieri.

CHANT TRENTE-TROISIÈME

Lors arrachant sa lèvre à l'horrible pâture,
Ce damné l'essuya contre la chevelure
Du crâne que derrière il venait de ronger ;

Ensuite il commença : « Tu veux donc que j'attise
L'effroyable douleur, lorsque mon cœur se brise,
Même avant de parler, seulement d'y songer.

Pourtant si mon récit doit, semence ennemie,
Au traître que je ronge apporter l'infamie,
Tu me verras parler et pleurer à la fois.

Je ne sais pas ton nom ni par quelle puissance
Tu viens jusqu'ici-bas ; mais ta ville est Florence,
Je crois le deviner à l'accent de ta voix.

C'est le comte Ugolin, si tu veux me connaître,
Que tu vois, et Roger l'archevêque est ce traître [1].
Je suis un dur voisin, oui, mais apprends pourquoi.

Que ce fut à l'effet de son lâche artifice,
En me fiant à lui, que j'ai dû mon supplice,
Ma prison et ma mort, tu le sais comme moi.

Però quel che non puoi avere inteso,
Cioè, come la morte mia fu cruda,
Udirai, e saprai, se m' ha offeso.

Breve pertugio dentro dalla muda,
La qual per me ha il titol della fame,
E 'n che conviene ancor ch' altri si chiuda,

M' avea mostrato per lo suo forame
Più lune già, quand' io feci 'l mal sonno,
Che del futuro mi squarciò 'l velame.

Questi pareva a me maestro e donno,
Cacciando 'l lupo e i lupicini al monte,
Perchè i Pisan veder Lucca non ponno.

Con cagne magre, studïose, e conte
Gualandi con Sismondi, e con Lanfranchi
S' avea messi dinanzi dalla fronte.

In picciol corso mi pareano stanchi
Lo padre e i figli, e con l' agute scane
Mi parea lor veder fender li fianchi:

Quando fui desto innanzi la dimane,
Pianger senti' fra 'l sonno i miei figliuoli,
Ch' eran con meco, e dimandar del pane.

Ben se' crudel, se tu già non ti duoli,
Pensando ciò, ch' al mio cuor s' annunziava:
Et se non piangi, di che pianger suoli?

Già eram desti, e l' ora s' appressava,
Che 'l cibo ne soleva essere addotto,
E per suo sogno ciascun dubitava,

Mais ce que tu ne peux avoir appris sans doute,
C'est combien cette mort fut atroce : or, écoute ;
Et tu pourras juger ce qu'il m'a fait souffrir.

Par l'étroit soupirail de la prison obscure,
Dite *Tour de la Faim* du nom de ma torture
Et qui doit après moi pour d'autres se rouvrir,

La lune avait brillé plusieurs fois tout entière,
Quand un rêve effrayant, comme un trait de lumière,
Déchira de mon sort les voiles bienfaisants.

Devant cet homme-là, fier seigneur en campagne,
Un loup et ses petits fuyaient vers la montagne
Par qui Lucque est cachée aux regards des Pisans.

Avec de maigres chiens, meute avide, efflanquée,
En avant et de front sur la bête traquée :
Galandi, Sismondi, Lanfranchi, s'élançaient,

Après quelques instants de course dans la plaine,
Le loup et ses petits me semblaient hors d'haleine
Et les crocs des grands chiens dans leurs flancs s'enfonçaient

Quand je me réveillai, longtemps avant l'aurore,
J'entendis près de moi mes fils dormant encore
Qui demandaient du pain et gémissaient tout bas.

Bien cruel est ton cœur s'il ne saigne d'avance
A ce qui s'annonçait pour le mien de souffrance ;
Et de quoi pleure-tu, si tu ne pleures pas ?

Ils s'éveillent, et l'heure est déjà sonnée
Où l'on nous apportait le pain de la journée ;
Et tous, se rappelant le rêve, étaient tremblants ;

Ed io senti' chiavar l' uscio di sotto
All orribile torre : ond' io guardai
Nel viso a' miei figliuoli senza far motto :

Io non piangeva, sì dentro impietrai :
Piangevan' elli ; ed Anselmuccio mio
Disse : Tu guardi sì, padre, che hai ?

Però non lagrimai nè rispos' io
Tutto quel giorno, nè la notte appresso,
Infin che l'altro Sol nel mondo uscìo.

Com' un poco di raggio si fu messo
Nel doloroso carcere, ed io scorsi
Per quattro visi il mio aspetto stesso,

Ambo le mani per dolor mi morsi ;
E quei pensando, ch' i' l' fessi per voglia
Di manicar, di subito levorsi,

E disser : Padre, assai ci fia men doglia,
Se tu mangi di noi : tu ne vestisti
Queste misere carni, e tu le spoglia.

Quetaimi allor, per non fargli più tristi :
Quel dì, e l' altro stemmo tutti muti.
Ahi dura terra, perchè non t' apristi ?

Posciachè fummo al quarto dì venuti,
Gaddo mi si gittò disteso a' piedi,
Dicendo : Padre mio, che non mi aiuti ?

Quivi morì : e come tu mi vedi,
Vid' io cascar li tre ad uno ad uno
Tra 'l quinto dì, e 'l sesto : ond' io mi diedi

Et j'ouïs sous mes pieds qu'on verrouillait la porte
De cette horrible tour où l'espérance est morte,
Et sans dire un seul mot regardai mes enfants.

Je ne pleurais pas, moi : Je devenais de pierre.
Eux pleuraient; mon petit Anselme me dit : « Père,
Quels étranges regards tu nous jettes, qu'as-tu ? »

Je demeurai sans pleurs, mes yeux ne pouvaient fondre.
Tout ce jour et la nuit je restai sans répondre,
Jusqu'à ce qu'un nouveau soleil eût reparu.

Quand un faible rayon filtrant dans notre cage
Me fit voir la pâleur de mon propre visage
Sur quatre fronts d'enfants tout blêmis par la faim,

Je me mordis les mains dans un accès de rage,
Croyant que de la faim c'était l'horrible ouvrage,
Ces malheureux enfants de se lever soudain

Et de dire : « Bien moins nous souffrirons, mon père,
Si tu manges de nous : de ces chairs de misère
Tu nous a revêtus ; tu nous les reprendras. »

Je me calmai, de peur d'accroître leur souffrance.
Ce jour et le suivant tous gardions le silence.
Terre dure ! ah ! pourquoi ne t'entr'ouvris-tu pas ?

Au quatrième jour, sans force contre terre,
Gaddo tombe à mes pieds en murmurant : Mon père,
Tu ne viendras donc pas au secours de ton fils ! »

Il meurt, et comme ici tu me vois, j'ai, de même,
Vu de mes yeux tomber, de ce jour au sixième,
Les trois l'un après l'autre ; et puis plus rien ne vis :

Già cieco a brancolar sovra ciascuno,
E tre dì gli chiamai, poich' ei fur morti:
Poscia, più che 'l dolor, potè 'l digiuno

Quand' ebbe detto ciò, con gli occhi torti
Riprese 'l teschio misero co' denti,
Che furo all' osso come d' un can, forti.

Ahi Pisa, vituperio delle genti
Del bel paese là, dove 'l sì suona,
Poichè i vicini a te punir son lenti,

Muovasi la Capraia e la Gorgona,
E faccian siepe ad Arno in su la foce,
Sì ch' egli annieghi in te ogni persona:

Chè se 'l conte Ugolino aveva voce
D' aver tradita ta delle castella,
Non dovei tu i figliuoi porre a tal croce.

Innocenti facea l' età novella,
Novella Tebe, Uguccione, e 'l Brigata,
E gli altri duo, che 'l canto suso appella.

Noi passamm' oltre, dove la gelata
Ruvidamente un' altra gente fascia,
Non volta in giù, ma tutta riversata.

Lo pianto stesso lì pianger non lascia,
E 'l duol, che truova 'n su gli occhi rintoppo
Si volve in entro a far crescer l' ambascia:

Chè le lagrime prime fanno groppo,
E, sì come visiere di cristallo,
Riempion sotto 'l ciglio tutto 'l coppo.

Sur leurs corps, à tâtons je me traîne et chancelle.
Ils sont morts, et trois jours encor je les appelle :
La faim fut plus puissante alors que la douleur. »

Quand il eut achevé, roulant un œil farouche,
Le forcené reprit le crâne dans sa bouche
Et fouilla jusqu'à l'os comme un chien en fureur.

Ah ! Pise ! déshonneur de la belle patrie
Où résonne le *si !* de ton ignominie,
Puisqu'ils sont, tes voisins, si lents à te punir,

Puissent marcher ensemble et Gorgone et Caprée ² !
Qu'aux bouches de l'Arno leur masse conjurée
Le fasse refluer sur toi pour t'engloutir !

Si du comte Ugolin les trames criminelles
Avaient, comme on l'a dit, livré tes citadelles,
Pourquoi vouer ses fils à ce supplice affreux ?

D'Uguccion, de Brigat, l'âge innocent et tendre,
Thèbes nouvelle ! eût dû suffire à les défendre,
Et ces deux qu'en mes vers j'ai nommés avant eux?

Nous marchâmes alors plus avant, où la glace
Dans ses rudes liens enserre une autre race.
Les têtes en arrière ici se renversaient.

Les pleurs même arrêtaient les pleurs près de descendre,
La douleur par les yeux ne pouvant se répandre,
Retombait sur le cœur, et les tourments croissaient.

Les premiers pleurs s'étaient gelés dans la paupière,
Et, remplissant de l'œil la coupe tout entière,
L'avaient comme couvert d'un voile de cristal,

E avvegna che, sì come d' un callo,
Per la freddura ciascun sentimento
Cessato avesse del mio viso stallo :

Già mi parea sentire alquanto vento,
Perch' io : Maestro mio, questo chi muove?
Non è quag giuso ogni vapore spento ?

Ond' egli a me : Avaccio sarai, dove
Di ciò ti farà l' occhio la risposta,
Veggendo la cagion, che 'l fiato piove.

Ed un de' tristi della fredda crosta
Gridò a noi : O anime crudeli
Tanto, che data v' è l' ultima posta,

Levatemi dal viso i duri veli,
Sì ch' io sfoghi 'l dolor che 'l cuor m' impregna,
Un poco pria, che 'l pianto si raggieli.

Perch' io a lui : Se vuoi ch' io ti sovvegna,
Dimmi chi fosti; e s' io non ti disbrigo,
Al fondo della ghiaccia ir mi convegna.

Rispose adunque : Io son Frate Alberigo;
Io son quel dalle frutte del mal' orto,
Che qui riprendo dattero per figo.

Oh, dissi lui, or se' tu ancor morto?
Ed egli a me : Come 'l mio corpo stea
Nel mondo su, nulla scienzia porto.

Cotal vantaggio ha questa Tolommea,
Che spesse volte l' anima ci cade
Innanzi, ch' Atropos mossa le dea.

Et de l'âpre froidure encore que l'outrage
Eût comme d'un calus endurci mon visage
Déjà presque insensible à cet air glacial,

D'une brise pourtant je crus sentir l'atteinte :
— « Toute vapeur ici n'est-elle pas éteinte ?
Maître, dis-je, apprends-moi qui nous souffle ce vent ? »

Et le maître me dit : « Tantôt tu vas l'apprendre ;
Tes yeux te répondront où nous allons descendre,
Et toi-même en verras la cause en arrivant. »

Alors un affligé des glaces éternelles
Cria vers nous : O vous, ombres assez cruelles
Pour avoir cette place aux suprêmes douleurs,

De grâce, arrachez-moi le voile insurmontable,
Pour que j'épanche un peu la douleur qui m'accable
Avant que de nouveau gèlent mes tristes pleurs ! »

Je lui dis : « Si tu veux qu'à ton désir j'accède,
Apprends-moi ton histoire, et, si ma main ne t'aide,
Au fond de ce glacier je consens à plonger. »

Il répond : « Je suis frère Albéric ; pour ma perte,
J'ai d'un mauvais jardin fait manger la desserte ;
Datte pour figue ici je paye mon verger [3]. »

— « Quoi ! » dis-je, « es-tu donc mort, et quel est ce mystère ? »
Il repartit : « L'état de mon corps sur la terre
Est un secret qu'ici je n'ai pas apporté.

C'est le lot de ce cercle appelé Ptolémée [4],
Que souvent l'âme y tombe à jamais abîmée
Bien avant que son corps y soit précipité.

E perchè tu più volontier mi rade
Le 'nvetriate lagrime dal volto,
Sappi che tosto che l' anima trade,

Come fec' io, il corpo suo l' è tolto
Da un dimonio, che poscia il governa,
Mentre che 'l tempo suo tutto sia volto.

Ella ruina in sì fatta cisterna :
E forse pare ancor lo corpo suso
Dell' ombra, che di qua dietro mi verna :

Tu l' dei saper, se tu vien pur mo giuso :
Egli è ser Branca d'Oria, e son più anni
Poscia passati ch' ei fu sì racchiuso.

Io credo, diss' io lui, che tu m'inganni :
Che Branca d' Oria non morì unquanche,
E mangia e bee, e dorme, e veste panni.

Nel fosso su, diss' ei, di Malebranche,
Là dove bolle la tenace pece,
Non era giunto ancora Michel Zanche,

Che questi lasciò un diavolo in sua vece
Nel corpo suo, e d' un suo prossimano
Che 'l tradimento insieme con lui fece.

Ma distendi oramai in qua la mano,
Aprimi gli occhi : ed io non glieli apersi,
E cortesia fu lui esser villano.

Ahi Genovesi, uomini diversi
D' ogni costume, e pien d' ogni magagna,
Perchè non siete voi del mondo spersi?

Et pour que mieux ta main propice me soulage
De ce cristal de pleurs glacés sur mon visage,
Apprends que dès qu'une âme a sur terre trahi,

Ainsi que je l'ai fait, au corps dont il la chasse,
Un démon s'établit et gouverne à sa place
Jusqu'à ce que le cours de ses jours soit rempli.

L'âme tombe en ce puits glacé qui la dévore.
Et peut-être le corps là-haut se voit encore
De l'ombre qui grelotte ici derrière moi.

Si tu viens d'arriver, tu dois bien le connaître,
C'est messire d'Oria [5] ; depuis longtemps, le traître
Est dans ces fers glacés serré comme tu vois. »

— « Je crois, » dis-je à l'esprit, « que de moi tu veux rire.
Car Branca d'Oria n'est pas mort : il respire,
Il mange, il boit, il dort, il revêt des habits. »

— « On n'avait pas encor vu venir Michel Sanche, »
Répliqua-t-il, « au bolge affreux de Male Branche [6]
Où bout la poix tenace à l'entour des maudits,

Qu'un diable était entré dans son corps à sa place
Et dans le corps aussi d'un autre de sa race,
Qui fut traître en prêtant au traître son appui.

Or, ouvre mes yeux ; tends une main secourable ! »
Et moi je n'ouvris point les yeux du misérable ;
Je lui rendais hommage étant félon pour lui.

Ah ! Génois, le rebut du monde, race impure,
Tout souillés de forfaits, tout remplis d'imposture,
Comment n'êtes-vous pas au ban de l'univers ?

Chè col peggiore spirto di Romagna
Trovai un tal di voi, che per sua opra
In anima in Cocito già si bagna,

Ed in corpo par vivo ancor di sopra.

Avec le pire esprit de Romagne et de Rome,
Tel j'ai vu l'un de vous : par ainsi de cet homme
L'âme est baignée au Styx pour ses œuvres pervers,

Et son corps semble en vie au-dessus des Enfers [7].

NOTES DU CHANT XXXIII

¹ Ugolino, de la famille des comtes de la Gherardesca, soutenu par l'archevêque Ruggierri, avait chassé Nino Visconti et gouvernait Pise à sa place. Mais bientôt l'archevêque, jaloux de son autorité, répandit sur lui des bruits de trahison ; soutenu des Galandi, des Sismondi, des Lanfranchi, il le fit arrêter et enfermer dans une tour avec ses deux fils et deux petits-fils. Quelque temps après, il vint lui-même fermer la porte de la tour, en jeta les clefs dans l'Arno, et les prisonniers périrent de faim.

² Gorgone et Capréa, deux îles à l'embouchure de l'Arno.

³ Albéric de' Manfredi, de l'ordre des frères Joyeux, brouillé avec des frères de son ordre, feignit de vouloir se réconcilier et les invita à un banquet. A un signal convenu, au moment où l'on apportait des fruits sur la table, il les fit égorger.

⁴ Du nom de Ptolémée, qui trahit son hôte Pompée.

⁵ Branca d'Oria, de Gênes, assassina Michel Sanche, son beau-frère et son hôte sans doute.

⁶ *Male Branche*, Griffes maudites, voir le chant XXII, où il est question de ce Michel Sanche. — Ainsi, au dire du poëte, l'ombre de Michel Sanche n'était pas encore arrivée au gouffre des prévaricateurs, que déjà l'âme traîtresse de son assassin était précipitée dans la *Ptolémée*.

⁷ Cette fiction saisissante du poëte produisit un si terrible effet, 'Albéric et Doria furent, dit-on, contraints de s'expatrier.

ARGUMENT DU CHANT XXXIV

La Giudecca, zone de Judas, quatrième et dernière division du neuvième et dernier cercle, séjour des traîtres envers leurs bienfaiteurs. La glace les recouvre tout entiers. Au centre du glacier, le centre aussi de l'univers, se tient Lucifer. Description de l'ange déchu. Il a triple visage et dans chacune de ses trois gueules il dévore un traître : Brutus et Cassius, les ingrats assassins de César, et Judas le déicide. Les deux poëtes sortent de l'Enfer.

CANTO TRENTESIMOQUARTO

Vexilla Regis prodeunt inferni
Verso di noi : però dinanzi mira,
Disse 'l Maestro mio, se tu 'l discerni.

Come quando una grossa nebbia spira,
O quando l'emisperio nostro annotta,
Par da lungi un mulin, che 'l vento gira,

Veder mi parve un tal dificio allotta :
Poi per lo vento mi ristrinsi retro
Al Duca mio; chè non v'era altra grotta.

Già era (e con paura il metto in metro)
Là dove l'ombre tutte eran coverte,
E trasparean come festuca in vetro.

Altre stanno a giacere, altre stanno erte
Quella col capo, e quella con le piante:
Altra com'arco, il volto a' piedi inverte.

Quando noi fummo fatti tanto avante,
Ch'al mio Maestro piacque di mostrarmi
La creatura, ch'ebbe il bel sembiante,

CHANT TRENTE-QUATRIÈME

—« Avec ses étendards le roi d'Enfer s'avance !
Cria soudain mon maître ; à travers la distance
Tâche aussi de le voir, et regarde en avant ! »

Comme au loin, quand la brune assombrit l'atmosphère,
Ou bien lorsque la nuit couvre notre hémisphère,
On croit croit voir un moulin agité par le vent :

Tel m'apparut au loin un bâtiment mobile.
Le vent soufflait si fort, que derrière Virgile
Je courus me blottir : seul refuge en ce val.

Nous étions, je l'écris en tremblant, à la place
Où chaque ombre couverte en entier par la glace
Semblait comme un fétu resté dans un cristal.

Les unes sont gisant, d'autres debout dressées,
Tête en haut, tête en bas, et jambes renversées,
D'autres figurent l'arc, pieds et front se touchant.

Quand nous fûmes assez avant, et que mon maître
Crut le moment venu de me faire connaître
Cet être que le Ciel avait fait si charmant,

Dinanzi mi si tolse, e fe' restarmi :
Ecco Dite, dicendo, ed ecco il loco,
Ove convien, che di fortezza t' armi.

Com' io divenni allor gelato e fioco,
Nol dimandar, lettor, ch' io non lo scrivo,
Però ch' ogni parlar sarebbe poco.

Io non mori' le non rimasi vivo :
Pensa oramai per te, s' hai fior d' ingegno,
Qual' io divenni, d' uno e d' altro privo

Lo 'mperador del doloroso regno
Da mezzo 'l petto uscia fuor della ghiaccia :
E più con un gigante i' mi convegno,

Che i giganti non fan con le sue braccia :
Vedi oggimai, quant' esser dee quel tutto,
Ch' a così fatta parte si confaccia.

S' ei fu sì bel, com' egli è ora brutto,
E contra 'l suo Fattore alzò le ciglia :
Ben dee da lui procedere ogni lutto.

O quanto parve a me gran meraviglia,
Quando vidi tre facce alla sua testa!
L' una dinanzi, e quella era vermiglia :

L' altre eran due, che s' aggiungéno a questa,
Sovr' esso 'l mezzo di ciascuna spalla,
E si giungéno al luogo della cresta :

E la destra parea tra bianca e gialla :
La sinistra a védere era tal, quali
Vengon di là, ove 'l Nilo s' avvalla.

Il s'écarte de moi, s'arrête et dit : « Demeure,
Tu vas voir Lucifer ! voici l'endroit et l'heure
Où de fermeté d'âme il est bon de t'armer. »

Oh ! comme à ce moment mon angoisse fut vive !
Lecteur, n'exige pas que je te la décrive ;
Tout ce que je dirais ne pourrait l'exprimer.

Presque mort, de mes sens j'avais perdu l'usage,
Tu peux d'après cela te former une image
De ce que je devins, n'étant mort ni vivant.

Le monarque abhorré du douloureux royaume
Sortait hors du glacier son sein : hideux fantôme !
J'aurais atteint plutôt la taille d'un géant,

Qu'un géant de son bras n'eût atteint la mesure.
Jugez dans son entier ce qu'était sa stature
D'après cette longueur d'un morceau de son corps.

Ah ! s'il fut aussi beau qu'il est épouvantable
Et contre son Auteur leva son front coupable,
Il a gagné sa place au centre des remords.

Quelle fut ma stupeur, en voyant que la bête,
O prodige ! portait trois faces à sa tête !
L'une, sur le devant, de la couleur du sang,

Deux autres à côté, qui, comme de deux pôles,
S'élevaient du milieu de ses larges épaules ;
Toutes trois au sommet du crâne s'unissant.

Le visage de droite était livide et jaune,
L'autre semblait avoir, à la torride zone
Où le Nil se répand, emprunté sa couleur.

Sotto ciascuna uscivan duo grand' ali,
Quanto si conveniva a tant' uccello.
Vele di mar non vid' io mai cotali.

Non avean penne, ma di vipristello
Era lor modo: e quelle svolazzava,
Sì che tre venti si movean da ello.

Quindi Cocito tutto s' aggelava:
Con sei occhi piangeva, e per tre menti
Gocciava 'l pianto, e sanguinosa bava.

Da ogni bocca dirompea co' denti
Un peccatore a guisa di maciulla,
Sì che tre ne facea così dolenti

A quel dinanzi il mordere era nulla,
Verso 'l graffiar; chè tal volta la schiena
Rimanea della pelle tutta brulla.

Quell' anima lassù c' ha maggior pena,
Disse 'l Maestro, è Giuda Scariotto,
Che 'l capo ha dentro, e fuor le gambe mena.

De gli altri duo, c' anno 'l capo di sotto,
Quel che pende dal nero ceffo, è Bruto:
Vedi come si storce, e non fa motto

E l' altro è Cassio, che par sì membruto,
Ma la notte risurge, ed ora mai
È da partir, chè tutto avém veduto.

Com' a lui piacque, il collo gli avvinghiai:
Ed ei prese di tempo e luogo poste:
E quando l' ale furo aperte assai,

Deux ailes s'étendaient dessous chaque figure,
Mesurant sur l'oiseau leur énorme envergure.
Les voiles de la mer envîraient leur hauteur.

Le monstre battait l'air avec ces ailes fauves,
Sans plumes, comme on voit celles des souris-chauves.
Trois vents s'en échappaient et soufflaient furieux,

Et tout autour de lui se gelait le Cocyte.
Bavant, suant le sang, cette larve maudite
Versait sur trois mentons les pleurs de ses six yeux.

Ses dents en même temps broyaient dans chaque gueule
Un pécheur, l'écrasant comme un grain sous la meule :
Ils étaient ainsi trois à la fois torturés.

Pour celui de devant, c'était peu des morsures;
Les griffes lui faisaient de bien autres blessures.
La peau des chairs pendait sur ses flancs déchirés !

— « Cette âme, dont là-haut, plus cruelle est la peine,
Dit mon maître, celui qui si fort se démène,
La tête au fond, le corps au dehors, c'est Judas.

Cette autre suspendue à la figure noire,
Et qui, la tête en bas, pend hors de la mâchoire,
C'est Brutus : il se tord, mais il ne parle pas.

Et l'autre qui paraît si membrue, autre traître :
Cassius ! Mais la nuit commence à reparaître ;
Il est temps de partir, car nous avons tout vu. »

Alors, suivant son ordre, à son cou je m'enlace.
Lui, saisissant à point et l'instant et la place
— Lucifer ouvrant l'aile, — à son râble velu

Appigliò sè alle vellute coste :
Di vello in vello giù discese poscia
Tra 'l folto pelo, e le gelate croste.

Quando noi fummo là, dove la coscia
Si volge appunto in sul grosso dell' anche,
Lo Duca con fatica e con angoscia,

Volse la testa, ov' egli avea le zanche,
E aggrappossi al pel, come uom che sale,
Sì che in inferno i' credea tornar' anche.

Attienti ben, che per cotali scale,
Disse 'l Maestro ansando, com' uom lasso,
Conviensi dipartir da tanto male.

Poi uscì fuor, per lo foro d' un sasso,
E pose me in su l' orlo a sedere :
Appresso porse a me l' accorto passo.

Io levai gli occhi, e credetti vedere
Lucifero, com' io l' avea lasciato,
E vidigli le gambe in su tenere.

E s' io divenni allora travagliato,
La gente grossa il pensi, che non vede,
Qual' è quel punto ch' io avea passato.

Levati su, disse 'l Maestro, in piede :
La via è lunga e il cammino è malvagio,
E già il sole a mezza terza riede.

Non era camminata di palagio,
Là 'v' eravam, ma natural burella
Ch' avea mal suolo, e di lume disagio.

Il s'attache, et, glissant tout le long de sa taille,
De crins en crins descend, comme d'une muraille,
Entre l'étang de glace et l'épaisse toison.

Quand nous fûmes venus à l'endroit où la hanche
Tourne à point sur le gros de la cuisse, il se penche,
Non sans grande fatigue et sans émotion,

A la place des pieds met sa tête, et fait mine
De remonter le long de la pileuse échine.
Je croyais retourner au séjour infernal.

— « Tiens-toi bien, dit le maître en reprenant haleine,
C'est par ces échelons, avec immense peine,
Que l'on peut s'éloigner de l'empire du Mal. »

Il passe à ce moment par le trou d'une roche,
Et m'asseyant au bord, près de moi se rapproche,
Après m'avoir ainsi fait sortir de l'Enfer.

Je levai l'œil, croyant en toute certitude
Retrouver Lucifer dans la même attitude ;
Mais je le vis tenant les deux jambes en l'air.

Quel trouble à cet aspect remplit mon âme entière ?
Je le laisse à penser à la foule grossière
Qui n'a pas vu le point que j'avais traversé.

— « Allons, mets-toi sur pied ! s'écrie alors le sage,
Car le chemin est long, et rude est le voyage,
Au méridien déjà le soleil a passé. »

Certes, ce n'était pas la royale avenue
D'un palais éclatant qui s'offrait à ma vue,
Mais plutôt un ravin escarpé, sans lueur.

Prima ch' io dell' Abisso mi divella,
Maestro mio, diss' io quando fui dritto,
A trarmi d' erro un poco mi favella:

Ov' è la ghiaccia? e questi com' è fitto
Sì sottosopra? e come in sì poc' ora
Da sera a mane, ha fatto il Sol tragitto?

Ed egli a me: Tu immagini ancora
D' esser di là dal centro, ov' io mi presi
Al pel del vermo reo, che 'l mondo fora.

Di là fosti cotanto, quant' io scesi:
Quando mi volsi, tu passasti il punto,
Al qual si traggon d' ogni parte i pesi:

E se' or sotto l' emisperio giunto,
Ch' è opposito a quel, che la gran secca
Coverchia, e sotto 'l cui colmo consunto

Fu l' Uom, che nacque e visse senza pecca:
Tu hai li piedi in su picciola spera,
Che l'altra faccia fa della Giudecca.

Qui è da man, quando di là è sera:
E questi, che ne fe' scala col pelo,
Fitt' è ancora, sì come prim' era.

Da questa parte cadde giù dal Cielo:
E la terra, che pria di qua sisporse,
Per paura di lui lui fe' del mar velo,

E venne all' emisperio nostroe forse:
Per fuggir lui, lasciò qui il luogo vôto
Quella, ch' appar di qua, e su ricorse.

— « Avant de m'arracher de l'Abîme, ô mon maître,
Dis-je, dès que debout je pus me reconnaître,
Réponds-moi, je te prie, et tire-moi d'erreur !

Qu'est devenu le lac glacé ? Comment le diable
A-t-il la tête en bas ? Comment, chose incroyable !
Le jour luit quand le soir est à peine passé ? »

— Tu penses être encor par là-bas, dit Virgile,
Au centre où je me pris aux poils du grand reptile
Par qui dans son milieu le monde est traversé.

Tant que je descendais, c'était vrai ; mais, au ventre,
Quand je me retournai, nous dépassions le centre
Où par sa pesanteur tout corps est entraîné [1].

Nous sommes maintenant sous un autre hémisphère,
L'opposé de celui qui recouvre la terre
Et qui sous son sommet [2] vit périr condamné

L'homme parfait conçu sans péché de sa mère ;
Et tes pieds sont placés sur la petite sphère
Qui forme le revers de la Giudecca.

Là c'est nuit quand ici le soleil étincelle ;
Et celui dont les crins nous ont servi d'échelle
Dans la même posture est encor planté là.

C'est là qu'il est tombé du Ciel dans sa disgrâce.
La terre qui d'abord occupait cet espace
Se fit en le voyant un voile de la mer

Et recula d'horreur jusqu'à notre hémisphère.
D'effroi peut-être aussi, là-bas cette autre terre [3],
Laissant le vide ici, s'amoncela dans l'air. »

Luogo è laggiù da Belzebù rimoto
Tanto, quanto la tomba si distende,
Che non per vista, ma per suono è noto

D' un ruscelletto, che quivi discende,
Per la buca d' un sasso, ch' egli ha roso,
Col corso ch' egli avvolge, e poco pende.

Lo duca ed io per quel cammino ascoso
Entrammo a ritornar nel chiaro mondo :
E senza cura aver d' alcun riposo,

Salimmo su, ei primo, ed io secondo,
Tanto, ch' io vidi delle cose belle,
Che porta 'l ciel, per un pertugio tondo :

E quindi uscimmo a riveder le stelle.

FINE DEL INFERNO

Il est dedans l'abîme un lieu distant du Diable
De toute la longueur de sa tombe effroyable [4].
L'œil ne le perçoit pas, mais il est deviné

Au bruit d'un ruisselet filtrant comme une source
Au travers d'un rocher qu'il creuse dans sa course,
Serpentant à l'entour, doucement incliné.

Par ce chemin secret qu'aucun rayon n'éclaire,
Mon guide m'entraîna vers la région claire ;
Et sans nous arrêter, engagés dans ce lieu,

Nous montâmes tous deux, lui devant, moi derrière.
Enfin par un pertuis au bout de la carrière
J'entrevis les chefs-d'œuvre étalés au ciel bleu,

Et je sortis revoir les étoiles de Dieu.

FIN DE L'ENFER

NOTES DU CHANT XXXIV

¹ Dante a eu, on le voit, une idée claire et précise des lois de la gravitation. Quant aux explications cosmographiques qui vont suivre, à celle par exemple des effets produits sur la terre par la chute de Satan, elles procèdent d'une physique assez grossière, il faut en convenir ; ce sont d'ailleurs des explications un peu confuses et qui auraient elles-mêmes besoin d'explications ; tous les commentateurs du Dante ont cherché à les donner sans répandre sur le texte une parfaite lumière ; il est plus facile de saisir l'effet grandiose de cette physique bizarre, que de se rendre un compte exact de chaque détail.

² Au temps de Dante on croyait que Jérusalem était située au centre de la terre, par conséquent, sous le sommet de l'hémisphère céleste qui la recouvre.

³ Il désigne la montagne du purgatoire.

⁴ C'est-à-dire de toute la longueur du puits glacé, ou seulement de la Giudecca, la zone où se tient Lucifer, et non pas sans doute de toute la longueur de l'enfer, comme quelques commentateurs l'ont imaginé.

TABLE DES ARGUMENTS

Pages

CHANT I. — Dante, égaré dans une forêt obscure, s'efforce, pour en sortir, de gravir une colline lumineuse. Une panthère, un lion, une louve, s'opposent tour à tour à son passage et lui font rebrousser chemin. Paraît Virgile, qui le persuade, pour échapper à ces périls, de visiter les royaumes éternels. Il offre de le conduire lui-même dans l'Enfer et dans le Purgatoire, et Béatrix lui montrera le Paradis. . . 3

CHANT II. — Dante s'arrête : il s'inquiète des difficultés et des périls du voyage entrepris. « Pour dissiper tes craintes, lui dit Virgile, apprends qu'on s'intéresse à toi dans le Ciel. Une vierge sainte, ange de sensibilité et de clémence, voyant ton égarement, t'a recommandé à Lucie ; Lucie, à son tour, s'est adressée à Béatrix, qui elle-même est venue me trouver dans les Limbes pour me prier de courir à ton secours. » Dante, rassuré, se remet en route avec plus d'ardeur sur les pas de son guide. 17

CHANT III. — Dante arrive avec Virgile à la porte de l'Enfer. Après en avoir lu l'inscription terrible, il entre. Dès les premiers pas, en quelque sorte dans les corridors de l'Enfer, dont les abîmes leur sont fermés comme le Ciel, il rencontre les âmes de ces hommes également incapables de bien et de mal, qui ont tenu leur existence neutre et lâche à l'écart de tous les partis, loin de tous les périls. Dans ce lieu de leur abjection, ils courent à la suite d'un étendard emporté dans un tourbillon. Des insectes les harcèlent, et des vers boivent à leurs pieds le sang qui coule des piqûres. — Dante arrive ensuite au bord de l'Achéron, où il trouve le nocher Caron et les âmes qui traversent le fleuve dans sa nacelle. Succombant à tant d'émotion ; il tombe et s'endort. 31

Pages

Chant IV. Dante descend avec Virgile dans le premier cercle de l'Enfer, où sont les Limbes. Là sont renfermées, sans autre tourment qu'une sourde langueur, qu'un désir de bonheur sans espérance, les âmes de tous ceux qui n'ont pas reçu le baptême. C'est le séjour habité par Virgile. Les ombres des grands poëtes profanes, Homère en tête, viennent à sa rencontre. Dante partage les honneurs qu'on rend à son maître, et, mêlé à cette glorieuse troupe, il est conduit dans une enceinte particulière du Limbe où sont rassemblées à part les ombres des grands hommes. Il les contemple avec admiration. Virgile l'entraîne hors du Limbe.   45

Chant V. — Au seuil du second cercle, Dante trouve Minos qui juge toutes les âmes coupables. Il entre dans le cercle où sont punis les voluptueux. Ils sont emportés dans un éternel ouragan. Dante reconnaît Françoise de Rimini ; elle lui raconte son histoire. A ce récit, Dante, sous l'empire d'une émotion trop forte, tombe comme inanimé. . . .   59

Chant VI. — Arrivée au troisième cercle, où sont punis les gourmands. Le monstre Cerbère est commis à leur garde ; il les assourdit de ses aboiements, les harcèle et les mord. En même temps sur les ombres pécheresses tombe une pluie éternelle mêlée de grêle et de neige. Dante rencontre parmi les damnés un Florentin fameux par sa gourmandise, et l'interroge sur l'issue des discordes intestines qui déchirent Florence.   73

Chant VII. — Au seuil du quatrième cercle Dante est arrêté par Plutus, démon de l'avarice et gardien de ce séjour. Le monstre s'apaise à la voix de Virgile, et Dante s'avance dans le cercle. L'enceinte est occupée, moitié par les avares, moitié par les prodigues. Ils poussent devant eux d'énormes poids de tout l'effort de leur poitrine, courant à la rencontre les uns des autres, s'entreheurtant et se reprochant le vice contraire qui les sépare. En présence des tourments de ces âmes que la richesse a perdues, Virgile dépeint à Dante les vicissitudes de la Fortune. — Ils passent au cinquième cercle et arrivent au bord des eaux stagnantes du Styx, où sont plongées les âmes de ceux qui se sont livrés à la colère ou à la paresse. Les colériques, tout nus dans le marais fétide, luttent ensemble et s'entre-déchirent. Les paresseux, plongés dans la vase, soupirent une plainte étouffée. Les deux poëtes arrivent au pied d'une tour. 85

Chant VIII. — Une barque paraît sur le lac, répondant à des signaux partis de la tour. C'est la barque du démon Phlégias. Virgile et Dante y montent et traversent le Styx. Pendant le trajet ils rencontrent l'ombre de Philippe Argenti, Florentin fameux par ses emportements. Il est assailli par les autres ombres furieuses, et disparait bientôt dans la bourbe. Les deux poëtes débarquent devant la cité de Dité. Des démons menaçants en défendent le seuil; mais Virgile rassure Dante en lui annonçant un divin auxiliaire qui triomphera de leur résistance. 99

Chant IX. — Arrêtés devant les portes de Dité, effrayés par l'apparition des Furies, les deux poëtes sont enfin secourus par l'ange envoyé du Ciel. Ils entrent dans la cité. C'est le séjour où sont punis les incrédules, plongés dans des tombeaux brûlants. Dante s'avance avec Virgile entre ces tombes et les murailles de la cité. 113

Chant X. — Au milieu des tombeaux brûlants où sont plongés les partisans d'Épieure, un fantôme s'est dressé : c'est l'ombre de Farinata Uberti, ce héros qui, à la tête des Gibelins, gagna la fameuse bataille de Mont-Aperti. Près de lui se soulève en même temps l'ombre de Cavalcanti, père de Guido, l'ami du Dante, qui cherche en vain son fils à côté du poëte, et, le croyant mort, retombe désolé dans son sépulcre. L'autre fantôme, tout entier à l'amour de la patrie, au souvenir des luttes auxquelles il a été mêlé, et auxquelles Dante sera mêlé à son tour, prédit au poëte ses malheurs et son exil. 127

Chant XI. — Les deux poëtes arrivent au bord du septième cercle. Les exhalaisons fétides qui sortent de l'abîme les forcent de ralentir leur marche. Virgile profite de ce temps d'arrêt pour faire à Dante la topographie des lieux qu'ils ont encore à parcourir. Ils vont descendre dans trois cercles pareils à ceux qu'ils ont traversés : dans le premier (le septième de tout l'Enfer), sont les violents ; mais comme il y a trois sortes de violence, selon qu'elle s'exerce contre Dieu, contre le prochain ou contre soi-même, le premier cercle est divisé en trois degrés. Dans le second cercle sont les fourbes; dans le dernier, les doubles fourbes, les traîtres.

Dante hasarde quelques questions : Pourquoi les voluptueux, les furieux, les gloutons, les intempérants de toutes sortes ne sont-ils pas dans la cité de feu? Comment Virgile a-t-il pu dire que l'usure est une violence contre Dieu? — Virgile répond à tout, appuyant à la fois ses raisonnements sur la philosophie d'Aristote et sur les saintes Écritures. . . .   141

Chant XII. — Entrée dans le premier des trois degrés qui divisent le septième cercle; le Minotaure qui en garde les abords est écarté par Virgile. Là, les âmes de ceux qui furent violents contre le prochain sont plongées dans une fosse remplie de sang bouillant. Au bord courent les Centaures tout armés, et percent de leurs flèches celles qui tentent d'en sortir. L'un d'eux accompagne les deux poètes le long des rives, leur nommant çà et là les coupables damnés, brigands, assassins et tyrans, et leur fait passer à gué la fosse sanglante.   153

Chant XIII. — Entrée dans le second degré du cercle de la violence, où sont châtiés ceux qui furent violents contre eux-mêmes : suicides et dissipateurs insensés. Les âmes des suicides sont emprisonnées dans des arbres et dans des buissons où les Harpies font leur nid et dont elles dévorent le feuillage. En effet, Dante ayant arraché une branche d'un de ces arbres, le tronc saigne et une voix plaintive s'en échappe, la voix de Pierre des Vignes, qui raconte son histoire, sa mort volontaire et son châtiment. Un peu plus loin, le poète voit des ombres poursuivies et mises en pièces par des chiennes furieuses : c'est le supplice infligé aux dissipateurs; il reconnaît le Siennois Lano et le Padouan Jacques de Saint-André. Ce dernier a cherché un vain refuge derrière un buisson. Le buisson, qui renferme un suicide, devient lui-même la proie des chiens. . . .   167

Chant XIV. — Troisième degré du septième cercle, séjour des violents de la troisième espèce, de ceux qui ont fait violence aux lois de Dieu, de la Nature et de l'Art. C'est une lande aride, couverte d'un sable brûlant; une pluie de flammes y tombe sur les damnés. Dante aperçoit l'impie Capanée, dont les tortures n'ont pas brisé l'orgueil et qui blasphème encore. Tandis que les poètes, poursuivant leur route, suivent la lisière de la forêt, un fleuve rouge et bouillant jaillit devant eux : c'est le Phlégéton. Virgile explique

TABLE DES ARGUMENTS

Pages.

à Dante l'origine merveilleuse de ce fleuve et des autres fleuves de l'Enfer. Ils sont formés des larmes de l'Humanité ou du Temps, symbolisé sous la figure d'un vieillard. Les deux poëtes marchent sur la berge du fleuve, où la pluie de feu s'amortit. 181

CHANT XV. — Une nouvelle troupe de damnés fixe l'attention de Dante. Ce sont les Sodomites, coupables du péché qui outrage violemment les lois de la Nature. Parmi eux il reconnaît avec émotion son vieux maitre Brunetto Latini, qui lui prédit sa gloire et son exil, et, au milieu de ses compagnons de douleur, clercs et savants docteurs pour la plupart, lui désigne les plus fameux. 195

CHANT XVI. — Parvenu presque aux limites du troisième et dernier degré, où déjà il entend le fracas de l'eau qui tombe en bouillonnant dans le huitième cercle, le poëte rencontre les ombres de quelques guerriers florentins qu'a souillés aussi le péché contre nature. Ils l'interrogent avec inquiétude sur le sort de leur patrie, et Dante leur confirme la triste vérité. Puis il continue sa route; le bruit de l'eau se rapproche; enfin il arrive au bord d'un gouffre profond. Virgile y jette une corde; à ce signal un monstre, épouvantable apparition, se lève du gouffre. 207

CHANT XVII. — Description du monstre Géryon, qui vient d'apparaître, comme une image de la Fourbe. Tandis que Virgile s'arrête auprès de lui pour réclamer le secours de ses larges épaules, Dante s'avance un peu plus loin pour considérer les usuriers, ces pécheurs qui ont outragé violemment la Nature et l'Art, et Dieu par conséquent. Couchés misérablement sur le sable brûlant et sous la pluie de feu, ils portent à leur cou une bourse dont ils semblent repaître leur vue. Chaque bourse est marquée des armoiries du damné et sert à le faire reconnaître. Dante rejoint Virgile et, non sans effroi, descend avec lui dans le huitième cercle sur le dos de Géryon. 221

CHANT XVIII. — Dante et Virgile sont descendus dans le huitième cercle, le cercle de la fourbe, appelé *Malebolge* (fosses maudites). Il est divisé en dix fossés concentriques creusés sur un plan incliné et aboutissant à un puits large et profond. Des rochers s'élèvent en arc au-dessus de ces fossés et les relient entre eux jusqu'au puits qui les termine. Descendu du dos du monstre Géryon, Dante s'engage avec Virgile sur ce pont naturel, et sous ses arches il va voir circuler successivement les damnés des dix *bolges* ou fossés. — Dans le premier *bolge*, les pécheurs marchent ou plutôt ils courent harcelés et fouettés par les démons. Dante reconnaît un citoyen de Bologne, une sorte de fourbe entremetteur qui avait fait marché de sa sœur. Plus loin, au milieu des fourbes qui ont pratiqué la séduction, Jason se fait remarquer par son grand air et sa royale attitude. — Les deux poëtes, en suivant toujours le pont des rochers, atteignent le second *bolge,* hideux cloaque d'immondices où sont plongés les flatteurs. 235

CHANT XIX. — Arrivée au troisième *bolge*, où sont enfermés les simoniaques qui trafiquent des choses saintes. Ils sont plongés dans des trous étroits, la tête en bas, les pieds en l'air et flambants. A mesure qu'un pécheur arrive, comme un clou chasse l'autre, il pousse plus au fond celui qui l'a précédé. Virgile porte Dante jusqu'au bord d'un de ces trous, d'où sortent les jambes d'un damné qui s'agite plus violemment que les autres. C'est le pape Nicolas III. En entendant approcher Dante, il le prend pour Boniface VIII qui lui a succédé sur la terre et qui doit aussi le rejoindre et prendre sa place en Enfer. Le poëte le détrompe, et ne pouvant contenir son indignation, il accable d'énergiques imprécations le pontife prévaricateur 249

CHANT XX. — Quatrième *bolge*, où sont punis les sorciers et les devins, autre espèce de fourbes. Leur tête est disloquée et tournée du côté du dos; ils ne peuvent plus regarder qu'en arrière, eux qui sur la terre prétendaient voir si loin devant eux. Ils s'avancent à reculons en pleurant, et les pleurs qu'ils répandent tombent derrière eux. Virgile désigne à Dante les plus fameux d'entre ces damnés. Il retient son attention sur la sibylle Manto, qui a donné son nom à Mantoue, la patrie du poëte romain 263

CHANT XXI. — Cinquième *bolge* : autres fourbes, fripons et prévaricateurs. Ils sont plongés dans une poix bouillante ; des troupes de démons les surveillent du bord et repoussent à coups de fourche au fond de l'ardent bitume les malheureux qui essaient de remonter à la surface. En voyant approcher Dante et Virgile, ces démons se précipitent sur eux en fureur; Virgile les apaise. Le chef de la troupe noire apprend alors aux voyageurs que le pont de rochers est brisé un peu plus loin et ne peut plus leur servir de passage. Il leur indique un détour qu'ils devront suivre, et leur donne une escorte 277

Chant. XXII. — Dante et Virgile, escortés par des démons, continuent leur route et font tout le tour du cinquième *bolge*. Épisode grotesque : Un damné du pays de Navarre, qui par malheur a sorti sa tête au-dessus du lac de bitume, est saisi par les démons ; il va être mis en pièces, quand il s'avise d'une ruse qui lui réussit. Il propose d'attirer à la surface, en sifflant, plusieurs de ses compagnons toscans et lombards ; à cette proposition, les démons, qui se flattent d'avoir à déchirer une proie plus considérable, lâchent prise et se tiennent à l'écart pour ne pas effaroucher les victimes qui leur sont promises. Mais le Navarrais, délivré de leurs griffes, s'élance dans la poix et disparaît. Les démons furieux le poursuivent sans réussir à l'atteindre, se battent entre eux, et finissent par tomber eux-mêmes dans la poix bouillante 291

Chant XXIII. — Dante et Virgile, délivrés de leur terrible escorte, descendent au sixième *bolge*, séjour des hypocrites. Les ombres de ces damnés s'avancent lentement, couvertes d'amples chapes qui semblent au dehors brillantes et dorées, mais qui sont de plomb et dont le poids les écrase. Dante interroge deux de ces ombres : ce sont celles de deux moines de l'ordre des Joyeux. Un peu plus loin il voit un damné crucifié et couché par terre et que les autres ombres foulent en passant : C'est Caïphe, grand-prêtre des Juifs ; au lieu de porter la chape, il endure le supplice qu'il infligea à Jésus-Christ. Tous les membres du sanhédrin qui participèrent à la sentence, faux zélés comme lui, sont condamnés à la même torture 305

Chant XXIV. — Dante, soutenu par Virgile, arrive en suivant une montée escarpée et pénible au septième *bolge*, ou sont punis les voleurs. Les ombres de cette autre espèce de fourbes s'enfuient nues et épouvantées dans l'enceinte jonchée d'horribles reptiles qui les poursuivent, les atteignent les enlacent de leurs anneaux. Dante en voit une qui, sous la piqûre d'un serpent, tombe consumée sur le sol et renaît

Pages.

sur-le-champ de ses cendres. L'ombre se fait connaître : c'est Vanni Fucci, un voleur sacrilége ; il prédit à Dante le triomphe des Noirs à Florence, qui devait précéder l'exil du poëte 319

Chant XXV. — Le voleur ayant achevé de parler, s'enfuit en blasphémant ; un Centaure, vomissant des flammes, le poursuit. Trois autres esprits se présentent. Un reptile monstrueux s'élance sur l'un d'eux, l'enveloppe, l'embrasse dans une horrible étreinte, tant que les deux substances finissent par se confondre. Un autre serpent vient percer l'un des deux autres esprits, et ici, par une métamorphose d'un nouveau genre, l'homme devient serpent et le serpent se change en homme 333

Chant XXVI. — Les deux poëtes sont arrivés au huitième *bolge* ; ils y voient briller une infinité de flammes dont chacune enveloppe, comme un vêtement, un pécheur qu'elle dérobe à la vue. C'est ainsi que sont punis les fourbes, mauvais conseillers, instigateurs de perfidie et de trahison. Une de ces langues de feu, se partageant comme en deux branches vers son extrémité, renferme deux ombres à la fois, celle d'Ulysse et celle de Diomède. A la prière de Virgile, Ulysse raconte ses courses aventureuse, son naufrage et sa mort. 347

Chant XXVII. — Ulysse s'éloigne ; une autre ombre du même bolge s'avance en gémissant, emprisonnée également dans une flamme. C'est le fameux comte Guido de Montefeltro. Il interroge Dante sur le sort de la Romagne, sa patrie, et lui fait le récit de ses fautes qu'il expie si cruellement dans le bolge des mauvais conseillers 361

Chant XXVIII. — Neuvième *bolge*, où sont punis les fourbes qui divisent les hommes, hérésiarques, faux prophètes, fauteurs de scandales et de discordes. Leur châtiment est analogue à leur crime. Leurs membres, coupés et divisés à coups de glaive, pendent plus ou moins mutilés, plus ou moins séparés de leurs corps, selon qu'ils ont excité de plus ou moins graves divisions sur la terre. Rencontre de Mahomet, de Bertrand de Born et d'autres damnés de la même catégorie 375

Chant XXIX. — Les deux poëtes arrivent à la cime du pont qui domine le dernier des dix bolges du cercle de la Fourbe.

Assaillis par des plaintes déchirantes, il descendent jusqu'au bord du bolge et découvrent des âmes gisant et se traînant, rongées d'ulcères, dévorées par la lèpre. Cette lèpre, alliage impur de leur chair, rappelle leur crime. Ce sont les alchimistes et les faussaires. Deux de ces damnés, Griffolino d'Arezzo et Capocchio, attirent l'attention de Dante. 389

Chant XXX. — Capocchio parle encore, quand deux ombres furieuses courent sur lui, le mordent et le terrassent. Ce sont des faussaires d'une nouvelle espèce qui ont contrefait les personnes en se faisant passer pour d'autres. Un peu plus loin, Dante aperçoit Maître Adam, un faux monnayeur; une horrible hydropisie altère son sang et déforme son corps. Près de lui, deux damnés gisent ensemble; ils sont brûlés d'une fièvre ardente, et, comme l'hydropique, dévorés de soif. Ce sont des faussaires d'une autre espèce encore, des falsificateurs de la vérité, faussaires en paroles. Maître Adam les dénonce à Dante : l'une est la femme de Putiphar, l'autre le perfide grec Sinon, par qui Troie fut prise. Une rixe s'élève entre Maître Adam et Sinon. Virgile arrache Dante à cet ignoble spectacle . . . 403

Chant XXXI. — Les deux poëtes ont vu successivement dix *bolges* du cercle des fourbes, le huitième de tout l'Enfer. Ils vont descendre maintenant au neuvième cercle, celui des traîtres. C'est ce puits annoncé au commencement du dix-huitième chant. Il est divisé en quatre girons ou zones différentes. Aux abords du gouffre, tout à l'entour, se tiennent des géants mythologiques et antédiluviens. Les deux poëtes, portés dans les bras de l'un des géants, descendent dans le puits. 417

Chant XXXII. — Cercle des traîtres, le neuvième et dernier. Les ombres des traîtres grelottent au milieu d'un lac glacé. Dante et son guide passent d'abord par *la Caïne*, première zone du cercle, celle des traîtres envers leurs parents; différentes ombres y attirent leur attention. Puis, marchant toujours sur le lac glacé, ils arrivent à *l'Antenora*, la zone des traîtres à leur patrie. Dante heurte du pied un damné qui a honte de dire son nom : une fois reconnu, il signale au poete plusieurs de ses compagnons. Tout à coup deux pécheurs apparaissent sortant la tête d'un même trou. L'un dévore le crâne de l'autre. Le poëte demande à l'ombre forcénée le motif de sa rage. 431

CHANT XXXIII. — Récit d'Ugolin. — Dante et Virgile arrivent à la *Ptolemea*, troisième division du cercle des traîtres, zone des traîtres envers leurs hôtes. Les têtes des pécheurs sont renversées en arrière, leurs pleurs gèlent dans leurs yeux. Dante s'étonne de rencontrer frère Albéric, un damné qu'il croyait encore en vie sur la terre. Le damné lui apprend que l'âme des traîtres de son espèce est souvent, par un châtiment anticipé, précipitée en Enfer avant l'heure de la mort; un démon vient alors prendre la place de l'âme traîtresse et s'établir dans le corps qu'elle a abandonné et qui paraît en vie sur la terre. 445

CHANT XXXIV. — Le Giudecca, zone de Judas, quatrième et dernière division du neuvième et dernier cercle, séjour des traîtres envers leurs bienfaiteurs. La glace les recouvre tout entiers. Au centre du glacier, le centre aussi de l'univers, se tient Lucifer. Description de l'ange déchu. Il a triple visage et dans chacune de ses trois gueules il dévore un traître : Brutus et Cassius, les ingrats assassins de César, et Judas le déicide. Les deux poëtes sortent de l'Enfer 461

FIN DE LA TABLE.

www.ingramcontent.com/pod-product-compliance
Lightning Source LLC
Chambersburg PA
CBHW071709230426
43670CB00008B/952